Dr. John Coleman

# AMERIKA'YA KARŞI UYUŞTURUCU SAVAŞI

OMNIA VERITAS®

# John Coleman

John Coleman, İngiliz yazar ve eski Gizli İstihbarat Servisi üyesidir. Coleman, Roma Kulübü, Giorgio Cini Vakfı, Forbes Global 2000, Dinlerarası Barış Kolokyumu, Tavistock Enstitüsü, Kara Asiller ve Yeni Dünya Düzeni temalı diğer kuruluşlar hakkında çeşitli analizler yapmıştır.

***Amerika'ya Karşı Uyuşturucu Savaşı***

*Drug War against America*

Çeviri ve yayın: Omnia Veritas Limited



OMNIA VERITAS®

**www.omnia-veritas.com**

# Birinci Bölüm

## Amerika'ya Karşı Uyuşturucu Savaşı

Bir sorunu çözmenin ilk adımı, onu bir sorun olarak kabul etmektir. Amerika'nın bir uyuşturucu sorunu var, ortadan kalkmak bilmeyen devasa bir uyuşturucu sorunu; bu sorun, ülke onun kaynağını tam olarak kavrayana kadar çözülemeyecek.

Amerikalıların çoğu bir uyuşturucu salgını olduğunu biliyor, ancak sadece küçük bir azınlık bunun toplumumuza "karanlığın hükümdarları, yüksek mevkilerdeki kötü adamlar, eylemleri kötü olduğu için ışığı değil karanlığı tercih edenler" tarafından dayatıldığını biliyor.

Bu adamların kim olduğu ve dünyanın en büyük ve en kârlı işini nasıl yürüttükleri; neler başardıkları ve bu konuda herhangi bir etkili önlem alınıp alınmadığı, bu kitabın konusudur.

Lütfen uyuşturucu ticaretinin, satıcıların mafya tarafından kontrol edildiği basit bir sokak köşesi işi olduğunu düşünmeyin. Elbette bu da sorunun bir parçasıdır, ancak bu lanetli işin gerçek destekçileri, bu dünyanın "seçkinleri", "kraliyet" aileleri, Avrupa'nın "asil" aileleri ve Amerika, İngiltere ve Kanada'nın "en iyi" ailelerinin salonlarında bulunur. Bu ticaret, iktidarın en üst kademelerine kadar uzanmaktadır ve ortadan kaldırılmamış, sadece bir ölçüde kontrol altına alınmıştır. ABD Uyuşturucu ile Mücadele Dairesi (USDA) ve dünyanın dört bir yanındaki uyuşturucu ile mücadele kurumları, yeterli su basıncı olmayan bahçe hortumlarıyla orman yangını söndürmeye çalışmaktadır. Bu nasıl olabilir?

Cevap şudur: Uyuşturucu ticareti ortadan kaldırılamaz, çünkü bu ticaretin yöneticileri, karanlığın hükümdarları, yüksek mevkilerdeki kötü insanlar, minimum yatırım sermayesi gerektiren, üretim maliyeti neredeyse sıfır olan, dünyanın en kârlı ticaretinin ellerinden alınmasına izin vermeyeceklerdir. Bu devasa "şirketin" yöneticilerinin uğraşması gereken tek sorun, teslimat ve dağıtımdır. Beyaz Kitaplarımdan birinde de söylediğim gibi, İkinci Dünya Savaşı'nda savaşmak ve kazanmak için devasa bir seferberlik çabasını gösterip denizaşırı ülkelere devasa bir ordu gönderebilen bir ulus, uyuşturucu ticaretini ortadan kaldırmak için bir kampanya başlatamaz mı?

Uyuşturucu ticareti, İkinci Dünya Savaşı'nda Almanya ve Japonya'ya karşı savaşmaktan daha zor bir görev mi? Elbette hayır, Amerika bunu yapabilir. Sorun şu ki, ABD Uyuşturucu ile Mücadele Dairesi sorunu kontrol altına almaya başlar başlamaz X Faktörü devreye giriyor ve X Faktörü, devasa servetlerini uyuşturucu ticaretinden elde eden yönetici elit.

Bu ticaret 1652'de başladı ve birkaç başka ülkeyi de kapsıyordu. İngiltere'nin aristokrat "üst tabakası" aslında kârlı Çin afyon ticaretini yönetiyordu ve İngiliz Hükümeti'nden Lord Palmerstone bunu Parlamento'da açıkça dile getirdi.

İngiliz aristokrasisinin — yani egemen sınıfın — "eski

para" ailelerinin sahip olduğu muazzam servet ve güç, doğrudan o iğrenç ve kirli " " olayına kadar uzanmaktadır. Haftalık İstihbarat Raporlarımda ve diğer çalışmalarımda sık sık belirttiğim gibi, İngiliz ve Çin hükümetleri arasında Hong Kong'un kontrolü için yaşanan uzun mücadele, adanın kendisi için değil, Çin'in döviz gelirlerinin yüzde 64'ünü oluşturan afyon ticaretinden elde edilen milyarlarca doların aslan payını kimin alacağı konusundaydı. İngiltere'nin "asil" aileleri her zaman pastadan en büyük dilimi almıştı, ancak şimdi Çinliler daha büyük bir pay talep ettiğinden ve İngiliz İmparatorluğu ile onun gücü çöktüğünden, İngiltere'nin bu talebi kabul etmekten başka seçeneği yoktu; bu anlaşma bir şartla yapıldı. Dünya çapındaki ticaretin kontrolü, İngilizlerin elinde kalacaktı; "asil" ve son derece saygın "eski" ailelerin lekeli ellerinde, Amerikan halkı gibilere yüz vermeyecek olanların, yüksek mevkilerde iktidar koltuklarında oturan oligarşinin elinde! Amerika'ya karşı uyuşturucu savaşı, 1950'lerin başında Aldous Huxley ve Bertrand Russell tarafından Amerikan gençliğine LSD uyuşturucusunun tanıtılmasıyla yeni ve uğursuz bir dönemece girdi.

LSD, İsviçreli Oligarşi-Kara Asiller ailesi olan Hoffman LaRoche tarafından üretilmektedir. LSD deneyi resmi olarak Stanford Araştırma Merkezi'nin kontrolü altındaydı; burada "Operasyon Naomi" ve "Operasyon Artichoke" kod adları altında esrar ve kokain kullanılarak kapsamlı deneyler gerçekleştirildi.

Amerika'nın gençliği, buruşuk yeşil yapraklardan üretilen beyaz tozun kar fırtınası altında kayboldu. İsteyerek ya da istemeyerek kurban olanlar, en önemli iki test merkezi olan Bağımlılık Merkezi, Mt. Sinai Hastanesi ve Boston Psikopatik Hastanesi gibi yerlerde "test edildi". 'daki Wilton Park'ta (İngiliz propagandasının merkezi ve dezenformasyon merkezi) Theo Adorno'nun 12-Atonal "müziği"nin eşzamanlı tanıtımıyla birlikte, rock grupları tarafından icra edilen ve kötü şöhretli beyin yıkama ve uyuşturucu "test" programlarının tanıtımı için bir araç olan "rock müziği" adlı muazzam bir sahtekarlık ortaya çıktı.

Bu tür aldatmacaların uzun dizisinin ilki, Ed Sullivan'ın uyuşturucu batağına batmış "The Beatles" grubunu "keşfetmesi"ydi. Tüm "rock" endüstrisi, Amerikan gençliği arasında uyuşturucu kullanımını yaygınlaştırmak ve bunu kabul edilebilir bir sosyal gelenek haline getirmek amacıyla Wilton Park'ta tasarlandı ve mükemmelleştirildi. Rock, yalnızca uyuşturucunun yayılması için bir araç olarak planlandı ve Beatles deneyinden sonra "keşfedilen" tüm "rock grupları", birçok ulusun gençliğine karşı yürütülen psikolojik savaşın ayrılmaz bir parçası haline geldi. Tüm bu sahte gruplar, Wilton Park'ta uzmanlar tarafından bir araya getirildi ve bu uzmanlar bunu "atonal müzik" olarak adlandırdı; ardından Wilton Park, hiçbir şeyden haberi olmayan Amerikan halkına bir dizi "rock grubu" saldı. ABD'nin en tanınmış radyo sunucusu Ed Sullivan, "Beatles"ı Amerika'ya getirerek yüzyılın suçuna ortak oldu!

Rock konserlerinin tanıtımına katılanlar veya zihni yakıcı bir gürültü olan, iğrenç derecede tiz seslerin yer aldığı plak ve kasetleri dağıtanlar, uyuşturucu yayılmasında rol aldıkları için yargılanmalıydılar. Bence tüm "rock" konserleri suç teşkil eder, çünkü gençler arasında yaygın uyuşturucu kullanımını teşvik etmek için kullanılırlar. İşte bu yüzden rock konserleri öncelikle uyuşturucu dağıtımını örtbas etmek için düzenlendi ve rock "müziği" Amerika'ya karşı yürütülen uyuşturucu savaşının ayrılmaz bir parçası haline geldi. Artık biz halk olarak eldivenlerimizi çıkarıp birkaç kafayı birbirine vurmamızın zamanı geldi!

'in "rock müziği" ortadan kaldırılana ve sözde "rock kibirleri" yasaklanana kadar uyuşturucu ticaretini ortadan kaldırmak iki kat daha zor olacaktır. Bu, RCA plak bölümünün kapatılması anlamına gelir ve yıllardır raporlarımı takip edenleriniz bilir ki, RCA, 1924'te, U.S. Marconi'nin British Marconi'nin yüzde yüz iştiraki olduğu dönemde başlayan İngiliz İstihbaratının bir koludur. O zaman da, şimdi olduğu gibi, RCA, ana grup olan Westinghouse ve General Electric Company üzerinde Morgan Guarantee'nin uyguladığı kontrol sayesinde İngilizler tarafından yönetiliyordu. United Fruit Company — şu anda United Brands —'ın başkanı Max Fisher, 1972'de Cumhuriyetçi Parti'ye büyük miktarda para bağışladı; şirket, RCA-Westinghouse-G.E. grubu tarafından Latin Amerika ve Karayipler'de satılan tüm iletişim ekipmanlarının imtiyazına sahipti. United Brands, büyük miktarda uyuşturucu taşıyan gemilerinden birinin nadiren ele geçirilmesi olayının da gösterdiği gibi, uyuşturucu ticaretine derinlemesine karışmıştır. RCA, İkinci Dünya Savaşı öncesinde, RCA'nın başkanı David Sarnhoff'un Hitler'in arkasındaki finans dehası Hjalmar Schacht ile ömür boyu süren dostluğu sayesinde Almanya ile bağları vardı. "Yargıç" Jackson'ın yasadışı Nürnberg "duruşmalarında" Schacht'a karşı bir mahkumiyet kararı almasını engelleyen, işte bu tür dostluklardı. Yargıç Jackson aslında bir yargıç değildi, ancak Nürnberg duruşmasındaki boşluğu doldurmak için ABD Hükümeti'nin çaresiz çağrısını kabul eden bir avukattı. ABD'deki normal yargıçlar, Nürnberg yargılamalarının yasallığını tanımadılar ve ABD Hükümeti'ni temsil etme teklifini reddettiler.

Hitler iktidardayken Almanya'da yasadışı "eğlence amaçlı" uyuşturucuların tamamen ortadan kaldırıldığını hemen eklemeliyim. RCA, Sarnhoff (uzun süredir İngiliz istihbarat ajanı) aracılığıyla, kötü şöhretli MK Ultra LSD deneysel programını denetleyen kurum olan Stanford Araştırma Enstitüsü tarafından yürütülen çeşitli uyuşturucu ile ilgili deneyler ve projeler için kişisel bağış toplama çabaları gösterdi.

Peki ya günümüz? 2009'un ortasına geldiğimizde, genel tablo çok kasvetli görünüyor. DEA ve uluslararası uyuşturucu ile mücadele yetkilileri, iyi korunan uyuşturucu ticareti altyapısında en ufak bir çentik bile açamadı. ABD DEA'nın artan çabalarına rağmen, Amerika'ya giren uyuşturucu seli artmaya devam ediyor ve şu anda resmi olarak kontrolden çıkmış durumda. Bu, Amerika'nın bu ticareti durduramayacağı anlamına gelmez. Bu durum bize, Amerika'nın iki eli de arkada bağlıyken uyuşturucuya karşı bir savaş verdiğini gösteriyor. Uyuşturucu tehdidiyle mücadele çabaları bir komedi tiyatrosu gösterisi havasında ve uyuşturucu sahnesinin arkasındaki en üst düzey kişilere ulaşmadıkça, daha önceki başarısız girişimlerinden daha başarılı olamayacak.

Henüz atılmamış olan aşağıdaki adımlar, daha fazla gecikme olmaksızın atılmalıdır:

- Ticaretin hammaddelerini üreten ülkelere verilen "Dış Yardım" musluğunu kapatmak.
- ABD ayrıca, uyuşturucu üreten ülkelerle özel bir iade anlaşması imzalamalıdır; bu anlaşma, DEA ajanlarının üretici ülkelerde faaliyet göstermelerine ve önde gelen uyuşturucu üreticilerini ABD'ye iade etme yetkisi vermelidir.

"İnsanlığa karşı suçlar" için Nürnberg Statüsü'nü formüle edebildiysek, ABD ajanlarına geniş bir hareket alanı tanıyacak uluslararası bir anlaşma da yapabilmeliyiz, çünkü uyuşturucu ticareti insanlığa karşı bir suç değil midir?

- ABD, uyuşturucuyla ilgili tüm cezai kovuşturmaları koordine etmek için özel savcılar atamalıdır ( 'ın Tavistock tarafından planlanan Watergate Komplosu'nda yaptığı gibi).

ABD, Nürnberg'de bir uluslararası mahkeme kurabildiğine göre, biz de kesinlikle şimdi aynı şeyi yapabiliriz, çünkü uyuşturucu ve tüm uyuşturucu ticareti, medeni dünyaya karşı bir savaştır - ve kesinlikle insan haklarına karşı bir suçtur.

- ABD, bu ticaretin hammaddesini üreten ülkeleri, başka "mahsul" üretilmeyeceğine dair yazılı bir anlaşma uyarınca, "mahsulün" tamamını ABD'nin atadığı ve kontrol ettiği yetkililere satmaya teşvik edecek bir programa başlamalıdır.
- ABD ajanları, tüm yetiştirme alanlarındaki (Afganistan'daki afyon haşhaşının vatanı Helmand gibi) toprağın haşhaş ekimi için kullanılamaz hale getirilmesine izin veren bir anlaşmaya sahip olmalıdır.

Bu yapılabilir ve kıyı şeridimizi denetlemek ve uyuşturucu ticaretinin kurbanlarının tıbbi masraflarını ödemek için harcanan muazzam maliyetlerden çok daha ucuzdur.

- ABD'nin kolayca atabileceği bir adım, uyuşturucu kaçakçılığı, ticareti ve/veya satışı yaparken yakalananlara idam cezası öngören yasalar çıkarmaktır.
- Uyuşturucu içen veya kullanan bağımlılar özel bir

mahkeme tarafından yargılanmalı ve suçlu bulunurlarsa, insan konforunun en aza indirildiği Mojave çölünün ortasındaki bir ıslah kampına gönderilmelidir.

Bir af dönemi ilan edilecek ve bu süre zarfında tüm uyuşturucu satıcıları, elindeki uyuşturucu stoklarını derhal yakılmak üzere adresindeki devlet kurumlarına ya da özel olarak seçilmiş vatandaş komitelerine teslim etmek zorunda kalacak. Bundan sonra, uyuşturucu satarken ya da satış amacıyla uyuşturucu bulundururken yakalanan herkes idam edilecektir.

- Diskolar ve gece kulüpleri gibi uyuşturucunun yaygın olarak kullanıldığı tüm mekanlar kapatılmak zorunda kalacak; özel savcıların mahkemelerinde bu mekanlarda uyuşturucu kullanıldığı kanıtlanırsa, sahiplerine ağır para cezaları verilecek ve hapis cezasına çarptırılacaklar. "Rock konserleri" yasaklanmalı ve rock "konserleri"nin organizatörlerine ağır para cezaları verilmeli ve hapis cezasına çarptırılmalıdır.
- ABD'ye veya eyalet sınırları ötesine uyuşturucu taşıyan herkes, bu amaçla kurulan mahkemelerde özel savcılar tarafından yargılanmalıdır. Suçlu bulunmaları halinde, kaçakçılar ölüm cezasına çarptırılmalı ve ceza gecikme olmaksızın infaz edilmelidir.
- ABD Tarım Bakanlığı, uyuşturucu bitkisi yetiştiren tüm ülkelerle, ABD ajanlarından oluşan ekiplerin uyuşturucu bitkilerinin bulunduğu tüm yerleri "arayıp yok etmelerine" izin verecek anlaşmalar yapmalıdır.

Bu, tüm bitkilerde bulunan bir amino asit bileşiğinden oluşan, yeni keşfedilen "güneş ışığı öldürücü herbisit"in uygulanmasıyla ucuz ve etkili bir şekilde yapılabilir. Bu bileşik hayvanlar için zararsızdır ve uyuşturucu bitkisinde amino asit birikimi yoluyla istenmeyen büyümeyi bastırır; bu da bitki dokusunu çökertir ve üç saat içinde kurutur.

Bu yeni herbisit, normal mahsullere herhangi bir zarar vermeden veya toprağı zehirlemeden, her koka çalılarını, haşhaş ve esrar tarlalarını kaynağında yok etme kapasitesine sahiptir. Ulusal Bilim Vakfı'ndan Dr. William Robertson, herbisitin akşam çökünce püskürtüldüğünü söyledi. Ertesi sabah güneş doğar doğmaz bir zincirleme reaksiyon tetiklenir ve uyuşturucu bitkileri tüm iç sıvılarını kaybederek "kan kaybından ölmeye" başlar. Birkaç saat içinde, püskürtülen bitkiler kurur ve ölür. Herbisitin uygulanması kolaydır, ucuzdur ve çevreye zararsızdır. Bu madde, buğday, arpa, yulaf, soya fasulyesi gibi gıda bitkilerinde herhangi bir etki yaratmaz.

İç destek ve uluslararası anlaşmalarla ABD, üç yıl içinde ve şaşırtıcı derecede düşük bir maliyetle uyuşturucuyu yeryüzünden silebilir. Program, antlaşmalar ve anlaşmalar yoluyla yürürlüğe girebilir. ABD ajanlarının ülkede konuşlandırılmasını zorunlu kılan bir madde içeren programa katılmayı reddeden herhangi bir ülkenin tüm ABD dış yardım fonları kesilir.

İmzalamayı reddeden ülkelere karşı (1933'te Almanya'ya uygulandığı gibi) dünya çapında bir ticaret boykotu başlatılmalı ve Güney Afrika ve Irak'a acımasızca uygulanan türden uluslararası baskılar, tüm Birleşmiş Milletler kurumları aracılığıyla bu ülkelere uygulanmalıdır. Yeni ürün olan ALA halihazırda mevcuttur ve ABD, küresel ölçekte kullanılmak üzere yeterli miktarda üretmek için acil bir programa başlamalıdır.

Savaş için seferber olmalıyız! Bu programı tam olarak uygulamak yoğun bir çaba gerektirecek, ancak bu çaba 1939-45 yıllarında gösterilenden daha büyük olmayacaktır. İkinci Dünya Savaşı'nda gösterdiğimiz muazzam çabayı gösterebildiysek, şimdi de aynı çabayı göstermekle yükümlüyüz. 1939'da Almanya, Amerika'nın güvenliğini hiçbir zaman doğrudan tehdit etmedi. Almanya'n 'da ABD ile bir anlaşmazlığı yoktu, ancak Uyuşturucu Tacirleri, "asil aileler", büyük bir ulus olarak güvenliğimiz ve gelecekteki refahımız için doğrudan ve çok ciddi bir tehdit oluşturmaktadır. ABD bu tür ülkelere savaş ilan etmeli ve üretim üsleri ile nakliye ve dağıtım sistemleri ortadan kaldırılmalıdır. Uyuşturucu Baronlarıyla yüzleşmek ve onları yok etmek için insan ve teknik potansiyelimizdeki muazzam kaynaklarımızı seferber etmeliyiz.

Son 34 yıldır, Amerikan halkı savaşın gidişatının aleyhine olduğunu çaresizce izlemiştir. Şimdiye kadar Amerikan halkı, 1939'da propaganda makinelerimizin Almanya'yı tanımladığı kadar düşmanın kolayca tanımlanamadığı için savaşta olduğumuzun farkında değildi. Aynı propaganda "fikir önderleri", uyuşturucu tacirleriyle mücadele etmeye çok isteksizdir; ancak "fikir önderlerinin" de aynı ağın bir parçası olduğu anlaşıldığında bu hiç de şaşırtıcı değildir. Her yıl milyonlarca hayatı mahveden uyuşturucudan elde edilen müstehcen kârların, aynı zamanda uluslararası terörizmi de finanse ettiğini Amerikalılara anlatmak için ciddi bir ihtiyaç vardır.

DEA'nın son istatistikleri, Amerika'da eroin, kokain ve esrar kullanıcılarının sayısında endişe verici bir artış olduğunu gösteriyor. Terörist yönüne gelince, uyuşturucu parasıyla cinayetlerin nasıl finanse edildiğini görmek için

Peru'daki "Parlayan Yol" tarikatının faaliyetlerini hatırlamak yeterlidir.

Bu grup, dünyadaki en şiddetli ve acımasız terörist çetelerinden biriydi; Peru'nun karlı kokain ticaretini ele geçirmek için ülkeyi ele geçirmeye kararlı bir haydut çetesiydi, ta ki Peru Cumhurbaşkanı Fujimoro kişisel olarak müdahale edene kadar. Ancak bu hamle, ona cumhurbaşkanlığını ve hayatından endişe duyarak Japonya'ya kaçmak zorunda kalmasını mal oldu.

Kokain, 20 milyon Amerikalıyı etkileyen ve giderek artan bir tehdittir. "Akıllı kesim" ve Hollywood'un "popüler çevresi" tarafından popüler hale getirilen kokain, her gün tahminen 5.000 yeni kullanıcı çekmektedir! DEA'dan Frank Monastero, geçtiğimiz günlerde uyuşturucu ticareti yoluyla terörizmle olan bağlantıların çok güçlü olduğunu, "ancak yönetimin belirli kesimlerinin bu konuyu bu şekilde ele almadığını" belirtti. Monastero hangi "kesim"den bahsettiğini söylememiş olsa da, bazı ABD'li yetkililerle yaptığım görüşmelerden onun ABD Dışişleri Bakanlığı'ndan bahsettiğini biliyorum.

Dışişleri Bakanlığı, uyuşturucu ile mücadele yöntemlerinin "Dış Yardım"ın askıya alınmasıyla ilişkilendirilmesine karşı olduğunu sürekli olarak dile getirmiş ve bu kitapta özetlediğim yöntemlerin uygulanmasına karşı çıkmıştır. Dışişleri Bakanlığı yetkililerinin, yurtdışındaki uyuşturucu kontrolü görevini en az tercih edilen dış hizmet görevi olarak gördükleri bilinen bir gerçektir.

Rand Corporation'ı (Pentagon Belgeleri skandalıyla ünlenen Daniel Ellsberg'i ortaya çıkaran kuruluş) kontrol eden Kraliyet Uluslararası İlişkiler Enstitüsü (RIIA) ve Dış

İlişkiler Konseyi (CFR), eğitim düzeyinde uyuşturucu kullanımına karşı mücadelede "çelişkili, belirsiz ve sıfır etkiye sahip" olduğunu iddia eden, talep edilmemiş bir rapor yazarak durumu daha da kötüleştirdi. Bu açıkça doğru değildir, ancak efendileri iğrenç uyuşturucu ticaretinden kâr edenler olan Tavistock İnsan İlişkileri Enstitüsü tarafından yönetilen bir kurumdan başka ne bekleyebiliriz ki? Rand raporu, kendi birliklerimize ateş açmak gibiydi; zira uyuşturucu çetelerine ateş açmış olsaydı, düşmanlarına değil, dostlarına ateş açmış olacaktı! Rand raporunun net sonucu, uyuşturucu karşıtı eğitim programlarını caydırmak oldu. Yine de Rand, ABD hükümetinden büyük hibeler alıyor — bu, uyuşturucu ticaretini en aza indirgeme çabalarımızdaki çelişkilerin bir " " örneğidir.

Genel Muhasebe Ofisi (GAO), Amerika'ya kaçak olarak sokulan uyuşturucuların sadece yüzde onunun kolluk kuvvetleri tarafından ele geçirildiğini tahmin ediyor. Bu durum alarm zillerini çaldırmalıdır! Bu kadar büyük insan gücü, para ve teknik kaynağa sahip, son derece sanayileşmiş bir ülke, uyuşturucuların bu kadar küçük bir yüzdesini ele geçirebiliyor da, nasıl oluyor da geri kalanını ele geçiremiyor? Uyuşturucu ticaretini perde arkasından kontrol eden gücü, gizemli "X Gücü"nü, yani "gizli eli" aramalıyız. Bu soruya doğru cevabı bulmak için, ilerleyen bölümlerde bu konuyu ele alacağım.

Gördüğüm yakın tarihli bir belgede, Çin'deki afyon haşhaş üretiminin 2000 yılından bu yana yüzde 50 arttığı belirtiliyor. Yukarıda bahsedilen belgedeki diğer istatistikler, esrar ve koka yaprağı üretiminin yüzde 30 ve 40 arttığını, Afganistan'daki haşhaşlardan elde edilen afyon üretiminin ise 2003 yılında ABD ve NATO birliklerinin bu ülkeyi işgalinden bu yana yıllık 4.000 pounddan 6.000 pounda çıktığını göstermektedir. Bu başarı nasıl elde edildi? Bu başarı, RIIA, Wilton Park, Tavistock Enstitüsü ve CFR ile Avrupa'nın Black Nobility ailelerinden oluşan yönetici oligarşi tarafından yönetilen, Amerika'ya karşı topyekün bir savaşla elde edildi. Bu savaşta başlıca araçları, "rock grupları" ve "rock konserleri" ile "müzik" olarak kabul edilen, zihni tahrip eden, 12 tonlu çürümüş kakofoninin durmaksızın tanıtılması olmuştur ve hâlâ da öyledir. Bu araç ilk olarak 1950'de kullanıldı ve düşmanın Amerika'ya karşı savaşındaki ana silahıdır ve biri buna bir kez ve sonsuza kadar son verene kadar uyuşturucu yaymak için kullanılmaya devam edecektir!

Eroin ticaretine geri dönersek, başlıca haşhaş yetiştirme alanları, sırasıyla Güneydoğu Asya'daki sözde "Altın Üçgen" ve İran, Afganistan ve Pakistan'daki "Altın Hilal"de bulunmaktadır.

İngiliz "Mavi Kan" ailelerinin, Afganistan ve Pakistan'daki tarlalardan Çin'deki kullanıcılara afyon naklederek servet kazandıklarını hatırlamak da yerinde olacaktır; bu ülkelerde 100 yıl boyunca, bugün bu ticareti güvenli ve karlı bir şekilde sürdürmelerini sağlayan gerekli bağlantıları kurmuşlardır.

Orta Doğu'ya gelince, ham afyonun büyük bir kısmı Lübnan, Suriye ve Türkiye üzerinden geçmektedir. Bir ara işleme tabi tutulduktan sonra, Frankfurt üzerinden Avrupa'ya ulaşmaktadır. Sözde "Frankfurt Mafyası" bu işin dağıtım kısmını yönetmektedir ve kötü şöhretli Meyer Lanskey (Suç Sendikası'nın önde gelen üyelerinden biri, şu anda hayatta değildir) bu operasyonun başındaki isimdi. Lanskey'in ölümünün ardından bu pozisyon İsrailli General Ariel Sharon'a geçti ve Sharon, kimse tarafından özlenmeden ayrılana kadar bu görevi sürdürdü. Sharon, kokainin elde edildiği koka yaprağının başlıca üreticileri olan Bolivya ve Peru gibi "yetiştirici" ülkelerle çok güçlü bağlara sahipti. Lübnan, ülkenin feodal beyliklere bölünmesi amacıyla işgal edildi ve raporlarımdan birinde de açıkladığım gibi, Suriye Devlet Başkanı Hafız Esad'ın kardeşi Rifaad Esad, Sharon ile yaptığı "özel" anlaşmalar nedeniyle önce ev hapsine alındı, ardından Suriye'den sürüldü. Rifaad Esad'ın Suriye'den sınır dışı edilmesi kamuoyuna duyuruldu, ancak bunun arkasındaki asıl neden — uyuşturucu ile ilgili suçlar — hiçbir zaman kamuoyuna açıklanmadı.

Gizli Senato raporları, ABD Dışişleri Bakanlığı'nın uyuşturucu üreten ülkelerin cezalandırılması gerektiğine dair Başkan Reagan'ın talimatına uymadığını göstermektedir. Bu, Chatham House'un, uyuşturucu ticaretiyle çok güçlü bağları olan ve Doğu Liberal Kuruluşu'nun eski başkanı olan Başkan G.H.W. Bush tarafından atanan eski Dışişleri Bakanı George Shultz aracılığıyla uyguladığı arka plan ve " " kontrolü göz önüne alındığında şaşırtıcı olmamalıdır.

Uyuşturucu üreten ülkeler, uyuşturucu sorununun bir Amerikan sorunu olduğu ve Amerika'da uyuşturucuya talep olduğu sürece, üretici ülkelerin sadece bu talebi karşıladıkları görüşündedir. Bu görüş, Çin'de başlangıçta afyona talep olmadığı, ancak daha sonra aynı vicdansız "asil" aileler tarafından bu talep "yaratılana" kadar ve onlar bu "ihtiyacı" karşılayıp afyon tedarik edene kadar bu gerçeği tamamen göz ardı etmektedir. Ayrıca, aynı ailelerin hala ticareti yönettiği, ancak bu kez alıcı ülkenin ABD olduğu gerçeğini de göz ardı etmektedir. Bazı senatörler, ticareti durdurmanın yolunun esrar ve kokainle başlayarak uyuşturucuları "yasallaştırmak" olduğu görüşündedir. Elbette, bunun sadece özel kullanım için küçük miktarlarda olması gerektiğini hemen eklemektedirler.

Bu, yangına benzin dökerek söndürmeye eşdeğerdir! Aynı kişiler, Peru, Bolivya ve Kolombiya'daki uyuşturucu ticaretine yaptıkları devasa yatırımları korumak için bu ülkelere özel ordular yerleştirdiler. Florida Senatörü Paula Hawkins bunu doğruladı; tabii ki isimleri açıklanamayacak özel bilgi kaynakları da bunu doğruladı. Bolivya, Kolombiya ve Peru'da, bu iyi silahlanmış özel ordular hükümet birlikleriyle şiddetli çatışmalara girdi ve çoğu zaman onları yendi!

Sonuç olarak, haydutlar artık "yetiştirme" bölgelerinde tam kontrol sahibidir ve hükümet yetkilileri bu bölgelere girmek için izin almak zorundadır! Doğal olarak, izin asla verilmez ve "yasak bölgeye" giren hükümet ajanları, tıpkı birçok 'daki gibi, öldürülme riskini göze alarak bunu yaparlar. Senatör Hawkins, kuralları ihlal eden ülkelere "dış yardım"ın kesilmesinden yanaydı ve bunu yapma niyetini açıkladı. Senatör Hawkins, Senato Alkol ve Uyuşturucu Suistimali Komitesi'nin başkanıydı, ancak çok ısrarcı davranmaya başlayınca kısa sürede görevinden alındı. Hawkins, Dışişleri Bakanlığı içinden çok güçlü bir muhalefetle karşılaştı, çünkü "dış yardım" onların kesinlikle kendi yetki alanlarına giren ve müdahale edilmemesi gereken bir konu olarak görülüyordu. David Rockefeller'ın ABD vergi mükelleflerinin parasını bu sinsi şekilde dağıtmaya başladığı ve CFR'nin bunu kanunlara dahil ettiği 1946 yılından bu yana, Dışişleri Bakanlığı dış yardım dolandırıcılığına karşı "müdahale etmeme" tutumu sergilemiştir. Eski uyuşturucu sorumlusu Dışişleri Bakan Yardımcısı Clyde D. Taylor, Dışişleri Bakanlığı'nın tutumunu şu şekilde ifade etmiştir:

> Uyuşturucu sorununu perspektif içinde değerlendirmeliyiz — bu ülkelerde başka diplomatik çıkarlarımız da var ve eğer oraya gidip uyuşturucu meselesi yüzünden onları

> kendimizden uzaklaştırırsak, birkaç yıl sonra başka bir konuda onlara ihtiyaç duyduğumuzda pişman olabiliriz. Dış yardımı iptal etme fikri göründüğü kadar basit değildir. Düşündüğünüz kadar büyük bir etkimiz yok.

Ne itiraf ama!

Bununla birlikte, İngiliz kontrolündeki Dışişleri Bakanlığı'nın muhalefetine rağmen, son beş yıl içinde, en azından kağıt üzerinde, bazı ilerlemeler kaydedildi. Pakistan, Bolivya, Peru, Meksika ve Kolombiya ile uyuşturucu kontrol anlaşmaları müzakere edildi, ancak çok dar bir kapsamda.

Dünyanın en büyük ham afyon ticaret yolu olan Pakistan'a gelince, askeri liderler ve diğer kolluk kuvvetleri kurumları gerçek bir denetime karşı çıktıkları için, anlaşmanın Amerika'ya afyon akışında herhangi bir etkisi olup olmayacağı şüphelidir. Pakistan'ın eski Cumhurbaşkanı Ali Bhutto, ordunun koruması altındaki uyuşturucu ticaretine aktif olarak karşı çıkan tek kişiydi ve onun yerine geçen General Zia ul Haq tarafından yargısal bir cinayete kurban gitti. Bhutto, Pakistan'daki uyuşturucu ticaretini ortadan kaldırmaya tamamen kararlıydı ve uyuşturucuya karşı sergilediği sert tutum şüphesiz ölümüne yol açtı. Bu nedenle Pakistan afyon ticaretinde herhangi bir yavaşlama beklemeyin. ABD Başsavcısı William French Smith Pakistan'a gidip, ABD'nin önemli ölçüde yardımıyla bu ticareti sonlandırması için hükümete şahsen çağrıda bulunmasına rağmen, ticaret devam etmektedir. Başkan Zia ul Haq'ın cevabı, William French Smith'e kişisel güvenliğini garanti edemeyeceği için Pakistan'dan ayrılması konusunda uyarıda bulunmak oldu. O zamandan beri hiçbir ABD Başsavcısı Pakistan'ı ziyaret etmedi.

Dünyanın diğer ucunda, bir numaralı kokain üreticisi Kolombiya'dır, ancak Brezilya'da yeni koka tarlalarının keşfedilmesi, Kolombiya'nın bu unvanını Brezilya'ya kaptırabileceğini göstermektedir.

Kokain "bağımlılık yapmayan" bir madde olarak sınıflandırılır ve uyuşturucu tüccarlarının maaşlı birkaç önde gelen doktor, kokainin kalıcı zararlı etkileri olmadığını ilan etmiştir. Ancak cesur bir doktor New York Times'a, kokainle yapılan testlerin uzun vadede kullanıcıların ciddi beyin hasarı yaşadığını gösterdiğini söylediğinde tüm bunlar değişti. Gördüğüm DEA istatistiklerine göre, Amerika'ya ulaşan tüm kokainin yüzde 75'i ve tüm esrarın yüzde 59'u Kolombiya menşelidir.

Bolivya ve Peru %10'ar, Meksika ise esrarın %9'unu üretmektedir. Yerel olarak yetiştirilen esrar pazarın %11'ini oluştururken, %9'u Jamaika'dan gelmektedir.

Kokain "üretimi" nispeten basit bir süreçtir. Yaprakların alındığı bitki yabani olarak yetişir, ancak günümüzde plantasyonlarda da yetiştirilmektedir. Yapraklar, ucuz yerel köylü işgücü tarafından çalıdan koparılır, brandaların üzerine yerleştirilir ve üzerine basılır; ardından kısmen ezilmiş yaprakların üzerine gazyağı ve kalsiyum karbonat dökülür ve beyaz bir macun oluşur. Daha sonra sülfürik asit eklenir ve karışım süzülür; ardından ölümcül bir kimyasal olan aseton eklenir ve karışım kurumaya bırakılır. Bazıları karışıma beyaz şarap ekler; bu, uygun bir süre sonra saf beyaz kristal toz haline gelir: kokain. Bir pound kokain üretmek için yaklaşık 300 pound koka yaprağı gerekir. İşçilik ve hammadde maliyeti o kadar ucuzdur ki, birincil üretici aşamasında yüzde 5.000'e varan kârlar olağandır.

Kolombiya uyuşturucu ticareti, yakın zamana kadar ordu, yargı ve bankalar tarafından tamamen korunuyordu, ancak bu durum 1991'de Başkan Betancourt'un göreve gelmesiyle sona erdi. Kokain ticaretinden büyük karlar elde etmeye alışkın olan ve Betancourt'un uyuşturucu karşıtı programını desteklemeye hazır olmayan muhalif subaylar, rütbe ve mevkilerinden mahrum kaldılar. Ancak Betancourt'un ayrılmasından bu yana işler "normale" döndü. Ticaretten elde edilen paranın çoğu Florida'daki bankalara ve İsviçre bankalarına akıyor. İsviçre basını, Betancourt'un kokainle mücadele politikasının Kolombiya ekonomisine ağır bir darbe vuracağını ve ülkeye döviz açısından büyük bir maliyete mal olacağını iddia ederek, Betancourt'u açıkça eleştirecek kadar ileri gitti. Bu elbette büyük bir yalandır, çünkü "döviz"in çoğu Kolombiya'ya geri dönmez, bunun yerine İsviçre bankalarının kasalarında son bulur. İsviçreli bankacıların Betancourt'un kokainle mücadele tutumundan hoşlanmamaları şaşırtıcı değil!

Betancourt'a karşı sert bir tavır sergileyenler arasında Gnostik Kilise'ye bağlı unsurlar da vardı. Kolombiya'da MI9 gerillaları (İspanyolca kısaltması FARC ile tanınan), gelirlerinin büyük bir kısmının uyuşturucu kaynaklı olduğunu reddediyor. Betancourt, lider Dr. Carlos Toledo Plata'yı Kolombiya hükümetiyle bir anlaşma imzalamaya ikna ederek çatışmalarda bir ateşkes sağladı; ancak çok geçmeden Plata, Uyuşturucu Tacirleri tarafından öldürüldü.

Bu cinayetten kısa bir süre sonra, 30 Nisan 1984 öğleden sonra, motosikletli iki haydut Kolombiya Adalet Bakanı Rodrigo Lara Bonilla'yı vurarak öldürdü. Her iki adam da uyuşturucu başkenti Santa Marta'ya kaçtı; burada FARC devrimci ordusunun özel orduları tarafından korunuyorlar. Her iki cinayet de, Kolombiya'nın uyuşturucu ticaretini ortadan kaldırmayı başarması halinde kaybedecekleri çok şey olan Uyuşturucu Tacirleri tarafından olumlu karşılandı. Eski Cumhurbaşkanı Lopez Michelson, görevden alınmadan önce kokain ticaretine yoğun bir şekilde karışmıştı. Bir uyuşturucu ile mücadele yardımcısının kaçırılma planının başarısızlıkla sonuçlanmasının ardından ülkeye kaçtı ve Paris'te saklandı. Kuzeni Jamie Michelson Urbane, Miami'de büyük bir servet bulunduruyor.

Michelson, Kolombiya hükümetinin uyuşturucu tacirleriyle bir anlaşma yapmasını önerdiği için başı büyük belaya girmişti. Uyuşturucu parasıyla çalışan bankacı Urbane, bir zamanlar Banco de Colombia'nın başkanıydı; ancak iki yöneticisi Betancourt tarafından 2920 sayılı kararname uyarınca tutuklandıkları gün Miami'ye kaçtı. Ordunun uyuşturucu bitkilerinin yetiştirildiği tüm tarlalara paraquat (bitki ve çalıların yapraklarını döken kimyasal bir madde) püskürtmeye başlaması emri, uyuşturucu baronları ve kokain parasından en çok fayda sağlayacak olanlar, yani Avrupa'nın Kara Asillerinin oligarşileri için büyük bir darbe oldu.

Betancourt, uyuşturucu ticaretini yok etme niyetini göstererek, sadece lafta kalmadı ve ciddi bir suikast tehdidiyle karşı karşıya kaldı. Hiç kimse, uyuşturucu baronlarının ve Avrupa'nın mavi kanlılarının ticaretlerine yönelik saldırıları sessizce kabul edeceklerini düşünmemelidir.

1985 yılında İngiltere'nin Cambridge kentinde düzenlenen son derece gizli bir toplantıda, Amerikalı yetkililerin Bahamalar'daki uyuşturucu ticaretiyle mücadelede yardım istemek üzere İngiliz yetkililere başvurduklarında, yardım veya bilgi talebinin reddedildiğini çok iyi hatırlıyorum. Hükümetin tamamının, İngiltere'deki belirli Mason localarından yönetilen uyuşturucu işinde olduğu ve gelirlerin Kanada Kraliyet Bankası aracılığıyla aklanıldığı Bahamalar'ı bilenler için bu durum hiç de şaşırtıcı değildir. (Kanada'nın, Amerika'nın bir ülke olduğu anlamında bir ülke değil, sadece İngiliz Kraliyet Ailesi'nin bir karakolu olduğunu unutmayın.)

Panama gibi yerlerdeki bazı önde gelen Amerikan bankaları, şu anda yıllık 550 milyon dolar olarak tahmin edilen para akışını kolaylaştırıyor ve İngiltere, Kanada ve ABD'deki üst düzey kişiler için uygun kanallar görevi görüyor. General Manuel Noriega'nın, uyuşturucu parası aklayan Panama'daki Rockefeller bankalarından birinin örtüsünü kaldırdığında, yanlış bir inançla ABD Bu kârlı ticareti koruyan ve kollayan sadece bankalar değildir. Uluslararası Para Fonu (IMF) bu ticarette giderek daha önemli bir rol oynamaktadır. IMF'nin 1960'tan beri uyuşturucu ticaretini koruduğuna dair çok sayıda kanıt mevcuttur, ancak bu özellikle önde gelen İngiliz kurumları ve bunları yöneten "asil" ailelerle ilgilidir.

İngiltere'de uyuşturucu kullanmak tamamen yasaldır, ancak bunları pazarlamak yasaktır. Bu, IMF politikalarıyla uyumludur ve Kolombiya söz konusu olduğunda, IMF, Kolombiya'nın talebin olduğu her yere uyuşturucu ihraç ederek döviz kazanma hakkına sahip olduğu görüşündedir. Bunun gerekçesi, uyuşturucudan elde edilen gelirin IMF kredilerinin geri ödenmesine yardımcı olmasıdır - ki bu kesinlikle yanlıştır. IMF'nin Merkez Bankacılığı Departmanı, uyuşturucu ticaretinden büyük miktarda nakit mevduat alan offshore bankalarla çalışmaktadır.

Kolombiya Adalet Bakanı Rodrigo Lara Bonilla'nın acımasız ve aleni bir şekilde öldürülmesinden sonra, IMF ve Roma Kulübü "bağlantıları" paniğe kapıldı ve M19 uyuşturucu ticareti "birliklerinden" uzaklaşmaya başladı, çünkü Betancourt, cinayeti "Kolombiya'nın adını lekeleyen bir olay" olarak nitelendirerek öfkeyle mevcut tüm rezervleri seferber etti. Doğrudan halka seslenen Betancourt, "ulusal haysiyet bu kaçakçılar tarafından rehin alınmıştır" diyerek tüm vatandaşları kaçakçılarla mücadelesinde kendisine yardım etmeye çağırdı.

Katolik Kilisesi'nden de bu mücadeleye katılmaları istendi ve Kilise, Cumhurbaşkanı'na destek vermeyi kabul etti; sadece Cizvit Tarikatı bu konuda mesafeli durdu. Başkan Reagan, Betancourt'un taktiklerini örnek alsaydı iyi olurdu ve bence halkın daha önce hiç görülmemiş kadar güçlü bir destek seliyle karşılanırdı. Ancak ne yazık ki Reagan bunu yapmadı. Cizvitler ve Gnostikler, M19 gerillalarıyla güçlerini birleştirerek ancak, ortak yıkıcı taktiklerini destekleyen güçlü "gizli el"e rağmen, çok az ilerleme kaydedebildiler. Betancourt, DEA'ya Kolombiya'ya girip uyuşturucu bitkilerine paraquat püskürtme hakkı verdi. Ayrıca, ABD'nin uzun süredir yakalamaya çalıştığı üst düzey Kolombiyalı uyuşturucu kaçakçıları için birkaç iade talebini de kabul etti. Ancak ABD şu ana kadar karşılıklı davranmadı ve Michelson Urbane'yi Kolombiya'ya iade etmedi.

Kolombiya ziyareti sırasında Senatör Hawkins, Kolombiya Cumhurbaşkanı'nın uyuşturucu tacirlerini kökünden sökmek için gösterdiği kararlı çabaları övdü. Ancak kaynaklarım, Amerika'ya giden kokainin belirgin bir şekilde azalmasına rağmen – ki bu, fiyatındaki keskin artışla kanıtlanıyor – bu durumun uyuşturucu baronlarının karşı koymadıkları anlamına gelmediğini söyledi. Koka çalıları için yeni ekim alanları bulmak amacıyla faaliyetlerini Arjantin ve Brezilya'ya genişlettiklerine dair kanıtlar var.

Başkan Betancourt'a tam olarak bağlı olmayan bazı Kolombiyalı yetkililer, kaçakçıların faaliyet gösterdiği uzak ormanlık alanlara giremediklerini iddia ettiler. Soru şu: Eğer uyuşturucu kaçakçıları oraya girebiliyorsa, neden hükümetin uyuşturucu ile mücadele güçleri de aynısını yapamıyor? Uyuşturucu Suistimali ve Kontrolü Özel Komitesi'nden John T. Cassack'a göre, bu uzak "erişilemez" bölgelerde (eroinin elde edildiği) afyon haşhaşının deneme amaçlı yetiştirildiğine dair kanıtlar ortaya çıktığı için, bu ekim alanlarına acilen müdahale edilmesi gerekiyor. "Los grandes mafioses", 1970'lerde ABD'de kokain satışlarını gerçekten hareketlendirmeye başladıklarından bu yana uzun bir yol kat ettiler. 2006'da, tekne, uçak, helikopter filoları ve ağır silahlı özel bir ordu kullanmaya başladılar. Birçok kamu projesini finanse ederek, kamu yararına çalışan kişiler gibi davranmaya özen gösterdiler. Halk, onları tamamen ABD'ye özgü bir sorundan, yani kokain ve esrara yönelik doyumsuz Amerikan talebinden faydalanan "zeki iş adamları" olarak görüyor. Bu patronlardan biri olan Pablo Escobar Gavira, her zaman son derece zengin Gavira'yı destekleyen Cizvitler tarafından yönetilen bir program olan gecekondu mahallelerinin iyileştirilmesine büyük miktarda para aktardı.

Gavira bir keresinde kızının düğününe 50.000 dolar harcadı ve milletvekili seçilerek tutuklanmaya karşı parlamento dokunulmazlığı elde etti. Yıllardır ABD Uyuşturucu ile Mücadele Dairesi (DEA) yetkilileri tarafından aranıyordu. Ancak Adalet Bakanı Lara, bir Uzi makineli tüfeğinden çıkan 22 kurşunla öldürüldükten sonra, Kolombiya halkı büyük bir tiksinti duydu. Halk, "los grandes mafioses"e sırtını döndü ve olaylar gelişmeye başladı. Cizvitler bile Gavira'dan uzaklaştı. Uyuşturucu ile ilgili davaların yargı yetkisi orduya devredilince, eskiden uyuşturucu tüccarlarının düzenlediği lüks partilere katılan birçok yargıç, eski güçlerinden mahrum kaldı. Piskopos Dario Castrillon da uyuşturucu tüccarlarıyla olan bağlantısını inkar etmeye çalıştı ve onlardan aldığı paranın kiliseler inşa etmek için olduğunu söyledi. Yargıçlara rüşvet vermek artık kabul edilemez hale gelmişti ve uyuşturucu davalarını yargılamak üzere kurulan askeri mahkemelere rüşvetçiler ulaşamıyordu.

Güçlü Ochoa ailesi bile saklanmak için kaçıştı, ancak onların adamı olan Başkan Lopez Michelson bile başı dertteydi. Ochoa, diğer üst düzey uyuşturucu kaçakçılarıyla istişare yapmak üzere bulunduğu Panama'dan onu arayarak, ülkede devam eden toplu tutuklamalar konusunda uyardı. Bu arada, en büyük 100 uyuşturucu satıcısını temsil eden Gavira ve üç Ochoa kardeşi, Michelson'dan yardım istemek için ona gittiler, ancak Michelson onları yüzüstü bıraktı. Ancak gangsterlerin işi henüz bitmemişti. Şaşırtıcı bir gelişmeyle, Ochoa ailesi Panama'da Kolombiya Başsavcısı Carlos Jimenez Gomez ile bir araya geldi. Nedense Gomez, bu toplantı hakkında ABD yetkililerini bilgilendirmedi. Eğer bunu yapsaydı, ABD Uyuşturucu ile Mücadele Dairesi (DEA) ajanları Panama'da çok sayıda tutuklama yapacaktı! ABD Büyükelçisi Alexander Watson, olaydan iki ay sonraya kadar Gomez tarafından toplantı hakkında bilgilendirilmedi. Bu başka bir soruyu gündeme getiriyor. ABD uyuşturucu ile mücadele ajanlarının tüm önde gelen Kolombiyalı uyuşturucu tacirlerini yakından takip ettikleri bilindiğine göre, bu ajanların Panama'daki toplantıdan haberdar olmamaları nasıl mümkün olabilir? Gizli el, Amerika ve Avrupa'nın güçlü aileleri, İsviçreli bankacılar, IMF ve Roma Kulübü, P2 Masonları ve muhtemelen CFR, bu noktada müdahale etmiş görünüyor.

Ochoa ailesi, Başsavcıya 72 sayfalık bir not teslim ederek,

tutuklanma korkusu olmadan Kolombiya'ya dönmelerine izin verilmesi karşılığında Kolombiya'daki tüm kokain operasyonunu çökertmeyi teklif etti. Not, ABD yetkililerine iletildi ve yetkililer suçlularla anlaşma yapmadıklarını söylediler. Başsavcı Gomez'e gelince, uyuşturucu baronlarıyla görüşüp bunu önceden hükümetine bildirmemesi için öne sürdüğü zayıf bahane, başka bir iş için (ne olduğunu belirtmeyi ihmal etti) Panama'ya gittiği ve tamamen tesadüfen Ochoa'larla karşılaştığıydı. Gomez, neden hemen Başkan Betancourt'u arayıp gelişmeleri ona bildirmediğini açıklamadı. Gerçek şu ki, Gomez, Kolombiya uyuşturucu kartelindeki "gizli el"in emirleri doğrultusunda hareket ediyordu. Kolombiya'da Başsavcı, Kongre tarafından atanır ve Cumhurbaşkanı'na hesap vermek zorunda değildir. Ancak birçok Kongre üyesi, Gomez'in tuhaf davranışlarından derin bir öfke duydu ve istifasını talep etti, ancak o bunu reddetti.

Escobar Gavira, Sandinista hükümetindeki Cizvit rahiplerinin koruması altında Nikaragua'dan faaliyet göstermeye başladı. Gavira ve adamlarının o ülkede bir uçağa kokain yüklediklerini gösteren gizlice çekilmiş fotoğraflar bana oldukça gerçekçi göründü, ancak üzerinde tarih yoktu. Bu, o dönemde Cizvitlerin hakim olduğu Nikaragua hükümetinin Amerika'ya karşı uyuşturucu savaşına katıldığının bir göstergesi miydi? Yine de Washington'daki Temsilciler Meclisi ve Senato üyelerinin çoğunluğu, Başkan Reagan'a Sandinista hükümetini devirmek için ihtiyaç duyduğu yetkiyi vermeyi ısrarla reddetti.

- Soru şu: "bizim" temsilcilerimiz, Cizvit-Komünist Nikaragua hükümetini ortadan kaldırmaya yönelik her türlü çabaya neden karşı çıkıyorlar?

- Dahası, neden bu kadar çok sayıda temsilci Nikaragua'ya "dış yardım" ve "kredi" verilmesi yönünde oy kullandı?
- Senatörler de Concini ve Richard Lugar neden Komünist Sandinistlere vergi paramızı vermek için oy kullandılar?
- Neden, uyuşturucu kaçakçılarının tehlikeli yüklerini Amerika'ya sokmalarına yardım etmekle kalmayıp, her fırsatta Amerika'yı eleştirerek dünyayı dolaşan Manuel de Escoto gibi insanları destekliyorlar?

Gizli elin gücü, Roma Kulübü-CFR-Trilateral Eastern Establishment ve yüksek mevkilerdeki müttefikleri ortaya çıkarılana kadar, Amerika bu korkunç savaşı kazanamaz ve kazanmayacaktır. Tüm çabalarımız boşa gidecektir. ABD Hükümeti, Panama'yı, benim uyuşturucu kimyasalları olarak adlandırdığım şeylerin büyük ithalatını durdurmaya ikna edene kadar, Kolombiya'daki kokain ticareti ortadan kaldırılmayacaktır.

Panama, devasa miktarlarda kerosen, eter ve asetonla ne yapmak istiyor? Herkesin bildiği gibi, bu kimyasalların Kolombiya'ya doğrudan ithalatı yasaktır, bu nedenle Panama'nın ithalatının dolaylı ve yasadışı bir şekilde Kolombiya'ya aktarıldığı açıktır.

Bu yazı 2003 yılında yazıldıktan sonra, Kolombiya giderek daha da derin bir şekilde tam anlamıyla bir uyuşturucu devletine dönüşmeye zorlandı. Kolombiya Devrimci Silahlı Güçleri gerillaları, üç faktör sayesinde çok daha iyi organize hale geldi:

- Panama'nın ele geçirilmesi, bu da Panama Kanalı bölgesine akan uyuşturucu miktarında %65'lik bir artışa neden oldu.

- Panama bankaları tarafından kolay para aklama.
- Castro'nun MI9 gerillalarına sağladığı desteğin artması.

Bu durum, MI9'a daha kaliteli silahların daha büyük miktarlarda ulaşmasına ve nakit rezervlerinin artmasına yol açmış, tüm bunlar da Kolombiya'da uyuşturucu ticaretinin genişlemesine neden olmuştur. Pablo Escobar, lüks evi ve arazisine düzenlenen ve büyük yankı uyandıran bir baskında "tutuklandı", ancak son istihbarat raporları, bir Amerikan hapishanesinde kısa bir süre kaldıktan sonra ABD'den gizlice çıkarıldığını iddia ediyor. Şu anki yeri "bilinmiyor" deniyor.

Bu hayati konu hakkında yüzlerce stenografi defterimi incelerken, Londra'daki araştırma çalışmalarım sırasında not aldığım bazı ilginç istatistiklere rastladım. Bu istatistikler, 1930 yılında İngiliz sermayesinin Güney Amerika'ya yaptığı yatırımın, sözde "dominyonlara" yaptığı toplam yatırımı büyük ölçüde aştığı gerçeğiyle ilgilidir. 30 Kasım'da, bu konunun uzmanı olan Bay Graham, İngilizlerin Güney Amerika'daki yatırımının "bir trilyon sterlini aştığını" söyledi. Bu, 1930 yılına ait bir bilgiydi ve o günlerde bu, dudak uçuklatan bir meblağdı. İngilizlerin Güney Amerika'ya bu kadar yoğun yatırım yapmasının nedeni neydi? Cevap tek kelimeyle özetlenebilir: UYUŞTURUCU.

İngiliz bankalarını kontrol eden plütokrasi, para iplerini elinde tutuyordu ve o zaman da şimdi olduğu gibi, en saygın görünümü sergiliyordu. Kimse onları elleri kirlenmiş halde yakalayamadı; her zaman ön planda suçu üstlenmeye hazır ve bekleyen paravanlar ve istekli yardakçılar vardı. O zaman da şimdi olduğu gibi, bağlantılar her zaman en zayıf türdendir. Kimse, o zaman da, bugün de, İngiltere'nin saygın "asil" bankacı ailelerine dokunamadı. Ancak, Chamberlain ailesi ve Sir Charles Barry'nin ailesi de dahil olmak üzere 15 milletvekilinin Güney Amerika'daki bu dev imparatorluğun kontrolörleri olması gerçeği büyük bir öneme sahiptir.

İngiliz finans ve saygınlığının efendileri, siyahların tüm Afrika'daki en iyi koşullara sahip olduğu Güney Afrika'daki baskıdan sürekli bahsediyorlardı, ancak Trinidad ve Jamaika gibi yerlerde de uyuşturucu işinin dizginlerini ellerinde tutmakla meşguldüler. Bu ülkelerde, İngiliz aristokrasisinin saygın ailelerinin plütokratları, kendilerine cömert temettüler öderken, siyahları kölelikten biraz daha iyi bir seviyede tutuyorlardı. Elbette Trinidad Leaseholds Ltd. (bir petrol şirketi) gibi saygın şirketlerin arkasına saklandılar, ancak asıl kazanç uyuşturucu ticaretindeydi ve hâlâ da öyle.

Kısa bir süre öncesine kadar, Çin'deki afyon ticareti pek bilinmeyen bir konuydu. Mümkün olduğunca iyi bir şekilde örtbas edilmişti. Öğrencilerimin çoğu bana gelip Çinlilerin neden afyona bu kadar düşkün olduğunu sorardı. Çin'de gerçekte neler yaşandığına dair çelişkili anlatımlar karşısında kafaları karışmıştı. Bazıları bunun, Çinli işçilerin yerel olarak afyon satın alıp afyonhanelerde içmesinden ibaret olduğunu düşünüyordu. Ben de bu meraklı zihinleri aydınlatmak için elimden geleni yaptım.

Gerçek şu ki, Çin'deki afyon ticareti, resmi İngiliz politikasına tabi bir İngiliz tekeliydi. Hint- 'in Çin'e yönelik İngiliz afyon ticareti, Avrupa sömürgeciliğinin tarihindeki en özenle saklanan sırlardan ve en alçakça bölümlerden biridir. İstatistikler, İngiliz yönetimi altındaki Hindistan'ın gelirinin neredeyse yüzde 13'ünün Çinli bağımlılara afyon satışından elde edildiğini göstermektedir. Bağımlılar bir anda ortaya çıkmadı; onlar yaratıldı. Yani, önce Çinliler arasında bir afyon pazarı yaratıldı, ardından bu "talep" Londra'daki çeşitli bankaların efendileri olan İngiliz oligarşisi tarafından karşılandı. Bu kazançlı ticaret, insan ıstırabından para kazanmanın en kötü örneklerinden biridir ve bugün hala finans dünyasındaki "kirli anlaşmaların" merkezi olan Londra Şehri tarafından yürütülen kirli iş anlaşmalarının eşsiz bir kaydını sunar. Elbette bu ifadeye şüpheyle yaklaşacaksınız, "Financial Times'a bakın" diyeceksiniz, "orası meşru iş anlaşmalarıyla dolu." Elbette öyle, ama asil aristokratların Financial Times'ta gelirlerinin gerçek kaynağını ilan edeceklerini sanmıyorsunuz, değil mi?

İngilizler, afyonun Hindistan'daki Benares ve Ganj vadilerinden Çin'e sevk edildiği ve burada, yalnızca afyon ticaretini denetlemek amacıyla kurulmuş devlet idaresindeki bir tekel altında kısmen işlendiği gerçeğini kamuoyuna duyurmadılar. O dönemin London Times gazetesinde böyle bir haberi okumayı beklemezdi, değil mi?

Oysa bu ticaret, 1652'den beri, yönetim kurulunda İngiliz aristokrasisinin en kutsal isimlerinin yer aldığı şöhretli Doğu Hindistan Şirketi tarafından yürütülüyordu. Onlar, sıradan insan sürüsünün üstünde bir türdü. O kadar yüce ve güçlüydüler ki, Tanrı'nın cennette bir sorunu olduğunda bile kendilerine danışmaya geldiğine inanıyorlardı! Daha sonra İngiliz Krallığı, bu alçakça Doğu Hindistan Şirketi'ne katıldı ve onu Bengal'de ve Hindistan'ın diğer yerlerinde afyon üretmek ve "transit vergileri" adı altında ihracatı kontrol etmek için bir araç olarak kullandı; yani, devlet makamlarına usulüne uygun olarak kayıtlı olan ve ürünlerini Çin'e gönderen tüm afyon üreticilerinden alınan bir vergi. 1885'ten önce, afyonun hala "yasadışı" olduğu dönemde (bu, afyon üreticilerinden daha fazla haraç almak için kullanılan bir kelimeydi - ticareti durdurmaya yönelik hiçbir girişimde bulunulmamıştı), Çin'e muazzam miktarlarda afyon sevk ediliyordu. İngilizler o kadar cüretkar hale gelmişti ki, dünyanın öbür ucunda, Birlik ve Konfederasyon ordularına bu ölümcül maddeyi hap şeklinde satmaya çalıştılar. Bu plan başarılı olsaydı Amerika'nın ne hale geleceğini hayal edebiliyor musunuz? O korkunç trajediden sağ kurtulan her asker, savaş alanını tamamen afyona bağımlı olarak terk ederdi.

Bengal tüccarları ve bankacıları, İngiliz Doğu Hindistan Şirketi (BEIC) tarafından satın alınan Bengal afyonu ticaretinden kasalarına akan muazzam miktardaki parayla zenginleşip tatmin oldular; bu yüzden kârları, bir numaralı tıbbi ilaç şirketi Hoffman La Roche'un kârlarıyla aynı seviyedeydi; bu Hoffman La Roche, diğer şeylerin yanı sıra LSD'yi de üreten şirkettir. Hoffman La Roche, açgözlülüğünü ortaya çıkarmaya cesaret eden herkese karşı İsviçre Endüstriyel Casusluk Yasası'nı uyguluyor, bu yüzden fikir belirtirken dikkatli olmak gerekiyor.

Her halükarda, Hoffman La Roche, Valium adında yaygın olarak kullanılan bir ilacı üretmektedir. Bu ilacın maliyeti 2,5 pound başına yaklaşık 3,50 dolardır. Onlar bunu kilo başına 20.000 dolara satmaktadırlar ve Valium'u astronomik miktarlarda kullanan Amerikan halkı eline aldığında, fiyatı kilo başına 50.000 dolara çıkmaktadır! Hoffman La Roche, adresinde benzer bir tekel sahibi olduğu C vitamini konusunda da hemen hemen aynı şeyi yapıyor. Üretim maliyeti kilo başına yaklaşık 1 sent, ancak bunu yaklaşık yüzde on bin karla satıyorlar.

Bir zamanlar bu şirket için çalışan Adams adında cesur bir adam, bu bilgileri Avrupa Ekonomi Komisyonu'na (AEK Tekel Komisyonu) ifşa ettiğinde, İsviçre polisi tarafından tutuklandı ve kötü muamele gördü; üç ay boyunca tek kişilik hücrede tutuldu. Ardından işinden ve İsviçre'den kovuldu; emekli maaşını ve her şeyini kaybetti. Bir İngiliz vatandaşı olarak, Hoffman La Roche'a karşı mücadeleye devam etti. Bir dahaki sefere o çok düzgün ve kibar İsviçreli işadamlarını gördüğünüzde bunu hatırlayın. İsviçre sadece Alp kayak pistleri ve mavi gökyüzünün altındaki tertemiz havadan ibaret değildir. Bankacılık sektörü, uzun zamandır yasal ve yasadışı uyuşturucu ticaretinden ve uyuşturucu ticaretinin tepesindeki adamların, bu cehennemden gelen av köpeklerinin elde ettiği muazzam kârlardan beslendiğinden şüphelenilmektedir. İsviçre'nin "temiz" imajı, örtünün köşesini kaldırdığınızda lekelenmeye başlar. Başbakanlığı sırasında Bayan Thatcher, Londra Heathrow Havalimanı'ndaki İngiliz Gümrük noktalarını gezdi. Amacı, gümrük memurlarına uyuşturucu tehdidiyle mücadele konusunda "motivasyon konuşması" yapmaktı. Ne ikiyüzlülük. Önde gelen İngiliz muhafazakar gazetesi, Bayan Thatcher'ın çabasını alay konusu yaptı, ancak ona ikiyüzlü demedi ya da bu tehdidin arkasında kimin olduğu hakkındaki gerçeği hiçbir şekilde ifşa etmedi.

"Ah," diyorsunuz, "ama hem Amerikalılar hem de İngilizler son zamanlarda bazı önemli uyuşturucu baskınları gerçekleştirdiler." Evet, ancak bu, açık piyasada bulunan uyuşturucuların toplam değerinin yüzde 0,0009'unu temsil ediyor. Bu, en büyük uyuşturucu tüccarları ve saygın bankacılarının "iş yapmanın maliyeti" olarak adlandırdığı şeydir. Genç bir uyuşturucu bağımlısının cenazesine katılan hiç kimse — ve her günü bunlardan çok sayıda oluyor — Başbakan'ın İngiltere'nin karşı karşıya olduğu uyuşturucu sorunları hakkındaki sözlerinden etkilenmeden edemez.

Hiç kimse, uyuşturucu satıcılarına yönelik sert eleştirilerine itiraz etmezdi. "Peşinizdeyiz," dedi. "Sizi acımasızca takip edeceğiz."

Bayan Thatcher:

> Sizi yenene kadar çabalarımız giderek artacak. Cezanız uzun hapis cezaları olacak. Cezanız, uyuşturucu kaçakçılığından elde ettiğiniz her şeye el konulması olacak. Ayrıca, uyuşturucu kaçakçılığı yaparken yakalanan İngilizlere yardım etmek için yurt dışından gelen çağrıları reddetme konusunda İngilizler arasında geniş bir destek olacaktır; özellikle de Penang havaalanından eroin kaçırmaya çalıştığı için Malezya'da idam cezasına çarptırılan genç bir İngiliz için. Bize başvurmanın bir anlamı yok. Malezya'nın her yerinde uyuşturucu ticareti yapmanın cezasının ölüm olduğunu belirten posterler göreceksiniz.

Bu iyi, ama o zaman İngiltere'deki aristokrat tabakanın tepesindekilere de eşit güçle uygulanmalıdır. Malezya'da uyuşturucu kaçakçılığı nedeniyle genç bir İngiliz idam edildiğinde, Debretts Peerage'da (İngiliz soylu ailelerin yer aldığı bir yüksek sosyete listesi) listelenenlerin yarısı da idam edilmeliydi. Bayan Thatcher, "sert" yeni tutumunun kimi etkileyeceğini düşünüyordu? Hong Kong'un en üst düzey aileleri olan Keswickler ve Mathesonların, onun retoriğinden korkacaklarını mı sandı? Sözleri birkaç küçük balığı korkutmuş olabilir, ancak büyük, şişman ve kaygan balıklar onun ağından kaçtı ve yakalanan küçük balıkların yerini, onların yerini almaya hevesli binlerce başka balık aldı.

Uyuşturucu tehdidine sokak köşelerinde mücadele ederek karşı koyulamaz. Bana kalırsa ve bu konuyla ilgili yıllarca süren araştırmalarıma dayanarak, uyuşturucu ticareti, en azından Britanya'da, Britanya hiyerarşisinin en tepesindeki kişiler tarafından, hatta Kudüs'ün Saygıdeğer Aziz John Tarikatı gibi kurumlardan yararlanarak yürütülmektedir.

1931 yılına kadar geriye gidersek, İngiltere'deki sözde Beş Büyük şirketin genel müdürleri, kraliyet soylusu unvanı verilerek ödüllendirilmişti. İlaç sektörünün en üst kademesindeki liderlere onurların nasıl verileceğini kim seçer? İngiltere'de bu kişi, Windsor Hanedanı'nın hükümdarı olarak bilinen Kraliçe Elizabeth Guelph'tir. Bu ticarete dahil olan bankaların sayısı çok fazla olduğundan hepsini listelemek mümkün değildir, ancak başlıca bankalardan bazıları Midland Bank, National and Westminster Bank, Barclays Bank ve tabii ki Royal Bank of Canada'dır.

Londra Şehri'ndeki birçok sözde "ticaret bankacısı", örneğin Hambros gibi saygın finans kurumları, uyuşturucu ticaretine boyun kadar batmış durumdadır. Daha spesifik olacağım ve Sir Anthony Eden'ın ailesi gibi şöhretli isimlerden bahsedeceğim.

Gördüğüm gizli belgelere ve bu belgeler üzerine yaptığım en iyi analizlere göre, Eden ailesi Bayan Thatcher'ın "onur listesine" girmeye hak kazanmış olurdu. Benim şanslı bir şekilde yaptığım gibi, Londra'daki Hindistan Ofisi kayıtlarını inceleyebilseydiniz, başka bir sonuca varılamayacağı açıkça ortaya çıkardı. Bu belgeleri incelemem sırasında bana yardım ve destek sağlayan merhum Profesör Frederick Wells Williamson'ın vasiyetine derin bir minnettarlık duyuyorum. Eğer bu belgeler kamuoyuna açıklanırsa, Avrupa'daki taçlı engereklerin başlarına ne büyük bir fırtına kopar! Eroin seli Batı dünyasını yutmakla tehdit ediyor. Bu devasa girişim,

Atlantik'in her iki yakasında da — İngiliz-Amerikan Liberal Kurumunun belirli üyeleri tarafından yönetiliyor ve finanse ediliyor.

Eroin nedir?

Eroin, afyonun bir türevidir ve ünlü otorite Galen'e göre afyon, duyuları uyuşturan ve uykuya neden olan bir uyuşturucudur. Ayrıca piyasadaki en bağımlılık yapıcı uyuşturuculardan biridir. Afyon macununun elde edildiği haşhaş tohumları, uzun zaman önce Hindistan'daki Moğollar tarafından biliniyordu. Kayıtlara göre, Moğollar haşhaş tohumlarını çay yapraklarıyla karıştırıp, düşmanlarının kafalarını kesmenin uygun olmadığı durumlarda bu karışımı onlara ikram ediyorlardı. 1613 gibi erken bir tarihte, ilk afyon Bengal'den Doğu Hindistan Şirketi aracılığıyla İngiltere'ye ulaştı, ancak bu tür ithalatlar çok az miktardaydı. İngiliz küçük toprak sahipleri ve orta sınıf, bu uyuşturucuyu kullanmaya ikna edilemedi; bu da İngiliz Doğu Hindistan Şirketi'nin onu ithal etmesinin asıl nedeniydi. Böylesine büyük bir başarısızlık karşısında, oligarşi bu kadar dirençli olmayan bir pazar aramaya başladı ve Çin, onların tercihi oldu. The Miscellaneous Old Records of the India Office adlı belgelerde, afyon ticaretinin gerçekten de bu uyuşturucunun Çin'e sokulmasıyla birlikte hız kazandığını doğrulayan kanıtlar buldum. Bu durum, İngiliz Doğu Hindistan Şirketi (BEIC) yetkilisi Sir George Birdwood'un kişisel belgelerinde de teyit edilmektedir. Kısa sürede Çin'e büyük miktarlarda afyon sevk edilmeye başlandı. BEIC'in İngiltere'de başarısız olduğu yerde, Çin'deki "coolies" arasında en yüksek tahminlerinin ötesinde bir başarı elde etti; bu insanların sefil hayatları, bu uyuşturucu sayesinde katlanılabilir hale geldi.

Çin hükümeti tarafından afyon içilmesine karşı çıkarılan pek çok yasadan ilki ancak 1729 yılında yürürlüğe girdi ve bu tarihten itibaren İngiliz oligarşisi Çinli yetkililerle aralıksız bir mücadeleye girdi; bu mücadelede Çinli yetkililer yenildi. ABD yetkilileri de benzer şekilde günümüzün uyuşturucu baronlarıyla aralıksız bir mücadele yürütüyor ve tıpkı Çinlilerin savaşı kaybetmesi gibi, ABD de devam eden bu mücadelede yenik düşüyor.

Hindistan'dan gelen Bengal afyonundan bahsettiğimde, Ganj Havzası'nda yetiştirilen afyon haşhaşının tohum kabuklarından yapılan afyondan söz ediyorum. En iyi afyon Bihar ve Benares'ten gelir ve elbette Hindistan'ın diğer bölgelerinden de kalitesiz afyonlar bulunur. Son zamanlarda, Pakistan'dan çok büyük miktarlarda mükemmel kalitede afyon (eğer bu kadar tehlikeli bir ürüne "mükemmel" kelimesini kullanabilirsek) çıkmaktadır. Bu devasa ticaretten elde edilen kâr, uzun yıllar boyunca "İmparatorluğun Ganimeti" olarak biliniyordu.

1791'de yapılan ünlü bir davada, Warren Hastings adlı bir kişi, Doğu Hindistan Şirketi'nin zararına bir arkadaşını zenginleştirmeye yardım etmekle suçlandı. Suçlamanın tam metni ilginçtir, çünkü kazanılan muazzam para miktarını doğrulamaktadır.

Suçlama, Hastings'in "söz konusu Stephen Sullivan Esq. için anında bir servet yaratmak amacıyla, açıkça bariz ve aşırı cömert şartlarla, bunun için ilan vermeden Stephen Sullivan Esq.'ye dört yıllık Afyon Tedarik Sözleşmesi vermiş olması"ydı. Yarı resmi ve daha sonra resmi hale gelen Doğu Hindistan Şirketi tekeli elinde tuttuğu için, "anında servet" kazanmasına izin verilen tek kişiler, İngiltere'nin sözde "soylular", "aristokrasi" ve oligarşi aileleriydi. Bay Sullivan gibi dışarıdan gelenler, milyarlarca sterlinlik bu işin içine girmeye yardım etmeye cesaret ederlerse, kısa sürede başlarını belaya sokarlardı!

1986'da, en şüpheli bir kaynaktan (bununla, bunun açıkça KGB'nin Üçüncü Departmanı'nın bir ürünü olduğunu kastediyorum) uyuşturucu ticaretinin efsanevi "Naziler" ile bağlantılı olduğunu göstermeyi amaçlayan bir yayın gördüm. Bu yayını basan kuruluş her zaman Nazilerin peşindedir. New York'taki hayvanat bahçesindeki bir deve soğuk algınlığına yakalanırsa, bunun suçu efsanevi "Naziler"e atılır.

İsviçre bankalarındaki efsanevi Nazi banka hesaplarının arkasındaki lider ve organizasyon dehası olduğu iddia edilen adamla yaptığım birkaç kişisel görüşme de dahil olmak üzere beş yıllık araştırma, basılı materyalin yazarlarının izleri saptırmaya çalıştıklarına beni ikna etti. Sözde "Naziler", İngilizler ve ABD'nin aksine uyuşturucu ticaretiyle hiçbir ilgisi yoktur — bu, ABD Uyuşturucu ile Mücadele Dairesi (DEA) tarafından çok iyi bilinen bir gerçektir.

Daha önce defalarca belirttiğim gibi, onurlu BEIC'in, onurlu milletvekillerinden oluşan uzun bir yönetici listesine sahip olması ve Londra'nın en seçkin centilmen kulüplerine üye olması nedeniyle, kârlı afyon ticaretini sürdürdüğü ve bu konuda İngiliz hükümetinden veya başka kimseden müdahaleye izin vermediği konusunda hâlâ şüphe duyanlar var. İngiltere ile Çin arasındaki ticaret, BEIC'in tekelindeydi. Şirketin akıllıca bir hilesi vardı; Hindistan'daki ve İngiltere'deki üyelerinin çoğu aynı zamanda sulh yargıcıydı. Çin'e giriş yapmak için şirket tarafından verilen pasaportlar bile gerekiyordu.

İngiltere'de öne sürülen afyon ticareti iddialarını araştırmak üzere bir grup müfettiş Çin'e vardığında, İngiliz pasaportları Doğu Hindistan Şirketi'nin "yargıçları" tarafından derhal iptal edildi. Çin hükümeti ile sürtüşmeler sıradan bir durumdu. Resmi olarak Çin, afyon ithalatını yasaklayan bir yasa (1729 tarihli Yung Cheng Fermanı) çıkarmıştı. Yine de İngiliz Doğu Hindistan Şirketi, 1753 yılına kadar afyonun Çin gümrük tarifesi kitabında yer almasını sağladı; afyonun gümrük vergisi, bir sandık afyon başına üç tael idi. O zamanlar, İngiltere hükümdarının özel gizli servisi (o dönemin "007"i), sorun çıkaran kişilerin rüşvetle susturulmasını sağlıyordu; ya da kendi paraları bol olduğu için rüşvetle susturulamıyorlarsa, basitçe ortadan kaldırılıyorlardı.

İngiliz sömürgeci kapitalizmi, İngiltere'nin oligarşik feodal sistemlerinin her zaman temel dayanağı olmuştur ve bugüne kadar da öyle kalmıştır. 1899'da yoksul, eğitimsiz ve askeri açıdan yetersiz Güney Afrikalı çiftçi-gerillalar, İngiliz aristokrasisinin uyuşturucu lekeli ellerine düştüklerinde, kendilerine karşı yürütülen acımasız savaşın, yalnızca Çin'deki İngiliz uyuşturucu ticaretinden elde edilen "anlık servetler"den gelen ve savaşı planlayan plütokratların ceplerine akan inanılmaz miktardaki parayla mümkün olduğunu bilmiyorlardı. Savaşın gerçek kışkırtıcıları, her ikisi de Almanya kökenli olan Barney Barnato ve Alfred Belt ile, uyuşturucu ticaretinden elde edilen nakit denizinde yüzen Rothschild bankasının ajanı Cecil John Rhodes'du. Bununla yetinmeyen bu kişiler, Güney Afrika'nın çorak topraklarının altında yatan altın ve elmas zenginliklerini de istiyorlardı. Bu üç adam, altın ve elmasların hak sahipleri olan Boerleri muazzam bir servetten mahrum bıraktılar ve bu süreçte İngiliz Parlamentosu tarafından desteklendiler, teşvik edildiler ve korundular.

Altın ve elmas madenciliğiyle uğraşan önde gelen aileler olan Joel'ler ve Oppenheimer'lar, benim araştırmalarım sonucunda, bu dünyayı lekeleyen en büyük hırsızlardır ve bu kadar sert bir yargıda bulunduğum için hiçbir şekilde özür dilemiyorum.

Güney Afrika toprağının altından çıkarılan milyarlarca dolar değerindeki altın ve elmaslardan faydalanması gereken ortalama bir Güney Afrikalı, bu muazzam servetten neredeyse hiçbir şey almadı. Kısacası, Güney Afrikalılar doğuştan sahip oldukları haklarından tamamen mahrum bırakıldılar, çünkü gerçek kapitalizmden farklı olarak, Güney Afrika'da işleyen Babil kapitalist sistemi servetin paylaşılmasına izin vermez; servet, onu hak edenlere ulaşmaz.

Bu, finansal açıdan yüzyılın suçudur ve tüm bunlar, Kraliçe Victoria'nın Boerlere karşı büyük bir baskı savaşını finanse etmesini sağlayan afyon ticaretinden elde edilen muazzam servet sayesinde mümkün olmuştur. Bir yabancının, İngiliz oligarşisinin ve onu oluşturan birbiriyle ilişkili ailelerin sırlarına nüfuz etmesi pratik olarak imkansızdır. Tahminime göre, İngiliz nüfusunun yüzde 95'i, ülkenin ulusal servetinin yüzde 20'sinden azıyla yetinmek zorundadır ve buna "demokrasi" diyorlar. O halde, Amerikan Cumhuriyeti'nin Kurucu Babalarının "demokrasiyi" nefret etmeleri ve hor görmeleri şaşırtıcı değildir.

Oligarkların kendilerini korumak için üzerlerine sürdükleri kamuflaj boyasını delip geçmek çok zordur. Yine de bu, her Amerikalının hayatını etkiler, çünkü İngiltere ne emrederse Amerika onu uygular.

Tarih bu tür örneklerle doludur. Benim ifademin ne kadar doğru olduğunu görmek için, Lusitania'nın batırılmasıyla ilgili büyük yalanla Amerika'yı Birinci Dünya Savaşı'na sokan İngiliz propagandasına bakmamız yeterlidir. Burada "nazik, düzgün İngiliz beyefendiler" ile uğraşmıyoruz; yaşam tarzlarını korumaya kararlı ve uyuşturucu işiyle ayrılmaz bir şekilde iç içe geçmiş acımasız bir elitle uğraşıyoruz.

'daki önemli İngiliz siyasi liderlerin çoğu, sözde asil ailelerin torunlarıdır; unvan, sahibinin ölümünde en büyük oğula geçer. Bu sistem, yüksek aristokrasiye sızmış özellikle yabancı bir unsuru kamufle etmiştir. İkinci Dünya Savaşı'nın gidişatını belirleyen adam, Washington'daki İngiliz Büyükelçisi Lord Halifax'a bakın. Oğlu Charles Wood, en alçakgönüllü Rothschild Hanedanı'nın kan bağı olan Bayan Primrose ile evlendi. Lord Swaythling gibi isimlerin arkasında, Shell Petrol Şirketi'nin çoğunluk hissedarı olan Kraliçe Elizabeth ile ilişkili Montague adı gizliydi. Elbette, uyuşturucu ticaretinden elde ettiği muazzam servet hakkında hiçbir şey söylenemez; bu ticaret, gösterdiğim gibi, 18 yüzyıla kadar uzanır.

Çin'deki afyon ticaretinin başlıca itici güçlerinden biri, bu ticaretin devam etmesine izin verileceğine inatla sarılan Lord Palmerston'du.

Oradaki adamlarından biri olan Bay Elliott'un bir mektubunda, Çin hükümetine yeterli miktarda afyon verilmesi halinde bir tekel oluşturulabileceğinden bahsediliyordu. Bundan sonra İngilizler tedariki kesecek ve Çinli "coolie"lerin tedarik için daha fazla para ödemesini sağlayacaktı. Ardından, Çin hükümeti diz çöktüğünde, İngilizler bir kez daha daha yüksek bir fiyattan tedarik etmeyi teklif edecek ve böylece Çin hükümeti aracılığıyla tekellerini koruyacaktı. Ancak plan çok uzun süre başarılı olamadı. Çin hükümeti, bir depoda depolanan büyük miktardaki afyon yüklerini imha ederek karşılık verdiğinde ve İngiliz tüccarlar, Kanton şehrine artık afyon ithal etmemek üzere bireysel olarak bir anlaşma imzalamaya zorlandıklarında, onlar da kendileri adına ithalat yapacak çeşitli paravan şirketlerle sözleşme yaparak buna karşı koydular ve çok geçmeden Makao limanındaki birçok gemi, afyonla dolu hale geldi.

Çin Komiseri Lin şöyle dedi:

> Şu anda bu yerin (Makao) limanında demirlemiş olan İngiliz gemilerinde, geldiği ülkeye asla geri dönmeyecek çok miktarda afyon bulunmaktadır. Bu afyonun burada, kıyıda satılması gerekecek ve bunun Amerikan bayrağı altında kaçak olarak sokulduğunu duysam hiç şaşırmam.

Ancak, artık büyük miktarlarda kokainin yanı sıra Valium ve diğer sözde "reçeteli ilaçlar" gibi muazzam kârlar getiren yasal ilaçları da kapsayacak şekilde genişleyen bu kötü şöhretli ticaretin daha yakın tarihine geçelim. Büyük Britanya'nın oligarşik aileleri merkezlerini Kanton'dan Hong Kong'a taşıdılar, ancak aynı ticarete devam ettiler. Kolonideki önde gelen isimlerin listesinin de göstereceği gibi, 2009 yılında da hâlâ bu işin içindeler.

Daha önceki çalışmalarımda da belirttiğim gibi, afyon ticaretinden doğan ikincil bir endüstri, Hong Kong'u dünyanın en önemli altın ticaret merkezi haline getirdi. Altın, ham afyon üreten köylülere ödeme yapmak için kullanılır; sonuçta bir Çinli köylü 100 dolarlık banknotla ne yapabilir ki? Afyon, Çin'in Gayri Safi Milli Hasılasının yüzde 64'ünü oluşturmaktadır; bu da size bu "kayıt dışı" işin ne kadar büyük olduğu konusunda bir fikir verecektir.

Gayri resmi tahminlere göre, bu rakam Avrupa'nın beş küçük ülkesinin, yani Belçika, Hollanda, Çek Cumhuriyeti, Yunanistan ve Romanya'nın toplam Gayri Safi Milli Hasılasına (GSMH) eşittir.

Altın Üçgen, Afganistan dışında belki de en önemli ham afyon tedarikçisidir, ancak bu konumu Pakistan, Hindistan, Lübnan ve İran tarafından tehdit edilmektedir. Bankalar bu kârlı ticarette nasıl bir rol oynuyor? Bu çok uzun ve karmaşık bir hikaye ve bu hikaye başka bir kitaba kalmak zorunda. Bir yol, bankaların ham afyonu eroine dönüştürmek için gerekli kimyasalları ithal eden paravan şirketleri finanse ettiği dolaylı yöntemdir.

Londra'da büyük bir şubesi bulunan Hong Kong ve Şangay Bankası, bu işin tam ortasındadır. Tejapaibul adlı bir şirket, sevgiyle "Hongshang Bankası" olarak bilinen Hong Kong ve Şangay Bankası ile çalışmaktadır. Bu şirket ne yapmaktadır? Rafine etme sürecinde gerekli olan temel kimyasal olan asetik anhidrit'i çok büyük miktarlarda ithal etmektedir. Bu şirket, Altın Üçgen için asetik anhidritin başlıca tedarikçisidir. Ticaretin finansmanı, Hong Shang Bank'ın bir yan kuruluşu olan Bangkok Metropolitan Bank'a devredilmiştir. Böylece, Altın Üçgen'deki afyon ticaretiyle bağlantılı ikincil faaliyetler, afyon ticaretinin kendisi kadar büyük olmasa da, bu bankalara çok önemli bir gelir getirmektedir.

Altın fiyatını afyon ticaretindeki iniş çıkışlarla ilişkilendirdiğim için eleştirildim. Altın için kritik bir yıl olan 1977'de neler olduğuna bir göz atalım. Çin Bankası, aniden ve hiçbir uyarıda bulunmadan piyasaya 80 ton altın sürerek, altın meraklılarını ve Amerika'da çok sayıda bulunan zeki tahmincileri şok etti.

Uzmanlar, Çin'in uzun süredir altın satın alıp biriktirdiğini bilmiyorlardı. Bu, altın fiyatını düşürdü. Uzmanların tek söyleyebildiği, Çin Halk Cumhuriyeti'nin o kadar çok altına sahip olduğunu baştan bilmedikleriydi! Altın nereden geldi? Hong Kong'da bir "para birimi" olarak kullanılan afyon ticaretinden geldi, ancak altın fiyatı tahminindeki dehalarımız bunu bilemezdi!

Altın Üçgen'de faaliyet gösterenler sadece İngilizler değildi. Batı'nın dört bir yanından önemli alıcılar (veya temsilcileri) düzenli olarak Hong Kong'a seyahat ederek alım yapıyordu. Hong Kong limanından toptan eroin sevkiyatı yapılıyordu; bu eroin, Batı'ya ulaşarak kendine özgü "rock" konserlerinde dağıtılacaktı. Kızıl Çin, böylesine kârlı bir girişimde her iki tarafla da işbirliği yapmaktan memnuniyet duyuyordu. Bu arada, uyuşturucu ticareti konusunda Çin'in İngiltere'ye yönelik politikası, 19·yüzyıldakinden çok az değişmiştir. Hong Kong ekonomisine bağlı olan Çin ekonomisi, bir anlaşmaya varılmamış olsaydı, çok ağır bir darbe alacaktı.

Bunun kanıtlarından biri, Çin'in Standard and Chartered Bank'tan kabul ettiği kredidir. O zamandan beri Matheson ailesi öne çıkarak, Çin Halk Cumhuriyeti ve Matheson'ların bankaları tarafından ortaklaşa geliştirilen yeni bir gayrimenkul projesine 300 milyon dolar yatırım yaptı. Modern Hong Kong şehir merkezine nereden bakılırsa bakılsın, gökdelenler gibi yükselen yeni binalar görülüyor; bu da büyük bankalar, afyon ticareti ve Kızıl Çin arasındaki yakın bağların bir kanıtıdır.

Bir süre önce Venezüella'nın BM Büyükelçisinin söylediği ve bence çok iyi düşünülmüş bir açıklamayı alıntılamak istiyorum:

> Uyuşturucu sorunu, artık sadece bir halk sağlığı veya sosyal sorun olarak ele alınamaz. Bu sorun, ulusal egemenliğimizi etkileyen ciddi ve geniş kapsamlı bir sorundur; ulusal bir güvenlik sorunudur, çünkü ulusun bağımsızlığına zarar vermektedir.

Üretim, ticarileştirme ve tüketim gibi tüm biçimleriyle uyuşturucu, etik, dini ve siyasi yaşamımızı, tarihi, ekonomik ve cumhuriyetçi değerlerimizi zedeleyerek herkesi milliyetinden ve doğasından uzaklaştırır. IMF ve Uluslararası Ödemeler Bankası (BIS) tam da bu şekilde faaliyet göstermektedir. Bu bankaların uyuşturucu ticaretinin takas merkezlerinden başka bir şey olmadığını tereddüt etmeden söylüyorum.

BIS, IMF'nin batırmak istediği her ülkeye, kaçak sermayenin kolayca akışını sağlayan yöntem ve araçlar oluşturarak yardım eder. BIS, "kaçak sermaye" ile aklanmış uyuşturucu parası arasında hiçbir ayrım yapmaz. Aradaki farkı ayırt edebilse bile, 2005 yılı yıllık raporunda açıkça belirtildiği gibi, BIS hiçbir zaman bir şey söylemez. Venezüella Büyükelçisinin açıklamasına değinecek olursak, BIS'in IMF aracılığıyla talepleriyle birçok ülkenin etik, dini, ekonomik ve siyasi yaşamına müdahale ederek bu ülkeleri ciddi şekilde milliyetçilikten uzaklaştırdığını görüyoruz. Ve herhangi bir ülke (ABD dahil) boyun eğmeyi reddederse, BIS fiilen şöyle diyor: "Peki, o zaman sizin için elimizde tuttuğumuz çok büyük miktardaki uyuşturucu dolarları kullanarak size şantaj yapacağız." Altının neden para birimi olmaktan çıkarıldığını ve dünya rezerv para birimi olarak kağıt "dolar" ile ikame edildiğini artık anlamak kolay. Altın rezervine sahip bir ulusu şantajlamak, değersiz kağıt "dolar"a sahip bir ulusu şantajlamak kadar kolay değildir.

Hong Kong'da düzenlenen ve benim bir kaynağım olan bir içeriden kişinin katıldığı Uluslararası Para Konferansı mini zirvesi, tam da bu konuyu ele aldı ve bana bildirilenlere göre, IMF, koşullarına uymak istemeyen ülkeleri "uyuşturucu dolarları" ile şantaj yapabileceğinden oldukça emin.

Credit Suisse'den Rainer E. Gut, ulusal kredi ve ulusal finansmanın yakında tek bir çatı organizasyon altında birleştirileceğini öngördüğünü söyledi. Gut bunu açıkça belirtmemiş olsa da, neyden bahsettiği açıktır: BIS'in yönetimindeki Tek Dünya Hükümeti yapısı. Kimsenin bu konuda en ufak bir şüphesi kalmasını istemiyorum.

Kolombiya'dan Miami'ye, Palermo'dan New York'a, Altın Üçgen'den Hong Kong'a, uyuşturucu büyük bir iş. Bu, sokak köşelerinde yapılan küçük çaplı bir iş değil. Artık siz de benim kadar iyi biliyorsunuz ki, dünyanın en büyük işini başarılı bir şekilde organize etmek, çok fazla para ve uzmanlık gerektirir.

Bu yetenekler New York'un metrolarında ve sokak köşelerinde bulunmaz, ancak torbacılar ve satıcılar sistemin ayrılmaz ve önemli bir parçasıdır, her ne kadar kolayca değiştirilebilen çok küçük çaplı satıcılar olsalar da. Birkaç tanesi yakalanırsa veya öldürülürse ne önemi var? Yerine geçecek bolca insan var. Hayır, bu küçük bir örgüt değil, bu kirli uyuşturucu işi devasa bir imparatorluktur. Ve zorunlu olarak, dokunduğu her ülkedeki en üst düzeydeki kişiler tarafından yukarıdan aşağıya doğru yönetilir.

Eğer öyle olmasaydı, uluslararası terörizm gibi, çoktan ortadan kaldırılmış olurdu — hâlâ faaliyet gösteriyor olması, hatta büyüyor olması, makul herhangi bir insana bu işin temellerinin en üst düzeylerde olduğunu göstermelidir.

Dünyanın en büyük işi olan bu işin içinde yer alan başlıca ülkeler, önem sırasına göre olmasa da, SSCB, Bulgaristan, Türkiye, Lübnan, ABD ve Fransa, Sicilya, Güneybatı Asya, Hindistan, Pakistan, Afganistan ve Latin Amerika'dır. Tüketici satış noktası açısından, ABD, Avrupa ve son zamanlarda Birleşik Krallık başlıca pazarlarıdır.

Belirttiğim gibi, SSCB, Demir Perde ülkeleri veya Malezya'da uyuşturucu satışı yapılmamaktadır. Türkiye gibi birçok üretici ülkede, uyuşturucu kullanıcıları ve küçük çaplı satıcılar için çok ağır cezalar uygulanmaktadır. Bazı ülkelerde, dünyaya ne kadar "uyuşturucu karşıtı" olduklarını göstermek için, sadece küçük balıklar için ölüm cezası bile uygulanmaktadır.

Uyuşturucu imparatorluğu, geleneksel eroin ve nispeten yeni ortaya çıkan kokain olmak üzere iki "ürün"e ayrılmıştır. Ünlü Hoffman La Roche gibi "yasal" şirketler tarafından üretilen üçüncü bir uyuşturucu kategorisi de vardır; bu şirketler LSD, Quaaludes ve Amfetaminler gibi ölümcül maddeler üretmektedir; bunlar, sokak halkının "hapçılar cenneti" olarak adlandırdığı, sözde "uyarıcılar ve sakinleştiriciler"dir. Bu imparatorluk gevşek bir yapıya mı sahiptir?

Cevap, şartlı bir "evet" gibi görünüyor. İstisnalar var. Kötü şöhretli Bulgar ilaç şirketi Kintex, kesinlikle Bulgar devletine ait bir şirkettir. Kirli parayı (ve bunun kirli para olduğunu bilerek) işleyen bankaların çoğu, bağlı şirketler ağı aracılığıyla faaliyet gösteren tanınmış çok uluslu bankalardır.

Örneğin Kintex Şirketi'nin kendi depoları, kamyon filoları, Ortak Pazar (AET) uluslararası anlaşması kapsamındaki araçları ve havayolu pilotları ve mürettebatını da içeren gelişmiş bir kurye ağı bulunmaktadır.

EEC'yi bilmeyenler için açıklayayım: TIR araçları, bu şekilde açıkça işaretlenmiş Triangle International Routier kamyonlarıdır; sadece çabuk bozulan malları taşımaları gerekir. Bu araçların, kalkış ülkesinde o ülkenin gümrük personeli tarafından denetlenmesi ve özel bir mühürle mühürlenmesi gerekir.

Üye ülkelerin uluslararası anlaşma yükümlülükleri uyarınca, bu kamyonlar sınırlarda durdurulmamalı ve her zaman denetlenmeden geçirilmelidir. Bu, Bulgarların ve Türklerin sözüne güvenmek ve TIR kamyonlarında eroin, kokain veya ham afyon, esrar ve/veya uyarıcı ve sakinleştirici bulunmamasını Tanrı'ya dua etmek anlamına gelir. Sorun, birçok durumda TIR kamyonlarının büyük miktarda uyuşturucu barındırmasıdır.

Sonuçta, uyuşturucu baronlarının uluslararası anlaşmalara saygı duymadıkları ve her halükarda, TIR kamyonunun Bulgaristan'ın Sofya kentinden çıktığı gerçeğini gizlemek için her zaman diğer ülkelerdeki paralı uşaklarını kullanarak belgeleri değiştirebilecekleri bilinen bir gerçektir.

Uzak Doğu'dan gelen bu devasa miktardaki eroin ve haşhaşın geçişini durdurmanın tek yolu, TIR sistemini sonlandırmaktır. Ancak bu sistem tam da bu amaçla kurulmuştur! Bozulabilir malları ve ticaretin kolaylaştırılmasını unutun. Bunlar, dünyanın gözünü boyamak için atılan dumanlardan ibarettir. TIR, çok fazla durumda uyuşturucu ile eşdeğerdir. Kennedy havaalanında sahte tabanlı bir valizde büyük miktarda eroin bulunduğunu ve talihsiz bir "kurye"nin tutuklandığını okuduğunuzda bunu hatırlayın. Bu, haber medyası için kesinlikle "önemsiz bir olay"dır.

Haşhaş yetiştirilen başka bölgeler de var; Türkiye, Pakistan ve İran. Ancak üç yüz yılı aşkın süredir olduğu gibi, "en iyi" mal Hindistan-Pakistan ve Tayland'dan geliyor. Yüksek dağlar ve vadilerle çevrili bu ücra bölgelerde, dağ kabileleri bu bitkiyi yetiştiriyor ve jiletle kesildikten sonra " " kabuğundan kalın özsuyu topluyor.

Bunun çoğu vahşi Tayland kabilelerinin elindedir ve Hindistan'da ise bu "altın" nakit mahsulün yetiştiricileri ve hasatçıları Beluç kabileleridir. Kabile üyeleri altınla ödeme yapılmasında ısrar ettikleri için buraya "Altın Üçgen" adını vermişlerdir. Bunu kolaylaştırmak için Credit Suisse, 1 kiloluk saf altın külçeleri (ticarette dört dokuzuncu olarak adlandırılır) satmaya başladı; çünkü bu küçük külçeler taşınması kolay ve ticareti kolaydır. Bu altının çoğu, Hong Kong'dan geçmektedir; Hong Kong altın tüccarları arasında "Uyuşturucu Sezonu" olarak bilinen bu dönemde, Hong Kong'da New York ve Zürih'in toplamından daha fazla altın ticareti yapılmaktadır. Sadece bu bölgenin iyi bir yılda yaklaşık 175 metrik ton saf eroin ürettiği düşünülmektedir. Eroin daha sonra Sicilya mafyası ve işin Fransız tarafına aktarılır; Marsilya'dan Monte Carlo'ya kadar Fransa kıyılarını istila eden laboratuvarlarda rafine edilir (buna Grimaldi ailesi de dahildir — ancak saraylarında bir laboratuvar olduğunu ima etmiyorum!).

İzlenen rota İran ve Türkiye'nin yanı sıra Lübnan'dan da geçmektedir. Pakistan ticareti ise Maccra sahili üzerinden yapılmaktadır. İran'da "taşıma" işi, yüzyıllardır olduğu gibi

Kürtler tarafından yapılmaktadır. Başlıca aktarma noktalarından biri elbette Türkiye'dir, ancak son zamanlarda Beyrut da son derece önemli hale gelmiştir; bu nedenle o ülkede bir savaş sürmektedir, zira her yerel baron kendi feodal bölgesini oluşturmaya çalışırken, İsviçre-Lübnan bankaları da işin parasal yönüne yardımcı olmak için hazır beklemektedir. Türkiye'de artık çok önemli rafineriler bulunmaktadır; bu, oldukça yeni bir gelişmedir. Benzer şekilde Pakistan'da da "askeri-savunma laboratuvarları" olarak faaliyet gösteren yeni laboratuvarlar, ham afyonu rafine ederek ilerideki nakliyesini kolaylaştırmaktadır.

ABD'nin Hindistan'ı değil de Pakistan'ı ve 'u desteklemesinin nedeni bu olabilir mi? Çünkü bazı bankaların Pakistan'da büyük yatırımları var ve bu yatırımlar köri tozu veya halılarda değil! Ancak nihai ve daha ayrıntılı rafine etme işlemi hâlâ Türkiye'deki laboratuvarlarda ve Fransız sahilinde gerçekleştiriliyor.

Şimdi bir durun ve yazdıklarımı düşünün. Mevcut tüm sofistike teknikler, yöntemler ve ekipmanlara rağmen, kolluk kuvvetlerinin bu eroin fabrikalarını ortaya çıkaramaması ve yok edememesi mümkün mü? Eğer bu doğruysa, Batı'daki istihbarat servislerimizin geriatrik tedaviye ihtiyacı var demektir; hayır, onlar çoktan ölmüş olmalı ve biz de onları gömmek unutmuşuz!

Bir çocuk bile uyuşturucu ile mücadele kurumlarımıza ne yapmaları gerektiğini söyleyebilir. Eroini rafine etmek için gerekli olan temel kimyasal bileşen olan asetik anhidrit üreten tüm fabrikaları kontrol altında tutmak çok basit bir mesele olurdu. O kadar basit ki gülünç geliyor ve aklıma "Pembe Panter" çizgi film ve film serisindeki "Müfettiş Clouseau" geliyor. Bence o zavallı yaşlı Clouseau bile asetik anhidritin rotasını ve varış noktasını takip ederek laboratuvarları bulabilir. Hükümetler, üreticileri ürünün kime satıldığını gösteren özel bir kayıt tutmaya zorlayacak yasalar çıkarmalıdır. Ama bu konuda çok umutlanmayın; unutmayın ki uyuşturucu ticareti, Avrupa'nın oligarşisi, İngiltere ve Amerika'nın eski "asil" aileleri tarafından kontrol edilen büyük bir iş. Şimdi heyecanlanıp bana "Hayır, öyle değil" demeyin.

Elbette İngiltere ve Amerika'nın asil aileleri ürünlerini vitrinde sergilemeyeceklerdir ve böylesine kirli bir işi yürütmek için kirli insanlara ihtiyaç vardır, dolayısıyla — Mafya. Asil insanlar Çin afyon ticareti sırasında ellerini asla kirletmediler ve o zamandan beri çok daha akıllı hale geldiler. Eğer tesadüfen içlerinden herhangi biri yakalanırsa, bunu asla duymayacaksınız ve kısa sürede serbest bırakılacaklardır.

Uyuşturucu ticareti gevşek bir örgütlenme içinde mi yürütülüyor? Yine, kısmen evet, ama unutmayın, Amerika ve İngiltere 300 aile tarafından yönetiliyor ve hepsi şirketler, bankalar ve evlilikler aracılığıyla birbirine bağlı ve iç içe geçmiş durumda, Kara Asalet ile olan bağlarından bahsetmeye bile gerek yok. Her ne kadar gevşek bir yapı olsa da, içine sızmaya çalışmayın.

Yanlış yerlerde sorular sorarsanız, başınıza çok garip şeyler gelme riskiyle karşı karşıya kalırsınız — tabii hala hayatta kalırsanız. Eşit ve aralıklarla yapılan sevkiyatlarda, "mal Türkiye'den Bulgaristan'a gelir. Orada TIR kamyonlarına yeniden yüklenir ve Adriyatik Kıyısı'ndaki Trieste'ye veya Fransa kıyılarına gönderilir. Yine, neden bu iki bölgedeki her bir TIR kamyonunu izleyip 24 saat gözetim altına almıyorlar? Ayrıca "yüksek makamlar" tarafından iyi korunan deniz ve hava yolları da var.

Dediğim gibi, ara sıra bir kaçak yakalanır; bazen büyük bir sevkiyat bile ele geçirilir, ama eroinden çok (çünkü o daha değerli); esas olarak iş yapmanın maliyeti olarak harcanabilir olan kokain ve marihuanadır. Kulağa ne kadar tuhaf gelse de, "ihbarlar" genellikle küçük miktarlar söz konusu olduğunda uyuşturucu tacirlerinin kendilerinden gelir.

Güney Amerika'da mücadele kokainle. Kokainin "üretimi" nispeten basit ve ucuzdur; hammadde düşük maliyetle kolayca temin edilebilir. Risk almaya istekli olan biri büyük servetler kazanabilir; bu risk, kolluk kuvvetleriyle ilgili olmaktan çok, Kokain Kralları'nın gözüne batma riskidir.

Yabancılar hoş karşılanmaz ve genellikle sürekli patlak veren "aile kavgalarında" kurban olarak hayatlarını kaybederler. Başlıca kokain üreticisi ülkeler Kolombiya, Bolivya ve Peru'dur; Brezilya'ya da koka çalılarının getirilmesi için bazı girişimlerde bulunulmaktadır. Kolombiya'da uyuşturucu mafyası, yetkililer tarafından iyi tanınan, birbirine sıkı sıkıya bağlı bir gangster ailesidir.

Sorun, onlara karşı bir şeyler yapmaktır. İngiltere ve Amerika'daki en üst düzey kaynakların koruması altında olan kokain baronları, Kolombiya Cumhurbaşkanı Betancourt gibi samimi uyuşturucu karşıtı savaşçıların çabalarını açıkça hor görmektedir.

Betancourt, kısıtlı imkânlarının elverdiği her şeyi yaptı, ancak bu yeterli olmadı. Kokain kaçakçıları ve üreticilerinin yarattığı felaket, Kolombiya'nın ulusal yaşamını hâlâ domine etmeye devam ediyor. Bu sorunu ortadan kaldırmanın bir yolu yok gibi görünüyor. Betancourt hayatta kalmak için muazzam bir mücadele verdi. Öte yandan, uyuşturucu baronları IMF'den mümkün olan her türlü yardımı aldılar ve artık mesele Betancourt'un hayatta kalıp kalmayacağı değil, sadece ne kadar süreyle görevde kalabileceği idi. Amerika Birleşik Devletleri'ne kokain tedarik eden diğer başlıca ülke Bolivya'dır ve bir süreliğine Başkan Siles Zuazo, Amerika'ya akan kokain akışını durdurmaya çalıştı, ancak çabaları başarısız oldu. Burada da yine her adımında IMF ve Uluslararası Ödemeler Bankası (BIS) tarafından engellendi. Ekonomik planlarının her biri IMF tarafından "kabul edilemez" ilan edildi. İşçi ayaklanmaları kışkırtıldı; grevler ve "iş bırakma eylemleri" yönetimini sarsıyordu. Bu anti-Silas kampanyasını yönetenler, Avrupa'nın yılanlarının taçlı başlarıydı. Silas, Bolivya ordusunun desteğini alamadı; Silas iktidara gelmeden önce çok sayıda üst düzey subay, kokain baronları tarafından cömertçe ödüllendirilmişti. Görevlerinin getirdiği "ayrıcalıkları" özlüyorlardı. IMF'nin dayattığı kemer sıkma politikalarını umursamıyorlardı. Olaylar, 14 Temmuz 1985'te Silas'ın ulusal seçimlerde devrilmesiyle doruğa ulaştı.

1971'den 1978'e kadar ülkenin eski başkanı olan Hugo Banzer Suarez, seçimleri büyük bir farkla kazandı. Suarez, Wall Street bankacıları ve Henry Kissinger'ın dostlarından çok güçlü bir destek gördüğü ve elbette Bolivya subay sınıfından da güven oyu aldığı için bu sonuç beklenmedik değildi.

Eski bir diktatör ve Bolivyalı mafya üyelerinin dostu olan Suarez'den kokain ticaretini genişletmesi bekleniyordu. IMF'den aldığı yardımın "karşılığı" olarak Suarez'in, IMF'nin Bolivya'ya dayattığı acımasız şartları uygulaması bekleniyordu ve sonuç olarak, takip eden aylarda birçok Bolivyalı'nın açlık ve kıtlıktan öldüğünü gördük. Bu tabii ki Global 2000 Raporu'na tamamen uygundu. Aynı zamanda, ABD'ye adeta bir kokain seli akmaya başladı.

İngiltere ve ABD'deki uyuşturucu işinin hiyerarşisi adına hareket eden IMF, Bolivya'yı başarıyla kaosa sürükledi. Aslında, seçimlerin yapıldığı dönemde ülke yönetilemez hale gelmişti. Venezüella Büyükelçisi, "uyuşturucu ticareti ulusal egemenliği, siyaseti ve ekonomiyi ihlal ediyor" derken bunu kastetmişti. Bunun Bolivya'dan daha açık bir örneği aklıma gelmiyor. Banzer'in zaferiyle birlikte, IMF'nin iyilik perisi aniden, yabancı alacaklılarla yapılacak müzakerelerde Bolivya'yı destekleyeceğini açıkladı. Bolivya'nın ana endüstrileri madencilik ve tarımdır. Her ikisi de iflas durumundaydı; bu durum, Siles'i devirmek ve kokain ticaretine karşı tutumunu cezalandırmak için IMF tarafından kasten yaratılmıştı. IMF'nin başarılı olduğu çok açık. Peru, adresinde de belirtildiği gibi, bir başka önemli kokain üreticisidir ve yeni liderinin kokain karşıtı tutumu nedeniyle IMF'nin saldırısına uğramıştır. 2 Ağustos 1985'te hükümet, yasadışı döviz tüccarlarına karşı bir operasyon başlattığını duyurmuş, iki yüzden fazla kişi tutuklanmış, faiz oranları düşürülmüş ve asgari ücret yüzde elli artırılmıştır.

Bu, sıkı kemer sıkma önlemleri talep eden IMF'nin taleplerine ve koşullarına tamamen aykırıydı. IMF kısa sürede harekete geçti.

Neredeyse tamamen ezilmiş olan gerilla hareketi, aniden yeni bir enerji kazanmaya başladı ve lideri Abinal Guzman'ın önderliğinde, yüzlerce köylünün ölümüne yol açan bir saldırı dalgası başlattı. Bomba patlamaları Lima'yı sarsıyordu.

Ekonomi felç oldu. Kaostan bıkmış olan ulus, güçlü bir

lider için haykırdı. Onlar, Japon asıllı Peru vatandaşı Alberto Fujimora'da aradıklarını buldular. Fujimora, büyük bir onur ve dürüstlüğe sahip bir adamdı ve Peru'yu uyuşturucu ticaretinin lanetinden kurtarmanın en büyük umudu gibi görünüyordu. Ezici bir çoğunlukla seçilen Fujimora, ekonomik cephede IMF ve BIS ile, finansal açıdan güçlü ve ABD ile İngiltere'nin desteklediği Guzman ve gerilla ordusuyla mücadele etmek gibi zorlu bir görevle karşı karşıya kaldı.

# İkinci Bölüm

## Uluslararası Afyon/Eroin Ticaretinde Afganistan'ın Rolü

Afganistan, 300 Komitesi'nin ataları olan İngiliz Doğu Hindistan Şirketi (BEIC) günlerinden beri olduğu gibi, hâlâ ham afyonun başlıca kaynaklarından biri olduğu için bir kez daha gündemde. Ayrıca, afyon haşhaş yetiştiriciliğinde Pakistan'ın oynadığı rolü ve Pakistan'ın seçilmiş hükümetinin devrilip yerine askeri bir rejimin getirildiği en az üç olayda ABD'nin neden görmezden geldiğini, oysa Şili ve Arjantin'in aynı "suç"tan dolayı "özel önlemler"e maruz kaldığını da inceleyeceğim.

Afganistan, Hindu Kush Dağları'nın kuzeyinde bulunan eski bir Müslüman toprağıdır. Haibak Vadisi'nde bulunan bazı eski aletler karbon tarihleme yöntemiyle incelenmiş ve en az bin yıllık oldukları ortaya çıkmıştır. Batılıları bu topraklara çeken şey, afyon üreten haşhaşın yetiştirilmesi için ideal iklim ve toprağa sahip olmasıydı. Ülke, 1747'den 1929'a kadar Barakzai Hanedanı tarafından yönetildi ve hanedan üyeleri ile kabile liderleri arasındaki uzun süreli çatışmalarla tanındı.

18.yüzyıldan önce ülke, Pers İmparatorluğu'nun egemenliği altındaydı ve bazı bölgeleri Hindistan tarafından yönetiliyordu. Barakzai ailesi, en az 150 yıldır afyon ticaretini kontrol etmiştir ve bilindiği üzere, ABD Silahlı

Kuvvetleri Taliban'ı devirdiğinde, klanın bir üyesi olan Hamid Barakzai'yi Afganistan'ın başına getirmiş ve ülke şu anda onun kontrolü altındadır.

1706'da Kandahar bağımsızlığını ilan etti ve 1709'da Ghilzain kabile reisi ve Sünni Müslüman olan Mir Vais, Kandahar'da kendisine karşı gönderilen Pers ordularını mağlup etti; bu da afyon ticaretinin İngilizlerin elinde kalmasını sağladı.

1715'te Mir Abdullah, Mir Vais'in yerine geçti, ancak Perslerle barış yapmaya çalışırken yakalandı ve 1717'de devrildi. Bunu yoğun bir rekabet dönemi izledi ve ardından Afganlar Pers'i işgal etti.

1763'te Timur'un oğlu Zaman Şah iktidara geldi, ancak birlik yerine, dönem tamamen ve aralıksız kabile rekabetleri ve şiddetli savaşlarla geçti. Çekingen bir hükümdar olan babası, Hindistan'ın bazı topraklarını ele geçirmesini engelleyemedi; bunlara, 1793-1799 savaşları sırasında Sihlere kaptırılan Pencap da dahildi.

1799'da, BEIC'den elçiler, hükümdar Şah Şuja ile görüşmek üzere Kandahar'a gelmeye başladı. 1809'da, Şah Şuja'nın ölümünden önce, BEIC onunla, özellikle Pers ve Hindistan'dan gelen "yabancıları" püskürtmeye yardımcı olacağına dair bir anlaşma imzaladı. 1818'de Mahmud Şah ülkenin kontrolünü ele geçirdi ve o zamana kadar geniş haşhaş tarlaları şeklinde "tarımsal genişleme"den sorumlu olan BEIC ile ilişkileri güçlendirmeye başladı. Zengin bir ganimetin kendilerini beklediğini sezen Persler, 1816'da işgal ettiler, ancak BEIC'in bir askeri ve sırdaşı olan Path All Kahn tarafından kovuldular.

1818'de, haşhaş ekimi ve BEIC'e ham afyon satışından elde edilen gelirler konusunda kabileler arasında bir isyan çıktı. Sonuç olarak, Afganistan kabile bölgelerine, Kabil, Kandahar ve Gazni vb. olarak bölündü. Hindistan, kârlı afyon pastasından pay almak istediği için, bu bölünme döneminde Afganistan'dan Keşmir'i çaldı. 1819'da bir dizi kabile savaşının ardından Dost Muhammed Kabil'i ele geçirdi ve Gazni ile Kandahar'ın hükümdarı oldu. BEIC yönetiminde gelişen afyon ticaretine dahil olma fırsatını gören İran, 1837'de Herat'a saldırdı ve Temmuz 1838'e kadar süren bir kabile çatışması patlak verdi. Çatışmanın temel nedeni, İngilizlerin elinde olan afyon ticaretiydi. Her zaman usta entrikacılar olan İngiliz hükümeti, Ranjit Singh ve Şah Suju ile bir anlaşma imzaladı. Bu anlaşma uyarınca, BEIC'in himayesi altında Şah Şuja'nın tahtını geri getirecek, böylece kabile üyelerini birleştirecek ve İran'ı etkili bir şekilde dışlayacaklardı. Ancak İngilizlerin haberi olmadan, Dost Muhammed afyon ticaretine girerek zenginleşiyordu ve BEIC dışında anlaşmalar yapıyordu.

1839 yılında, Hindistan'da konuşlanmış İngiliz birlikleri Birinci Afgan Savaşı'nda Afganistan'a girdi. Dost Muhammed'i tahttan indirdiler ve onu Hindistan'a sürgüne gönderdiler. Varlıkları BEIC tarafından el konuldu ve İngiliz birlikleri büyük şehir ve kasabaları ele geçirdi, ancak kısa sürede çeşitli ittifaklar altında hareket eden, yakalanması zor bir kabile gücüyle karşı karşıya olduklarını fark ettiler.

Tüm bu süre boyunca, haşhaş ekimine hiçbir engel çıkarılmadı ve büyük miktarlarda ham afyon, genellikle daha sonra Pakistan olacak bölgeden geçerek Afganistan'dan dışarı gönderildi. Bu dönemde, şirket yerel kabile üyelerini nasıl kontrol edeceğini ve kârlı yatırımlarını nasıl koruyacağını bildiği için büyük kârlar elde etti. Londra'daki Avam Kamarası'nda , İngiliz birliklerini orada tutacak önemli bir neden yokken neden Afganistan gibi ıssız bir ülkeye konuşlandırıldıkları konusunda sorular soruldu. Zavallı milletvekilleri, BEIC'in her yıl kazandığı muazzam servet hakkında hiçbir şey bilmiyorlardı. İngilizler, Çinli "savaş lordları" (gerçekte Çin hükümetinin gümrük memurları) ile mücadelelerini ilan ederken, Afganistan'daki savaşlarını sıkı bir sır olarak sakladılar.

Dost Muhammed liderliğindeki kabile üyeleri İngilizlere karşı savaş başlattığında, bu olay İngiliz gazetelerinde, eğer bahsedilirse, "kabile çatışması" olarak geçiştirildi. Kandahar'a yürüyen bir İngiliz birliği, Dost Muhammed'in güçleri tarafından saldırıya uğradı; bu güçler geri püskürtüldü, liderleri esir alındı ve Hindistan'a sürüldü.

1842'de Sir Alexander Burns, Şah Şuja'yı yeniden tahta çıkardı. Londra, bu hamlenin kabile üyelerini yatıştıracağını düşünmüştü, ancak bunun yerine büyük bir kargaşaya yol açtı ve bu kargaşa, Sir Alexander ile Sir William McNaughton adlı bir İngiliz elçisinin öldürülmesiyle doruğa ulaştı. Bu, İngiliz yönetimine karşı genel bir ayaklanmanın işareti oldu ve Lord Auckland, Kabil'i işgal etmek için 16.000 kişilik bir İngiliz ve Sepoy birliklerinden oluşan bir İngiliz gücü gönderdi. Ancak isyan o kadar şiddetliydi ki, İngiliz kuvvetleri Kabil'den Kandahar'a çekilmek zorunda kaldı. Ancak dönüş yolunda, İngiliz kuvvetleri 3.000 kabile üyesinin düzenlediği bir pusuya düştü ve bu pusuda çok sayıda kayıp verdiler. Kabile üyeleri tarafından İngilizlerin kuklası olarak görülen Şah Şuja da öldürüldü.

Afganlar artık afyon haşhaş tarlalarının kontrolünü ele geçirmişlerdi ve çeşitli savaş ağaları, ülke dışına çıkan afyon rotaları üzerinde hakimiyet kurmaya başladılar. Daha da kötüsü, Hindistan'ın " " bölgesine geçen BEIC kervanlarından haraç almaya başladılar.

Haraç ödenmediğinde, ham afyon yüklü yük hayvanlarından oluşan kervanlar saldırıya uğradı, afyon çalındı ve birçok kişi savaş ağaları tarafından öldürüldü. Rudyard Kipling, Khyber Geçidi'nden geçen yolu koruyan İngiliz kuvvetleri hakkındaki cesur hikayelerini bu olaylar sırasında yazdı. Sıradan İngiliz vatandaşları bu cesaret hikayelerinden büyük heyecan duyuyordu. İngiliz askerlerinin, "Tanrı, Kraliçe ve Vatan" ile hiçbir ilgisi olmayan, milyarlarca dolarlık özel bir şirket adına feda edildiğinden habersizdiler.

Bu dönemde savaş ağaları, Dost Muhammed'in oğlu Akbar Kahn'ın liderliği altında gevşek bir ittifak oluşturmuştu.

1842'de Sir George Pollock komutasındaki bir İngiliz ordusu Hindistan'dan gelerek Kabil'i geri aldı. İngiliz ordusuna büyük kayıplar verdiren saldırıya katıldığı düşünülen yüzlerce kabile üyesi, yargısız infaz edildi. Dorst Mohammed, Sir George tarafından yeniden tahta oturtuldu. O da hemen afyon kabile gruplarını yenilgiye uğratmaya koyuldu ve BEIC'in haşhaş tarlalarını ele geçirenleri cezalandırdı.

Bu "asil" çalışmaları nedeniyle, 30 Mart 1855'te İngiliz hükümeti Muhammed ile Peşaver Antlaşması'nı imzaladı ve böylece onun Kandahar ve Kabil'i kontrol etmesini sağladı, ancak Perslerin BEIC'den ele geçirdiği Herat'taki önemli Helmet afyon haşhaş tarlalarını kontrol etmesine izin vermedi. Buna rağmen, BEIC'in Afganistan'da üretilen ham afyon ticareti, Ganj Vadisi ve Benares'inkiyle rekabet etmeye başladı.

Bunun üzerine İngiltere, İran'a savaş ilan etti. Masum İngiliz halkına, savaşın İran'ın İngiliz sömürge topraklarını ele geçirmeye çalışması nedeniyle çıktığı söylendi. 1857'ye gelindiğinde İranlılar yenilgiye uğradı ve Paris'te imzalanan bir antlaşma yoluyla barışı tercih ettiler; bu antlaşmada Afganistan'ın "bağımsızlığını" tanıdılar ve Herat üzerindeki hak taleplerinden vazgeçtiler. İngiliz kuklası Dost Muhammed, Herat'ı kontrol altına almak üzere gönderildi, ancak kabile çatışmaları nedeniyle bölge sonraki beş yıl boyunca kargaşa içinde kaldı ve Dost, bölgeyi ancak 1863'te İngiliz egemenliği altına alabildi. İngilizler Afganistan hakkında bir şey öğrendiyse, o da şuydu: Her fraksiyon birbiriyle anlaşana kadar bir bölgeyi kontrol altında tuttuğunu asla varsayma; bu bir ömür sürebilir. Herat buna iyi bir örnekti. Bölgedeki kabile üyelerinden birinin kontrolünü ele geçirmek için on aylık bir kuşatma gerekti. Her şeyi "pasifize ettiklerini" düşündükleri tam o anda, Dost 1870'te öldü ve hemen ardından, Dost'un kardeşi Şer Ali, halefiyet haklarını savunmaya çalıştığında Herat iç savaşa sürüklendi. Kabileler arasında hiçbir konuda anlaşma sağlayamayınca, İngilizlere olan güvenini yitiren Ali, Rusya'dan yardım istedi ve 1878 yılının Haziran ayında, General Stolietov komutasındaki bir Rus heyeti Kabil'e geldi. BEIC hemen alarm verdi ve Şer Ali, İngiliz heyetinin karşı teklifini kabul etmeyi reddedince taraflar bir kez daha savaşa girdi. Savaş bir yıl sürdü (1878-1879) ve bu süre içinde Şer Ali öldürüldü. Rusların Afganistan ile olan kârlı afyon ticaretini durdurabileceğinden derin endişe duyan İngiliz kuvvetleri, Şer Ali'nin oğlu ve kuklaları Yakub'un komutası altında tüm bölgeyi işgal etti. İngiliz kuvvetleri daha sonra yayılıp ülkenin tamamını işgal etti. Bu noktada, İngilizlerin Khyber Geçidi'nden afyon kervanlarının engellenmeden geçişini garanti altına almak için yıllık 75.000 dolarlık bir "koruma ücreti" ödeyecekleri bir antlaşma imzalandı; İngiliz birlikleri, anlaşmanın uygulanmasına yardımcı olmak için bu geçitte konuşlandırıldı.

Elbette Rudyard Kipling'in öykülerinde konvoyların neden Majestelerinin birlikleri tarafından korunduğuna dair hiçbir şeyden bahsedilmiyordu ve birliklerin gerçek görevi ortaya çıkmış olsaydı, şüphesiz ortalık cehenneme dönerdi.

Kabil'e yönelik görevlerinin tam bir başarı olduğunu düşünerek keyiflenen İngiliz kuvvetleri, afyon tarlalarına artık baskın yapılmaması ve Khyber Geçidi'nden geçen konvoylara saldırı olmaması nedeniyle uyanıklıklarını gevşetmeye başladı. Ancak arka planda Londra'yı bekleyen sert bir uyanış vardı. 3 Eylül 1879'da, Sir Louis Cavagnari (Venedik'in eski Kara Asillerinden bir soylu) korumasıyla birlikte öldürüldü ve ülke bir kez daha başka bir savaşa sürüklendi. İngilizlerin arkasından isyancı kabile üyeleriyle komplo kurmakla suçlanan Yakub, 19 Ekim 1879'da görevden alındı.

1880'de İngilizler, Güney Afrika'daki Boer Cumhuriyetlerine karşı savaşa hazırlanarak o ülkenin devasa altın kaynaklarını yağmalamaya çalışırken, sahneye yeni bir Afgan lider çıktı: Ali Şer Ali'nin yeğeni Abd-Ar-Rahman. İngilizler, barışı korumakta ve sürekli kavga eden kabile gruplarına otoritesini dayatmakta büyük başarı gösteren bu yeni adamdan memnundu.

Bu nispeten istikrarlı dönemde, büyük miktarda yüksek kaliteli ham afyon ülkeden BEIC'in depolarına aktı. Bu dönemde (1880-1891), BEIC'in kasasına milyarlarca pound aktığı ve bu miktarın 1899'da patlak veren İngiliz-

Boer Savaşı'nın maliyetinin on katını karşılayacak kadar olduğu düşünülmektedir. Rusya da Afganistan'da bir dayanak noktası elde etmek ve sınırları için bir tampon bölge oluşturmak amacıyla büyük ölçüde müdahale etti. Rusya'nın afyon ticaretiyle hiçbir ilgisi yoktu; tek kaygısı, bir tampon bölge elde etmekti. Sonunda, İngiltere ile beş yıl süren ciddi sorunların ardından , iki ülke bir anlaşmaya vardı ve Rusya, Afganistan'ın iç işlerine karışmamayı kabul etti.

Afganistan, çalkantılı tarihi boyunca, Batılı kullanıcılar tarafından çok rağbet gören en yüksek kalitede ham afyon üretmeye devam etti ve bu yükün taşındığı ana güzergâh Pakistan'dı. Dolayısıyla Afganistan'ın afyon tarihi, Pakistan'daki afyon ticaretinin tarihi ve kıyıya, oradan da Orta Doğu ve Batı Avrupa'ya uzanan transit güzergâhlarıyla sıkı sıkıya bağlantılıdır.

Gücünün zirvesindeyken BEIC, Afganistan'dan her yıl 4000 ton afyon alıyordu. Bir yıl (1801) içindeki bu devasa üretimin tahmini değeri 500 milyon dolardı; bu, o günler için dudak uçuklatan bir servetti. Afyonun çoğu, Khyber Geçidi üzerinden Hindistan'a (bugün Pakistan olarak bilinen bölge) taşınır ve oradan ıssız Maccra sahil şeridine indirilirdi; burada Arap dhowları tarafından alınarak Dubai'ye götürülür ve orada altınla ödenirdi. Bu ticarette kağıt para asla kabul edilmez. Bu ticaretin bir sonucu olarak, Dubai'de altın ticareti yapan 25'ten fazla banka bulunmaktadır; bunların arasında İngiliz Orta Doğu Bankası, afyon karşılığında altın ticaretinde en büyük olanıdır. Afganistan'daki Müslümanlar, Çinli işçi sınıfının aksine, afyon kullanmazlar ve bu nedenle ona bağımlı hale gelmemişlerdir. Afganistan, sonunda Çin'i ele geçiren korkunç afyon bağımlılığı belasından kurtulmuştur. O zaman da, şimdi olduğu gibi, afyon yetiştiriciliği ve çok değerli özsuyunun toplanması, Afganistan'daki erkek nüfusunun başlıca uğraşıdır.

Sırlar özenle saklanıyor ve koşullar aynı kaldığı sürece, bu durum dünyanın sonuna kadar böyle devam edecek! Fidan halinden tam olarak çiçek açan bitkilere kadar yetiştirilen haşhaş tarlalarını gördüm; sonra da kapsüllerdeki özsu yükseldiğinde, bunların jiletlerle nasıl kesildiğini ve onlardan kauçuk benzeri reçinenin akıp donduğunu gördüm. Ayrıca haşhaş ekiminin engellenmesi ya da azaltılmasına yönelik hiçbir girişimde bulunulmadığını da gördüm. Okuyucuların, aradan geçen yıllarda çok az şeyin değiştiğini anlamaları umuduyla, yabancı güçler tarafından Afganistan'a ne tür bir yönetim dayatıldığını ayrıntılı olarak anlatmak için epey çaba harcadım. Amerika Birleşik Devletleri, işgali ve bombardımanlarıyla ülkenin boyun eğdirildiğine inanıyor, ancak bu konuda ne yazık ki yanılıyor. Afganistan, hepsi de afyondan pay almaya çalışan savaş ağaları ve birbiriyle rekabet eden grupların ülkesi; kafa karıştırıcı sadakatlerin ve şiddetli rekabetlerin bir tablosu. ABD ve müttefikleri bunu asla yenemeyecek.

Rusya'nın ülkeyi ele geçirmesini önlemek için bir karşı güç olarak Merkezi İstihbarat Teşkilatı (CIA) tarafından yaratılan, silahlandırılan ve yönlendirilen Taliban, artık düşman! Taliban iktidara geldiğinde alay edildi, dalga geçildi ve hor görüldü, ancak kısa sürede kendilerini kanıtladılar ve Rusları yendikten sonra Amerikalı hayırseverlerine sırt çevirerek haşhaş ekiminin ve ham afyon ihracatının durdurulmasını emrettiler. Afyon stoklarıyla birlikte kilometrelerce uzanan afyon tarlaları yakıldı. Aniden, Londra Şehri ve Wall Street'teki uyuşturucu ticaretinin efendileri, yaklaşan devasa bir gelir kaybı gördüler ve durumun kökünden değiştirilmesi gerekiyordu.

Dünya Ticaret Merkezi'ne yapılan saldırının nasıl gerçekleştiğini kesin olarak söyleyemem, ancak bildiğim tek şey, 11 Eylül 2001'deki felaketi olmasaydı Amerikan halkının ABD güçlerinin Afganistan'ı işgal etmesini asla kabul etmeyeceği, bu yüzden tarihin 11 Eylül trajedisini bir "uydurma durum" olarak ortaya çıkaracağı ihtimali oldukça yüksek. Dubai'deki bankaların ve ABD ile İngiltere'deki afyon tüccarlarının büyük dehşetine rağmen, Taliban, Batı'ya afyon pompalayan ve çoğu Pakistan'a ya da ülkenin dağlık bölgelerine kaçan Barakzai klanı liderliğindeki savaş ağalarını ortadan kaldırdı. Afyon ticareti aniden durdu. Taliban, afyon yetiştiren veya afyon ticareti yapan herkesin vurulacağına dair bir kararname çıkardı. Savaş ağaları ve afyon patronları, suçlu yardakçılarıyla birlikte dağıldı.

Bu durum, Westminster ve New York'ta alarm zillerinin çalmasına neden oldu. Dubai'de, afyon ticaretine hizmet veren 90 banka, yıkımın eşiğinde olduğunu gördü. Bir şeyler yapılması gerekiyordu ve yapıldı. Amerika Birleşik Devletleri, tıpkı onlardan önce İngilizler, Ruslar ve Persler gibi Afganistan'a karşı savaşa girdi. Savaşın amacı, bize söylendiğine göre, "Taliban'ı ve El Kaide teröristlerini kökünden söküp atmaktı." Devasa bir bombardıman filosu gece gündüz sortiler düzenledi ve Rusya ile savaştan sonra Kandahar'da ayakta kalan birkaç bina, etkileyici enkaz yığınlarına dönüştürüldü. Savaş şahinleri Rumsfeld, Wolfowitz, Cheney ve Perle sevinçten havalara uçtu. Yurtiçinde, New York gazeteleri ABD'nin Afganistan'daki savaşı "kazandığını" haykırdı. Amerikan halkı, savaşın daha yeni başladığından habersizdi. Amerikan birlikleri, afyon gruplarını birbirinden uzak tutmak ve eski ticaret yolları üzerinden afyonun sorunsuz akışını sağlamak için on yıllar boyunca Afganistan'da kalmak zorunda kalacak. Pakistan ordusunun üst düzey komutanları, her zaman olduğu gibi, Afganistan'dan akan kokain sayesinde büyük fayda sağlayacak. İşte bu yüzden Pervez Müşerref, "terörle savaşta" en önemli "müttefikimiz" olarak seçildi.

Taliban'ın ortadan kalkması ve Barakzai klanının yeniden kontrolü ele geçirmesiyle, Taliban'ın düşüşünden sonra Afganistan'da afyon ticareti canlanıyor ve yeni hükümetin bunu durdurmaya ya da en azından kısıtlamaya çalışıp çalışmayacağı belirsiz. ABD'nin dayattığı yönetim altında afyon ticaretinin sadece geçmişteki üretim seviyesine geri dönmekle kalmayacağını, aynı zamanda ham afyon üretim miktarının da artacağını öne sürmeye cüret ediyoruz. Dışişleri Bakanlığı, uluslararası uyuşturucu ticaretine ilişkin yıllık raporunda, 2005 yılında ABD ordusu tarafından iktidardan uzaklaştırılan Taliban'ın, kontrolündeki bölgelerde afyon haşhaş yetiştiriciliğini neredeyse tamamen ortadan kaldırdığını belirtti.

Genel afyon üretimi, 2000'deki yaklaşık 3.656 tondan 2001'de yaklaşık 74 tona düşerek dramatik bir şekilde azaldı ve üretimin neredeyse tamamı, Taliban'a karşı savaşta Washington'un müttefiki olan Kuzey İttifakı'nın elindeki Afganistan bölgelerinde gerçekleşti. İşte size doğrudan kaynağından bilgi: "Uyuşturucuya karşı savaşımız", sahte bir Federal Rezerv banknotu kadar sahte. Taliban afyon ekinlerini ve stoklarını yok ederken, CIA "müttefiklerimize" - sözde "Savaş Lordları", bir grup alçak ve acımasız katil gangster - endişelenmemelerini, yakında yeniden iktidara geleceklerini garanti ediyordu. Uyuşturucu ile Mücadele Dairesi (DEA), bunu yapmak için olağanüstü bir fırsat varken, bu haşarat çetesini ezmeye çalışmadı. Bunun yerine ABD, uyuşturucu ticareti yapan haydutları korudu. Afganistan, geleneksel olarak dünyanın en büyük afyon üreticilerinden biri olmuştur; 2008'de Taliban'ın yasağı nedeniyle en büyük üretici konumunu geri kazanan Hindistan da bu ülkelerden biridir. Afyon, eroin ve morfin gibi afyon türevlerinin hammaddesidir ve Afganistan, bu uyuşturucuların bölgeye, Batı Avrupa'ya ve ABD'ye en büyük tedarikçisi olmuştur. Yakın zamanda yayınlanan bir ABD raporuna göre, Taliban'ın çöküşünden sonra Afganistan'da yaygın afyon ekimi yeniden başladı ve uyuşturucu kaçakçıları, ABD Silahlı Kuvvetleri'nin sahada yoğun varlığına rağmen Afganistan'da faaliyetlerini sürdürdü. Kabil'deki geçici yönetim, ABD'nin desteklediği Cheney, Rumsfeld ve Wolfowitz'in kuklası Hamid Karzai (Barakzai), afyon ekimini yasakladığını duyurmuş olsa da, bu yasak başkentten öteye pek yayılmadı ve kağıt üzerinde kalmaktan öteye gitmedi. Karzai kararnamesini uygulamaya çalışsaydı, bir sabah boğazı kulaktan kulağa kesilmiş halde bulunurdu. Gangster satıcıları, kârlı işlerine karışması için onun hayatta kalmasına asla izin vermezdi.

Raporda şöyle deniyordu:

> Otorite, yasağı uygulamak için gerekli araçlara sahip değil ve yasağın gerçekten uygulanması için yerel güç merkezleri ve bağışçı topluluklarla işbirliği yapmak zorunda. Uluslararası toplumun ısrarlarının ve hatta mali desteğinin Afganistan'da afyon ekimini hızla ortadan kaldırmaya yetecek olup olmadığı belirsizliğini koruyor... Çatışmaların ardından, hangi bölgede hangi grubun kontrolü elinde tuttuğu değişkenlik gösteriyor. Grupların Geçici Otorite tarafından çıkarılan afyon ekimi yasağına uyup uymayacağı belirsiz.

Ne kadar saçma bir durum.

Peki ya ABD ordusunun desteğiyle çok sayıda DEA ajanının varlığıyla yasağı uygulamaya ne dersiniz? Kontrolörlerimizin, Amerikan halkının dünyadaki en saf halk olduğuna tamamen inandıklarını biliyoruz, ancak halka böyle bir saçmalığı dayatmaya çalışmak ve bunun inanılacağını düşünmek, açıklanamaz bir durumdur. Karzai hükümetini domine eden Kuzey İttifakı, kontrol ettiği bölgelerde uyuşturucuya karşı herhangi bir önlem almış gibi görünmüyor. Raporda, Kuzey İttifakı'nın kontrolündeki Kuzey- 'daki bölgelerde çiftçilerin ikinci bir afyon mahsulü yetiştirdiğine dair birkaç BM raporu da yer alıyor.

Bu insanların, böylesine bariz bir saçmalığa inanmamızı beklemelerindeki küstahlığa inanabiliyor musunuz? "Öyle görünmüyor mu?" Gerçek şu ki, Taliban bu belayı ortadan kaldırmak için elinden geleni yaparken, Washington "müttefiklerinin" afyon yetiştirdiğini bilmekle kalmadı, hatta onlara, Taliban'a karşı savaşta bizim "müttefikimiz" oldukları sürece ticaretlerine kimsenin müdahale etmeyeceğini garanti etti. Bunun üzerine Washington, ölümcül ve can kesen ticaretlerini olduğu gibi bırakırken, tüm Afganistan'a karşı savaşa girmeleri için onları silahlandırmaya ve eğitmeye başladı. Afganistan savaşının ardındaki gerçekler bunlar.

Amerika Birleşik Devletleri, Afganistan'dan çıkan afyon ürünlerini durdurmak için, ABD, Rusya ve Afganistan'ın altı komşu ülkesini bir araya getiren "Altı Artı İki" grubu aracılığıyla bölgesel çabalara bir miktar umut bağlıyor. Bu da başka bir maskaralıktır. Afgan afyon ticaretini durdurmak için hiçbir şey yapılmıyor ve hiçbir zaman da yapılmayacaktır. Bu yönde ciddi bir çaba olsaydı, Pakistan'ın lideri General Pervez Müşerref görevinden alınırdı. Pakistan'daki iktidar kesiminin yarısı, Avrupa ve Amerika Birleşik Devletleri'ne giderken Pakistan'dan geçen afyon ticaretinden elde edilen kârlı gelirlerden tamamen bağımlıdır. Bu arada, Dışişleri Bakanlığı raporuna göre, Geçici Yönetim ve uluslararası toplumun tüm çabalarına rağmen Helmand'daki uyuşturucu kaçakçılığı devam edecektir. Afganistan'daki Taliban yöneticilerinin afyon ticaretine karıştığına dair hiçbir kanıt yoktur; uyuşturucunun Usame bin Ladin'in El Kaide ağının başlıca finansman kaynağı olduğuna dair de hiçbir kanıt yoktur. Bilinen tüm kayıtları araştırdık ve böyle bir kanıt bulamadık. Dışişleri Bakanlığı'nın iddialarını, açık ve net bir şekilde propaganda olarak reddediyoruz. Ancak yetkililer, Afganistan merkezli El Kaide ağının, Taliban'ın kaçakçılık faaliyetlerinden dolaylı olarak yararlandığını ve 11 Eylül terör saldırılarının ardından ABD'den gelen baskı altında kaçakçılarla daha yakın bağlar kurmasından endişe duyduklarını söylediler. Kanıt nerede? İddialar kanıt sayılmaz ve şu ana kadar hiçbir kanıt sunulmadı. Elimizde olan şey, Taliban'ın dini inançlarına şüphe düşürmeyi amaçlayan bir propagandadır.

> "Para kaynağına ihtiyaç duyan bir terör örgütü varsa ve bu örgüt, para üreten uyuşturucu örgütleriyle coğrafi olarak yan yana bulunuyorsa, ikisi arasında daha güçlü bir bağlantı olma ihtimali elbette vardır,"

DEA'nın eski başkanı Asa Hutchinson, Temsilciler Meclisi Hükümet Reformu Alt Komitesi'nin ceza adaleti, uyuşturucu politikası ve insan kaynakları oturumunda böyle konuştu. Peki, bizim cevabımız şu: Bay Hutchinson'ın atanması siyasi bir atamaydı ve kendisi, Clinton'ın azil sürecindeki rolü nedeniyle koltuğunu kaybetmeden önce Temsilciler Meclisi'nde görev yaptığı için uyuşturucu ticareti hakkında çok az şey biliyor, hatta hiç bilmiyor.

ABD'li yetkililer, afyon kaçakçılığının, ülkenin büyük bir bölümünü yöneten sert çizgideki İslamcı milis gücü Taliban için önemli bir finansman kaynağı olduğunu söylediler. Hutchinson ve Dışişleri Bakanlığı uyuşturucu ile mücadele yetkilisi William Bach, Taliban muhafızlarının bazen nakit yerine ham afyon kabul ettiklerini söylediler.

Bu acınası iddia, "Kuzey İttifakı"nı oluşturan haydutların ağzından çıkmıştır; bunlar gerçeği söyleyemezler çünkü söylerlerse Washington nezdindeki " " statülerini kaybederler. İşte bir başka "mücevher":

> Terör saldırılarına karşı ABD ordusunun misilleme yapacağını öngören Taliban, stoklarını elden çıkarmaya çalışıyor gibi görünüyor. Saldırılardan hemen sonra bölgedeki afyon fiyatları kilogram başına 746 dolardan 95 dolara düştü. O zamandan beri fiyatlar 429 dolara geri yükseldi.

Taliban'ın silaha ihtiyacı olduğunu söyledikten sonra, silah satın almanın en doğrudan yolunu "elden çıkardıklarını" düşünmek zor! Her halükarda, Taliban'ın afyon ticareti yaptığına dair hiçbir kanıt yok. Bunu yapmaya kalkışanlar, dini kuralları gereği yargılanıp idam edilirdi. 1790'ların sonlarında Afganistan, eroinin hammaddesi olan afyonun dünyanın önde gelen üreticisi haline geldi. Zirve döneminde, BEIC gelirlerinin yüzde 70'inden fazlasını sağlıyordu; bu, ülkenin iki dünya savaşı boyunca ve 1990'ların sonlarına kadar sürdürdüğü bir ayrıcalıktı.

İktidara geldiklerinde Taliban, dini ilkeleri gerekçe göstererek afyon ekiminin durdurulmasını emretti. Uluslararası gözlemciler, Taliban kontrolündeki bölgelerde üretimin neredeyse tamamen ortadan kaldırıldığını doğruladı; geriye kalan az miktardaki afyon ise, eski Savunma Bakanı Donald Rumsfeld'in koruması altındaki alçaklar, uyuşturucu kaçakçıları ve katillerden oluşan bir çete olan sözde muhalefet "Kuzey İttifakı"nın kontrolündeki topraklarda yetiştiriliyordu.

Bu, açıklanması gereken pek çok şeyi açıklamıyor mu? Ve ABD'nin uyuşturucu ticaretine göz yummasında doğrudan rol alması ilk kez olmuyor. Bunu Vietnam, Lübnan, Meksika, Pakistan ve şimdi de Afganistan'da gördük. Ancak ABD yetkilileri, Taliban'ın önceki yıllardan kal 'lik devasa afyon stoklarını ortadan kaldırmadığı veya kaçakçıları durdurmadığı için yasağın kaçakçılık üzerinde çok az etkisi olduğunu söylüyor. Gerçek ne? Dışişleri Bakanlığı ve DEA'nın yeni patronu bize Taliban'ın devasa afyon stoklarını "boşalttığını" söylüyor, ama aynı zamanda Taliban'ın böyle bir şey yapmadığını da inanmamız gerekiyor! Stokları "boşaltmaya" gerek kalmayacağını söylediğimizde bize inanın. Pakistanlı uyuşturucu baronları — ordudakiler de dahil — Taliban'dan her kilo ham afyonu tam fiyatına satın alırlardı.

Tüm bu hikaye tamamen saçmalık. Olan şey şuydu: ticaretin başlıca aktörleri Kuzey İttifakı tarafından "korunan" bir bölgedeydi ve Taliban oraya giremiyordu çünkü Donald Rumsfeld, vergi mükelleflerinin parasıyla onları tanklar, topçu silahları ve modern bir ordunun tüm teçhizatıyla donatmıştı. Alt Komite Başkanı Mark Souder (Indiana, Cumhuriyetçi), Taliban'ın yasağını

> "afyon ve eroinin dünya piyasa fiyatını kontrol etmek için soğukkanlılıkla hesaplanmış bir manevra"

Görünüşe göre bu, körlerin körleri yönlendirdiği bir durum! Souder, Hutchinson'dan daha kötü konuşuyor. Neden sadece gerçeği söylemiyor ve karar vermeyi Amerikan halkına bırakmıyorlar? Neden yalanlar söyleyip durumu karıştırıyorlar? "ABD yetkilileri, afyonun Taliban'a yılda 50 milyon dolara kadar gelir sağlayabileceğini tahmin ediyor," dedi Hutchinson ve Bach. El Kaide, Taliban tarafından korunduğu için dolaylı olarak fayda sağlıyor.

Ancak Bach, uyuşturucu kaçakçılığının "El Kaide için ana kaynak gibi görünmediğini" söylerken, Souder ise ABD yetkililerinin Afganistan'daki afyon ticaretine çok az ilgi gösterdiğini, çünkü bu ticaretin çok az bir kısmının ABD'ye girdiğini belirtti:

> Artık, büyük ölçüde sınırlarımızdan geçmeyen Afganistan- i uyuşturucu ticaretinin, dünyanın öbür ucundan Amerikan sokaklarına ulaşan uyuşturucular kadar ülkemize zarar verdiği gerçeğiyle yüzleşmeliyiz.

Sıradan bir Amerikalı bu çelişkili açıklamaları anlayabilirse, çok şaşırırız. Ancak anlayabilsek de anlayamasak da, bu, tekrar ediyoruz, saf bir ikiyüzlülüktür. Sizden bir kez daha şunu dikkate almanızı rica ediyoruz:

- Taliban'ın afyon stoklarının büyük bir kısmını "elden çıkardığı" söyleniyor.
- Taliban'ın afyondan elde edilen gelirlere ihtiyacı olduğu söyleniyor.
- Taliban'a afyon gelirlerinden yılda 50 milyon dolar sağlandığı söyleniyor.
- Taliban'ın devasa stoklarını "elden çıkardığı" söyleniyor. Bu, 50 milyon doların "elden çıkarılması" anlamına mı geliyor? Neden biri 50 milyon doları "elden çıkarmak" istesin ki?
- Bize, DEA'nın şimdiye kadar dünyadaki başlıca ham afyon tedarikçisine pek dikkat etmediği söyleniyor. Bu mantıklı mı? Eğer DEA, Afganistan'dan akın eden afyona dikkat etmediyse, o zaman DEA görev ihmalinden suçludur.
- DEA'nın görev ihmalinde bulunmasının

> nedeninin, bu afyonun çok az bir kısmının Amerika Birleşik Devletleri'ne ulaşması olduğu söyleniyor!

Bu insanlara inanabiliyor musunuz? Amerikan halkını dünyanın en aptal insanları olarak görüyor olmalılar. New York ve Washington'daki 11 Eylül saldırılarının ardından, Afganistan dünyanın ilgi odağı haline geldi. Amerika Birleşik Devletleri'nin önderlik ettiği "terörle mücadele ittifakı" Afganistan'ı bombaladı, El Kaide unsurları ülkeden kaçtı ve Afganistan'daki yasadışı afyon ekimi propaganda savaşının bir parçası haline geldi. Eroin ticareti, Usame bin Ladin'in ağlarının ana kaynaklarından biri olarak defalarca gündeme getirildi. Ancak bir şekilde, bin Ladin'in kaçtığına ve Afganistan'da hala serbestçe dolaştığına, Batı'ya karşı terör eylemlerini yönettiğine inanmamız sağlandı. Bizce bu konuya oldukça şüpheci yaklaşmak gerekir.

> "Taliban'ın bugün satın aldığı silahların bedeli, İngiliz sokaklarında uyuşturucu satın alan genç İngilizlerin hayatlarıyla ödeniyor. Bu, yok etmemiz gereken rejimin bir başka parçasıdır,"

dedi eski İngiliz Başbakanı Tony Blair. Onun bu açıklaması, Afganistan'daki afyon ekonomisiyle ilgili gerçek durumlar hakkında yapılan çarpıtıcı beyanlara bir örnektir. Aslında, suç niteliğindeki afyon ekonomisinden her gün daha fazla kar eden, Blair'in Afganistan'daki müttefiki olan "Kuzey İttifakı"dır. Taliban'ın afyon ticareti yaptığına dair hiçbir kanıt gösterilmemiştir.

Eski Başbakan Blair, İngiliz Ordusu'nu Afganistan'da bulundururken, haşhaş tarlalarını ortadan kaldırmak, ham afyon stoklarına karşı arama ve imha operasyonları düzenlemek için bolca zaman vardı. Blair, neden birliklerine bu önlemleri almaları emrini vermedi? Bu, ülke genelinde koordineli bir operasyon düzenleyerek haşhaş yetiştiricilerini işsiz bırakmak, satıcıları tutuklamak ve stoklarını imha etmek için harika bir fırsattı. Böyle bir operasyonu gerçekleştirmek için gerekli imkânlar ve para mevcuttu, ancak hayır, görünüşe göre Blair, sözlerinin eylemlerinden daha güçlü olduğunu düşünüyordu. Buna " " "propaganda" denir. Blair, Souder ve Hutchinson'ın söylediklerini biliyor olmalı. Görünüşe göre genç İngiliz eroin bağımlılarının ölümü onları rahatsız etmiyor, çünkü bu durum Amerika'yı etkilemiyor! Bu saçmalıklara inanırsanız, IQ seviyenizi kaybetme riskiyle karşı karşıya kalırsınız. Taliban 1996'da Kabil'de iktidarı ele geçirdiğinde, sadece 18. ve 19. yüzyılın sonlarından beri Afganistan'ı dünyanın en büyük afyon üreticisi haline getiren bir durumu miras almıştı. 1994 ile 1998 yılları arasında afyon üretimi yıllık 2.000 ila 3.000 metrik ton hammaddeye ulaştı. Bunun büyük bir kısmı, ilk başta İngiliz Ordusu'nun toplayabildiği en iyi askerler tarafından korunan ve Rudyard Kipling'in kahramanca hikayelerinde ölümsüzleştirilen Hindistan (daha sonra Pakistan) üzerinden sevk edildi. Daha sonra, bu ticaretin sağladığı kazançlı geliri koruyanlar Pakistan Ordusu generalleri oldu. Dubai'de afyon-altın takası gerçekleştiğinde, ham afyon Türkiye ve Fransa'da eroin ve morfine işlendi. Afyonun sadece çok küçük bir kısmı Afganistan içinde işlendi. 1999 ve 2000 yıllarında Afganistan'daki afyon üretimi 4.500 tona ulaşarak tüm önceki rekorları kırdı.

Bush yönetimi, 27 Temmuz 2000'de "... uzun yıllar süren uluslararası baskıların ardından, Taliban lideri Molla Ömer'in bir sonraki sezon için afyon ekimini tamamen yasakladığını" bize inandırmaya çalışıyor. Bu doğru değil. Taliban, iktidara gelir gelmez afyon ekimini ve ham afyon üretimini yasakladı. Dünya baskısının bununla hiçbir ilgisi yoktu.

Eğer "uluslararası baskı" Taliban'ın bu ticareti yasaklamasının nedeniyse, neden "uluslararası baskı" Taliban'ın ortaya çıkmasından önce hiçbir etki yaratmadı? Taliban'ın kontrolündeki bölgelerde ekim azaldı, ancak "Kuzey İttifakı"nın kontrolündeki bölgelerde ise ekim arttı. ABD'nin Bin Ladin ağına karşı savaşında yürüttüğü yoğun bombardıman kampanyası ve "Kuzey İttifakı" çetelerinin Kabil'i ele geçirmesi sonucu ABD güçlerini 'da hızla ilerlemesi, afyon ekonomisini hiçbir şekilde sona erdirmedi. Aksine, tam tersi oldu; ABD ve müttefiki İngiltere artık tüm önemli haşhaş ekim alanlarını kontrol etmesine rağmen, afyon ekonomisi yeniden canlandı. Afganistan, dünyanın en büyük afyon kaynağı konumuna geldiğinin anlaşılmasından bu yana Birleşmiş Milletler Uluslararası Uyuşturucu Kontrol Programı'nın (UNDCP) ilgi odağı haline geldi ve bu, Taliban'ın sahneye çıkmasından yirmi yıl önceydi. Afganistan'dan gelen yasadışı afyon akışını durdurmayı amaçlayan UNDCP projeleri, ölçülebilir bir etki yaratmadı. Afganistan'daki sözde "afyonla savaş"ta, başlıca ekim alanları, Rumsfeld'in haydut ve zorbaların gerçek yapısını örtbas etmek için ortaya attığı "Kuzey İttifakı" adlı grubun kontrolü altındaydı.

1994 yılından bu yana, UNDCP'nin Mahsul İzleme Programı'nın Yıllık Afyon Haşhaş Anketi, haşhaş ekimi ve afyon üretim potansiyeli ile ilgili rakamlar için en güvenilir kaynaktır. Ekim 2008'de yayınlanan en son rapor, Taliban'ın kontrolü ele geçirmesinden sonra afyon haşhaş yetiştiriciliğinde yaşanan dramatik düşüşü ayrıntılı olarak doğrulamıştır. Bundan önce, "dünya baskısı" daha sonra Rumsfeld'in sözde "Kuzey İttifakı"na katılacak olan afyon baronları üzerinde hiçbir etki yaratmamıştı.

Afganistan'ın afyon ekonomisinin karmaşıklığını anlamak için, UNDCP'nin Stratejik Çalışma Serisi oldukça yararlıdır, ancak perde arkasındaki kontrolcülerin ayrıntılarına yer vermemektedir. Bu seri, Afganistan'daki haşhaş tarlalarının genişlemesini ve bunun ardındaki nedenleri; küçük çiftçiler ve savaş mültecilerinin geçim stratejilerinde ve kredi kaynağı olarak afyonun rolünü; afyon ekonomisinde kadınların rolünü ve BEIC'e milyarlarca pound kazandıran ve halen Pakistan ordusu generalleri gibi afyon dağıtımında yer alanlara önemli bir servet kazandıran yasadışı ticaretin ardındaki kırsal dinamikleri belgelemektedir. UNDCP Araştırma Bölümü Başkanı Sandeep Chawla'nın gözetiminde yayınlanan BM Uyuşturucu Konseyi Programı'nın (UNDCP) en son sayısı olan Küresel Yasadışı Uyuşturucu Eğilimleri (2008), Afganistan'a özel bir bölüm içeriyor. Bu bölüm, Afganistan'ın nasıl dünyanın en büyük afyon tedarikçisi haline geldiğini açıklayan, başlangıç günlerinden bu yana afyon ekonomisi eğilimlerine dair oldukça yararlı ancak sınırlı bir genel bakış sunuyor.

"*300'ler Komitesi*" adlı kitabımda, bu dev grubun, Büyük Britanya hükümeti tarafından Çin halkına dayatılan afyon ticaretinin sefaletinden nasıl bu kadar çok para kazanabildiğini ayrıntılı olarak anlattım. Kitap, 1980'lerde Sovyet işgaline karşı cihat sırasında CIA ve Pakistan ISI istihbarat teşkilatı tarafından onaylanan anlaşmalar da dahil olmak üzere, bölgedeki afyon ve eroin kaçakçılığı gibi iğrenç ticaretin tarihini ayrıntılı bir şekilde anlatmaktadır. Afganistan'ın suçla iç içe geçmiş ekonomisi hakkında, büyük ölçüde 1989 öncesi ve sonrasındaki yirmi yıllık kaçakçılık eğilimlerini açıklamaya adanmış birçok "resmi" rapor bulunmaktadır; bu raporlar, afyon kaçakçılığı ticaretinin nispeten yeni bir şey olduğu izlenimini vermeye çalışmaktadır.

Bunların çoğu, afyon ticaretinin ve buna bağlı yasadışı faaliyetlerin "başlangıç tarihi" olarak 1987-1989 yıllarını gösterirken, British Museum ve India House'da bulunan belgeler, eroin ve morfin kaçakçılığının İngilizlerin Afganistan'a gelmesiyle başladığını göstermektedir. Hindistan (daha sonra Pakistan), 1868'de İngiliz yönetimi altında başlayan ve günümüze kadar devam eden bu suç ticaretine derinden karışmıştır. Aşağıdaki alıntı, ana akım medyanın haberlerinin yetersizliğini gösteren bir örneği olarak verilmiştir:

> Afganistan sadece dünyanın en büyük afyon üreticisi ve silah ticaretinin merkezi haline gelmekle kalmamış, aynı zamanda Dubai'den Pakistan'a kaçakçılık yoluyla taşınan milyarlarca dolarlık ticareti de desteklemektedir. Bu suç ekonomisi, hem Taliban'ı hem de onların düşmanlarını finanse etmektedir. Bu durum, bölge genelinde ilişkileri değiştirmiş ve devletleri ve yasal ekonomileri zayıflatmıştır. Sürdürülebilir barış, sadece çatışmaların sona ermesini ve siyasi bir anlaşmayı değil, alternatif geçim kaynakları sağlayan ve hesap verebilirliği teşvik eden bölgesel bir ekonomik dönüşümü de gerektirecektir.

Görünüşe bakılırsa, rapordaki her şey ılımlı ve kimseyi suçlamıyor. Ancak hedefleri mümkün görünüyor, gerçi gerçekte afyon 1625'ten beri Afganistan ve Pakistan'ı (eski Hindistan'ın o kısmını) yönetiyor ve bunu değiştirecek hiçbir şey yok. Ve hikayenin sonu şudur: ABD ve sözde "Kuzey İttifakı ortakları", Dubai'deki en az 23 İngiliz bankasının kârı ve varlığı için bağımlı olduğu ve bu bankalardan elde edilen kârın Londra Şehri'ndeki bankalara aktarıldığı bu kazançlı ticarete son vermek için hiçbir şey yapmayacaktır. Bu süper bankaların, para kazanma makinelerine kimsenin müdahale etmesine izin vereceğine inanmak ne kadar naif.

Londra'daki India House'da bulunan (gizemli bir şekilde yok edilmeden önce) İngiliz Doğu Hindistan Şirketi belgeleri, Afganistan'ın afyon ticaretine dair benzersiz bilgiler sağladı ve Afganistan'dan Pakistan üzerinden Dubai'ye uzanan kuzey kaçakçılık rotalarını ayrıntılı olarak ortaya koydu. BEIC döneminde bu hiçbir zaman "suç ticareti" olarak görülmedi. Bu belgelerde kaydedilen tek "suç faaliyeti", Khyber Geçidi'nden geçen afyon katır kervanlarını kaçırmaya çalışan haydutlarla ilgiliydi; bu haydutlar, İngiliz Ordusu'nun en seçkin birlikleri olan " " tarafından püskürtülmüştü. Son yirmi yıldır ABD'nin Afganistan hakkındaki rakamları yanlış ve son derece politik olmuştur. İlginç bir şekilde, bu son açıklamalarda DEA, en azından birkaç yıl öncesine kadar aşırı abartılı buldukları UNDCP rakamlarını ilk kez neredeyse münhasıran kullanmaktadır.

Nedenini merak ediyoruz? Şu anda, Taliban'ı itibarsızlaştırmak ve "Teröre Karşı Savaş" ile "Uyuşturucuya Karşı Savaş"ı birleştirmek amacıyla ABD'nin uyguladığı taktiğin bir parçası olarak istatistiklere atıfta bulunmak siyasi açıdan uygun görülüyor. Oysa gerçekte ikisi de mevcut değil; ancak Haklar Bildirgesi'ni alenen ihlal eden acımasız ve tamamen anayasaya aykırı "yasalar" için bir bahane sağlamak üzere bu maskaralık sürdürülmek zorunda. İşte bu yüzden Bin Ladin'i bulamıyoruz. Eğer bulsaydık, birdenbire Taliban ortadan kalkar ve "terörle savaş"ın devam etmesi için bir neden kalmazdı. Afganistan'da Taliban'ın ortadan kalkmasıyla birlikte, hasat zamanı Afganistan ve Pakistan'daki afyon yetiştiricileri için önemsiz bir olay haline geldi; bu bölge, afyon bitkilerinden elde edilen uyuşturucu olan eroinin dünyanın en büyük kaynağı olarak artık Güneydoğu Asya ile rekabet ediyor.

G.W. Bush yönetimi, Afganistan'daki afyon mahsulünü yok etmemeyi tercih etti. Garip bir şekilde, daha önce Afganistan'daki uyuşturucu ticaretini doğrudan terörizmle ilişkilendiren Başkan Bush, aniden Afganistan'daki afyon mahsulünü yok etmemeye karar verdi. Afganistan'dan dönen bir ABD istihbarat yetkilisi, bunu bir Avrupa haber dergisine bildirdi. Kimliğinin açıklanmamasını isteyen kaynak, afyon haşhaş tarlalarının çiçek açtığını ve hasat için hazır olduğunu belirtti. ABD güçleri, havadan ilaçlama tekniklerini kullanarak ekinleri yok edebilir, ancak böyle bir eylem planlanmamıştır. Olgunlaşan haşhaş tomurcuklarına yönelik alev makinesi kullanılmıyor, askerlerin bitkileri söküp yaktığına dair hiçbir işaret yok. Aslında, haşhaş tarlalarında her şey huzurlu, çünkü çiftçiler kimsenin onları rahatsız etmeyeceğini biliyorlar. Uzak diyarlardaki "terörizm" de umurlarında değil, ancak bazı istihbarat ajanları ABD'nin afyon haşhaş tarlalarını yok etme yasağından derin endişe duyuyor.

Ocak 2002 tarihli BM uyuşturucu kaçakçılığı raporu şöyle diyor:

> Tahmini 3.000 ton afyon piyasaya ulaşırsa, bu durum uluslararası terörizmde yeni bir artışa yol açacak ve Bush yönetimi ile ABD'nin 21. yüzyılda savaş yürütme kabiliyetinin uluslararası itibarında büyük bir kayba neden olacaktır. Çin'den Kuzey Kore'ye ve İran'a kadar dünyanın dört bir yanındaki Amerika'nın düşmanları, bu stratejik vizyon ve siyasi irade eksikliğinden cesaret alacaktır. ABD ve tüm müttefikleri, afyon satışına yönelik dünya çapında bir yasağı imzaladılar. Ocak 2002'de BM,

> Afganistan'daki afyon üretimi hakkında bir rapor yayınlayarak, müttefik güçlerin 2002 yılı afyon haşhaş mahsulünü bahar bitmeden yok etmek için hızlı hareket etmeleri gerektiğini belirtti. ABD ve İngiliz güçleri böyle bir adım atmadı.

Afganistan'da afyon haşhaş yetiştiriciliği ve kaçakçılığına yönelik yasağın küresel önemi çok büyüktür. Afganistan, yasadışı afyonun ana kaynağı olmuştur: 2000 yılında küresel yasadışı afyon üretiminin yüzde 70'i ve Avrupa uyuşturucu pazarlarındaki eroinin yüzde 90'a kadarı Afganistan kaynaklıydı. Taliban'ın 2001'de ekim yasağını etkili bir şekilde uygulamasının ardından, sadece kamu düzeninin bozulması nedeniyle değil, aynı zamanda uzun süren kuraklığın ardından çiftçilerin hayatta kalmak için çaresizce bir yol aramaları nedeniyle de, Ekim 2001'den bu yana bazı bölgelerde (Uruzgan, Helmand, Nangarhar ve Kandahar gibi güney illeri) afyon haşhaş ekiminin yeniden başladığına dair güvenilir işaretler bulunmaktadır.

İstihbarat kaynakları, CIA'nın Afganistan'daki afyon haşhaş mahsulünün imha edilmesine karşı çıktığını, çünkü bunun Pakistan hükümetinin devrilmesine yol açacağını söylüyor. Bu kaynaklara göre, Pakistan istihbaratı, Cumhurbaşkanı Müşerref'in mahsullerin imha edilmesini emretmesi durumunda onu devireceği tehdidinde bulunmuştu. Pakistan'ın tarihi, bunun boş bir tehdit olmadığını düşündürüyor. Eski Pakistan Cumhurbaşkanı A.H. Bhutto, bu ticareti sona erdirmeye çalıştığı için yargı kararıyla idam edildi ve halefi General Zia ul Haq, Londra'daki bankalara aktarılması planlanan parayı üst düzey yetkililerden zimmetine geçirdikten sonra çok gizemli bir uçak kazasında öldü. Muşarraf'ı devirme tehdidi, kısmen Pakistan istihbarat servisi Inter-Services Intelligence (ISI) ile bağlantılı radikal İslamcı gruplar tarafından yönlendirilmektedir. Radikal grupların ana finansman kaynaklarının afyon üretimi ve ticareti olduğu bildirilmektedir. Pakistan Ordusu'nun üst kademeleri, her zaman olduğu gibi, ülkelerinden geçen afyonun geçişini korumaya derinden karışmış durumdadır ve ticaretin kesintiye uğramasına asla izin vermeyecektir. Pakistan istihbarat servisi tamamen yozlaşmış ve güvenilmezdir; istikrarsız ve sadakatsiz olduğundan bahsetmeye bile gerek yok. En yüksek teklifi verene gidecekler ve dini ilkeleri cehenneme gönderecekler. CIA yıllardır onlarla işbirliği içinde ve rotasını değiştirmesi pek olası değil. Bhutto'nun acı bir şekilde belirttiği gibi:

> Eğer onlar [CIA] gerçekten Afganistan'daki afyon ticaretinin yok edilmesine karşı çıkıyorlarsa, bu sadece CIA'nın ahlaktan yoksun bir kurum olduğu inancını pekiştirecektir; anayasal olarak seçilmiş hükümetimizin programından ziyade kendi programlarını uyguluyorlar. Eğer bu fırsatı değerlendirip Afganistan'daki afyon üretimini yok etmezsek, aksini iddia etmelerine rağmen bunu durduran Taliban'dan daha kötü oluruz.

CIA'nın Afganistan'daki afyon üretimini durdurmama kararı, nihai patronları olan 300'ler Komitesi tarafından onaylandı. İstihbarat kaynaklarına göre, hem Birleşik Krallık hem de Fransa hükümetleri, Amerikan politikasını sessizce onayladı. CIA'nın uluslararası uyuşturucu kaçakçılığını destekleme geçmişi vardır ve Vietnam Savaşı sırasında da neredeyse aynı şekilde hareket etmiştir; bu durumun felaketle sonuçlanan sonuçları olmuştur — 1970'lerde ABD'de eroinin ticaretinde görülen büyük artış doğrudan CIA'ya atfedilebilir. Chou En Lai'nin Mısır gazetesi Al Ahram'a verdiği ünlü röportaj, CIA'nın yıllardır küresel uyuşturucu ticaretinde suç ortağı olduğu iddiasını desteklemektedir. 300'ler Komitesi işlerin bu şekilde yürümesini istemektedir ve istihbarat kaynaklarına göre, Afgan çiftçilere doğrudan ödenecek yıllık 2000 dolarlık basit bir hibe, toplamda 20 milyon dolardan fazla olmayan bir miktar, tüm afyon üretimini durduracaktır. ABD'nin Afganistan'daki savaşı şimdiden tahmini 40 milyar dolara mal olmuştur, ancak bu paranın tek bir kuruşu bile haşhaş tarlalarının yok edilmesi ve ham afyonun Pakistan'a akışının engellenmesi için harcanmamıştır. (2009 rakamları, ABD Dışişleri Bakanlığı.)

Artık, yasadışı uyuşturucu satışını terörizmle ilişkilendiren ABD reklam kampanyalarına harcanan milyonlarca doların aldatmaca olduğunu ve Bush yönetiminin Afganistan'ın afyon üretimini koruduğunu bildiğimize göre, Afganistan'daki savaşın ne kadar yanlış olduğu ve ABD'nin neden Pakistan'ı "terörle mücadelede başlıca müttefiki" olarak seçtiği konusunda net bir fikir edinmeye başlıyoruz. Afganistan'da afyon üretimini sona erdirmek, "terörle savaş - uyuşturucuyla savaş" hakkında televizyon reklamlarına harcanan milyonlarca doların onda birine bile mal olmazdı, ancak "savaş şahini" Rumsfeld ve genel olarak Bush yönetiminin Afganistan'da uyuşturucu ticaretine karşı garip bir şekilde harekete geçmemesi, sözde "terörle savaş"ın ne kadar ikiyüzlü ve kusurlu olduğunu gösteriyor. Bill O'Reilly gibi bir yorumcunun teröristlerin parasına el konulmasında yeni bir başarı duyurduğunu her gördüğünüzde, bunun Dubai'deki 300 Bankalar Komitesi'nin kasasına akan milyarlarca dolara kıyasla sadece bir damla olduğunu hatırlayın ve bunun, Afganistan'dan gelen yasadışı afyon parasının Londra Şehri bankalarına ve offshore bankalara akışında, Amerika'ya gelen eroin akışından bahsetmeye gerek bile yok, hiçbir fark yaratmayacağını bilin. Afganistan'daki savaş kazanılmadı. Askerlerimiz asla eve dönmeyecek. Afyon ticareti korunmalıdır.

Birleşmiş Milletler Uyuşturucu ve Suç Ofisi (UNODC), Afganistan'daki afyon haşhaş yetiştiriciliğine ilişkin Hızlı Değerlendirme Anketi'ni yayınladı. Washington DC'deki federal hükümet de yıllık Afyon Yetiştiriciliğinin Etkenleri raporunu yayınladı. Buna yanıt olarak, İngiliz Dışişleri Bakanı Kim Howells şunları söyledi:

> Birleşik Krallık hükümeti, Afganistan'dan sokaklarımıza ulaşan eroini azaltmak istiyor. Afganistan'daki uyuşturucu ticaretinin boyutu çok büyük ve bu ticareti ortadan kaldırma stratejisi zaman alacaktır — hızlı çözümler yoktur. Afganistan'daki afyon ekimi miktarı dalgalanacaktır ve yakın geçmişte de böyle olmuştur.

2008 yılında yapılan bir BM araştırması, bu yılki olası ekim seviyelerine ilişkin çok erken bir gösterge sunmuştur. Üretimde düşüş gösteren geçen yılın iyi sonuçlarıyla karşılaştırıldığında, bu rapor Afganistan'ın 31 ilinin çoğunda ekim seviyelerinin sabit kaldığını, 13 ilde artış ve üç ilde ise azalma olduğunu göstermektedir. Ancak Dışişleri Bakanlığı için hazırlanan bağımsız sürücü raporunun da açıkça belirttiği gibi, genel tablo daha karmaşık olduğundan sadece manşet rakamlarına odaklanmak yanıltıcıdır. Ülke genelinde ekim ve çiftçileri etkileyen faktörler açısından önemli farklılıklar bulunmaktadır.

Anket, adresindeki imha kampanyasının uygulanmasındaki ilerlemeyi hiçbir zaman değerlendirmedi; yalnızca imha çalışmalarının 2009 yılında daha iyi organize edileceğini ve bu nedenle 2008 yılına kıyasla daha başarılı olmasının beklendiğini belirtti. Afyon ekiminde şu anda görülen artış, bu ticaretin önlenmesinde ilerleme kaydedilmediği anlamına gelmez. Yok etme çalışmaları, afyon ekimiyle mücadeleye yönelik genel Afgan ve uluslararası stratejinin sadece bir parçasıdır: büyük miktarlarda ele geçirmeler yapılmakta, Afgan polisi eğitilmekte, alternatif geçim kaynakları yaratılmakta ve uyuşturucu ile mücadele kurumları kurulmaktadır. Ekim 2001'de ABD öncülüğünde Afganistan'ın işgalinden bu yana, Altın Hilal afyon ticareti hızla artmıştır. ABD medyasına göre, bu kazançlı kaçakçılık, "uluslararası topluma" karşı gelerek Taliban tarafından korunmaktadır; tabii ki bölgesel savaş ağaları da cabası. Eroin ticaretinin "Taliban'ın kasasını doldurduğu" söylenmektedir. ABD Dışişleri Bakanlığı'nın ifadesiyle:

> Afyon, aşırılıkçı ve suç grupları için kelimenin tam anlamıyla milyarlarca dolarlık bir kaynaktır... Afyon arzını azaltmak, güvenli ve istikrarlı bir demokrasi kurmanın yanı sıra küresel terörle mücadelede zafer kazanmanın da merkezinde yer almaktadır.
>
> Dışişleri Bakan Yardımcısı Robert Charles'ın Kongre Duruşması'ndaki açıklaması, 1 Nisan 2004.

Birleşmiş Milletler Uyuşturucu ve Suç Ofisi'ne (UNODC) göre, 2008 yılında Afganistan'daki afyon üretimi 6.000 ton olarak tahmin ediliyor ve ekili alanın 80.000 hektar civarında olduğu tahmin ediliyor. 2008 için daha da büyük bir rekor hasat öngörülüyor. Dışişleri Bakanlığı, 2008 yılında 120.000 hektara kadar alanın ekili olduğunu öne sürüyor. Önemli bir artışa doğru ilerliyor olabiliriz. Bazı gözlemciler, 2008 mahsulünde, geçen yılın zaten endişe verici rakamlarına göre belki de yüzde 50 ila yüzde 100 arasında bir artış olabileceğine işaret ediyor. Taliban sonrası dönemde afyon üretimindeki artışa yanıt olarak, Bush yönetimi terörle mücadele faaliyetlerini artırırken, "Operasyon Containment" olarak adlandırılan Uyuşturucu ile Mücadele İdaresi'nin Batı Asya girişimine önemli miktarda kamu fonu ayırdı. Çeşitli raporlar ve resmi açıklamalar, elbette, "uluslararası toplum yeterince çaba göstermiyor" ve ihtiyacımız olan şeyin "şeffaflık" olduğu şeklindeki olağan "dengeli" özeleştiriyle harmanlanıyor. Ekim 2001'de BM Genel Kurulu'nda UNODC İcra Direktörü adına yapılan açıklamalar:

> Manşetler "Uyuşturucu, savaş ağaları ve güvensizlik, Afganistan'ın demokrasiye giden yolunu gölgeliyor" şeklinde. ABD medyası, Taliban'ın Birleşmiş Milletler ile işbirliği içinde 2000 yılında haşhaş ekimini başarılı bir şekilde yasakladığını kabul etmeden, bir ağızdan artık var olmayan "sert çizgideki İslam rejimini" suçluyor. Afyon üretimi 2001 yılında yüzde 90'dan fazla azaldı.

Aslında afyon ekimindeki artış, ABD öncülüğündeki askeri operasyonun başlaması ve Taliban rejiminin çöküşüyle aynı zamana denk geldi. Ekim-Aralık 2001 arasında çiftçiler afyon ekimine yeniden ve geniş çapta başladılar. Taliban yönetimi altında Afganistan'ın 2000 yılındaki uyuşturucu yok etme programının başarısı, 2001 Ekim'indeki BM Genel Kurulu oturumunda (2001 bombardımanlarının başlamasından sadece birkaç gün sonra gerçekleşen) kabul edilmişti. UNODC'ye üye başka hiçbir ülke, buna benzer bir programı uygulayamamıştı:

> Öncelikle uyuşturucu kontrolüne değinecek olursam, konuşmamı Taliban'ın kontrolündeki bölgelerde afyon haşhaş yetiştiriciliğini yasaklamasının sonuçları üzerine yoğunlaştırmayı planlamıştım...

Afganistan'daki haşhaş ekimine ilişkin yıllık saha araştırmamızın sonuçları elimizde. Bu yılki (2001) üretim yaklaşık 185 tondur. Bu rakam, geçen yılki (2000) 3300 tondan düşmüştür; yani yüzde 94'ün üzerinde bir azalma söz konusudur. İki yıl önceki 4700 tonluk rekor hasatla karşılaştırıldığında, azalma yüzde 97'nin oldukça üzerindedir. Yasadışı ekimdeki her türlü azalma memnuniyetle karşılanır, özellikle de bu başarıyı zayıflatacak şekilde yerel olarak veya diğer ülkelerde yerinden edilme vakalarının yaşanmadığı durumlarda.

ABD işgalinin ardından söylemde bir değişiklik oldu. UNODC şu anda 2000 yılındaki afyon yasağı hiç olmamış gibi davranıyor:

> ... Uyuşturucu ekimine karşı mücadele diğer ülkelerde verilmiş ve kazanılmıştır ve güçlü, demokratik bir yönetim, uluslararası yardım ve iyileştirilmiş güvenlik ve bütünlük ile bunu burada (Afganistan'da) yapmak mümkündür.
>
> UNODC'nin Afganistan Temsilcisinin Şubat 2004 Uluslararası Uyuşturucu ile Mücadele Konferansı'nda yaptığı açıklama.

Aslında, hem Washington hem de UNODC artık Taliban'ın 2000 yılındaki hedefinin aslında "uyuşturucu yok etme" değil, dünya eroin fiyatlarını yükseltecek "yapay bir arz kıtlığı" yaratmak için tasarlanmış sinsi bir plan olduğunu iddia ediyor. İronik bir şekilde, şu anda yeni bir "BM konsensüsünün" parçasını oluşturan bu çarpık mantık, o dönemde Taliban'ın stoklama yaptığına dair hiçbir kanıt olmadığını doğrulayan UNODC'nin Pakistan ofisinin raporu tarafından çürütülmüştür.

> *Desert News*, Salt Lake City, Utah, 5 Ekim 2003.
>
> 2001 yılında ABD'nin Afganistan'ı bombalamasının ardından, önde gelen sanayi ülkeleri grubu G-8, Tony Blair liderliğindeki İngiliz hükümetine, teorik olarak Afgan çiftçilerin haşhaş yetiştiriciliğinden alternatif

> ürünlere geçmelerini sağlayacak bir uyuşturucu yok etme programını yürütme görevini verdi. İngilizler, ABD Uyuşturucu ile Mücadele Dairesi'nin (DEA) "Operasyon Containment" ile yakın işbirliği içinde Kabil'den çalışıyorlardı.

İngiltere'nin desteklediği ekin yok etme programı bariz bir aldatmacadır. Ekim 2001'den bu yana afyon haşhaş yetiştiriciliği hızla artmıştır. Savaşın "gizli" hedeflerinden biri, tam da CIA destekli uyuşturucu ticaretini tarihsel seviyelerine geri döndürmek ve uyuşturucu rotaları üzerinde doğrudan kontrol sağlamaktı. Ekim 2001'deki işgalin hemen ardından afyon pazarları yeniden canlandı. Afyon fiyatları hızla yükseldi. 2009'un başlarında afyon fiyatı (dolar/kg), 2000'deki seviyenin neredeyse 15 katıydı. 2001'de Taliban yönetimi altında afyon üretimi 185 tondu; bu rakam, ABD destekli Hamid Karzai'nin kukla rejimi altında 2002'de 3400 tona çıktı. Medya, Karzai'nin Taliban'a karşı vatansever mücadelesini öne çıkarırken, Karzai'nin aslında Taliban ile işbirliği yaptığından bahsetmedi. Karzai, aynı zamanda büyük bir ABD petrol şirketi olan UNOCAL'ın maaşlı çalışanıydı. Aslında, 1990'ların ortalarından beri Hamid Karzai, Taliban ile yapılan müzakerelerde UNOCAL için danışman ve lobi faaliyetlerinde bulunmuştu. Suudi gazetesi *Al-Watan'a* göre:

> Karzai, 1980'lerden beri Merkezi İstihbarat Teşkilatı'nın (CIA) gizli ajanı olarak çalışmış ve 1994'ten itibaren, Amerikalıların gizlice ve Pakistanlılar (özellikle 1SI) aracılığıyla Taliban'ın iktidara gelmesini desteklediği dönemde, ABD'nin yardımlarını Taliban'a aktarmıştır.

Sovyet-Afgan savaşının patlak vermesinden ve sonrasından bu yana bölgedeki CIA'nın gizli operasyonlarıyla yakından ilişkili olan Altın Hilal uyuşturucu ticaretinin tarihini hatırlamakta fayda var. Sovyet-Afgan savaşından (1979-1989) önce, Afganistan ve Pakistan'daki afyon üretimi küçük bölgesel pazarlara yöneliktir. Yerel eroin üretimi yoktu. Afganistan'ın uyuşturucu ekonomisi, ABD dış politikası tarafından desteklenen, CIA'nın özenle tasarlanmış bir projesiydi. İran-Kontra ve Bank of Commerce and Credit International (BCCI) skandallarında ortaya çıktığı üzere, Afgan Mücahitleri destekleyen CIA'nın gizli operasyonları, uyuşturucu paralarının aklanması yoluyla finanse ediliyordu. "Kirli para", (Orta Doğu'daki) bir dizi bankacılık kurumu ve CIA'nın isimsiz paravan şirketleri aracılığıyla "gizli para"ya dönüştürülerek, Sovyet-Afgan savaşı sırasında ve sonrasında çeşitli isyancı grupları finanse etmek için kullanıldı. ABD, Afganistan'daki Mücahit isyancılara Stinger uçaksavar füzeleri ve diğer askeri teçhizat sağlamak istediği için Pakistan'ın tam işbirliğine ihtiyaç duyuyordu. 1980'lerin ortalarında, İslamabad'daki CIA operasyonu, dünyadaki en büyük ABD istihbarat istasyonlarından biriydi.

> Bir ABD istihbarat görevlisi, "BCCI, ABD için o kadar utanç verici bir durum ki, açıkça soruşturma yürütülmüyor; bu durumun, ABD'nin Pakistan'daki eroin kaçakçılığına göz yummasıyla büyük ilgisi var" dedi.

Araştırmacı Alfred McCoy'un çalışması, 1979'da CIA'nın Afganistan'daki gizli operasyonunun başlamasından sonraki iki yıl içinde, Pakistan-Afganistan sınır bölgelerinin dünyanın en büyük eroin üreticisi haline geldiğini ve ABD'deki talebin yüzde 60'ını karşıladığını doğrulamaktadır. Pakistan'da eroin bağımlısı nüfus, 1979'da neredeyse sıfırdan 1985'te 1,2 milyona çıktı; bu, diğer tüm " " ülkelerinden çok daha keskin bir artış. CIA ajanları bu eroin ticaretini yine kontrol ediyordu. Mücahit gerillalar Afganistan'ın içindeki toprakları ele geçirdikçe, köylülere devrim vergisi olarak afyon ekmelerini emrettiler. Sınırın öteki tarafında, Pakistan'da, Afgan liderler ve Pakistan istihbaratının koruması altındaki yerel çeteler yüzlerce eroin laboratuvarı işletiyordu. Uyuşturucu ticaretinin bu on yıl boyunca serbestçe sürdüğü dönemde, İslamabad'daki ABD Uyuşturucu ile Mücadele Dairesi tek bir büyük ele geçirme veya tutuklama bile gerçekleştiremedi.

ABD yetkilileri, Afganistan'daki müttefiklerinin eroin ticareti yaptığına dair suçlamaları soruşturmayı reddetmişti çünkü ABD'nin Afganistan'daki uyuşturucu politikası, buradaki Sovyet etkisine karşı savaşın önceliklerine tabi tutulmuştu. 1995'te, CIA'nın eski Afganistan operasyon direktörü Charles Cogan, CIA'nın Soğuk Savaş'ı yürütmek için uyuşturucu savaşını gerçekten feda ettiğini itiraf etti:

> Ana görevimiz Sovyetlere mümkün olduğunca fazla zarar vermekti. Uyuşturucu ticaretini soruşturmaya ayıracak kaynaklarımız ya da zamanımız yoktu.
>
> Bunun için özür dilememiz gerektiğini düşünmüyorum. Her durumun bir bedeli vardır. Evet, uyuşturucu konusunda bir bedel ödendi. Ancak asıl hedef gerçekleştirildi. Sovyetler Afganistan'ı terk etti.

Yeterince belgelenmiş olan CIA'nın rolü, iç sosyal ve siyasi faktörlere odaklanan resmi UNODC yayınlarında bahsedilmiyor. Söylemeye gerek yok ki, afyon ticaretinin tarihsel kökleri büyük ölçüde çarpıtılmıştır. UNODC'ye göre, Afganistan'ın afyon üretimi 1979'dan bu yana 15 kattan fazla artmıştır. Sovyet-Afgan Savaşı'nın ardından, uyuşturucu ekonomisinin büyümesi hız kesmeden devam etmiştir. ABD tarafından desteklenen Taliban, 2000 yılındaki afyon yasağına kadar afyon üretiminin daha da artmasında başlangıçta önemli bir rol oynamıştır. Uyuşturucu paralarının bu şekilde geri dönüşümü, El Kaide dahil olmak üzere Orta Asya ve Balkanlar'daki Soğuk Savaş sonrası isyanları finanse etmek için kullanılmıştır. Ayrıntılar için bkz. Michel Chossudovsky, War and Globalization, The Truth behind September 11, Global Outlook, 2002.

## Uyuşturucu: Petrol ve Silah Ticaretinden Sonra İkinci Sırada

CIA'nın desteklediği Afgan uyuşturucu ticaretinden elde edilen gelirler oldukça büyüktür. Afganistan'daki afyon ticareti, Birleşmiş Milletler tarafından 400-500 milyar dolar civarında olduğu tahmin edilen dünya çapındaki yıllık uyuşturucu cirosunun büyük bir bölümünü oluşturmaktadır. Bu BM rakamlarının ilk kez açıklandığı tarihte (1994), (tahmini) küresel uyuşturucu ticareti, küresel petrol ticareti ile aynı büyüklükteydi.

IMF, küresel kara para aklamanın yıllık 590 milyar ile 1,5 trilyon dolar arasında olduğunu ve bunun küresel GSYİH'nin yüzde 2-5'ini oluşturduğunu tahmin etmiştir. (*Asian Banker*, 15 Ağustos 2003.) IMF'nin tahminlerine göre küresel kara para aklamanın büyük bir kısmı uyuşturucu ticaretiyle bağlantılıdır. 2003 rakamlarına göre, uyuşturucu kaçakçılığı "petrol ve silah ticaretinden sonra nakit açısından dünyanın üçüncü büyük emtiası"dır. *The Independent*, 29 Şubat 2004.

Dahası, kara para aklama rakamları da dahil olmak üzere yukarıdaki rakamlar, küresel uyuşturucu ticaretinden elde edilen gelirlerin büyük kısmının, UNODC raporunda öne sürüldüğü gibi terörist gruplar ve savaş ağaları tarafından ele geçirilmediğini doğrulamaktadır. Uyuşturucunun arkasında güçlü ticari ve finansal çıkarlar bulunmaktadır. Bu açıdan bakıldığında, uyuşturucu rotaları üzerindeki jeopolitik ve askeri kontrol, petrol ve petrol boru hatları kadar stratejik öneme sahiptir. Ancak, uyuşturucuyu yasal emtia ticaretinden ayıran şey, uyuşturucunun sadece organize suç için değil, aynı zamanda finans ve bankacılık alanlarında giderek daha güçlü bir aktör haline gelen ABD istihbarat aygıtı için de önemli bir servet kaynağı olmasıdır. Buna karşılık, uyuşturucu ticaretini koruyan CIA, uyuşturucu ticaretine karışan büyük suç örgütleriyle karmaşık ticari ve gizli bağlantılar geliştirmiştir. Diğer bir deyişle, istihbarat teşkilatları ve organize suçla ittifak halindeki güçlü iş kartelleri, eroin rotaları üzerindeki stratejik kontrol için rekabet etmektedir. Uyuşturucudan elde edilen milyarlarca dolarlık gelir, Batı bankacılık sistemine yatırılmaktadır.

Büyük uluslararası bankaların çoğu, offshore bankacılık cennetlerindeki iştirakleriyle birlikte büyük miktarlarda uyuşturucu dolarını aklamaktadır. Bu ticaret, ancak uyuşturucu ticaretine karışan başlıca aktörlerin "yüksek mevkilerde siyasi dostları" olması durumunda gelişebilir.

Yasal ve yasadışı faaliyetler giderek iç içe geçmektedir; "iş adamları" ile suçlular arasındaki ayrım belirsizleşmiştir. Buna karşılık, suçlular, politikacılar ve istihbarat teşkilatı üyeleri arasındaki ilişki, devletin yapılarını ve kurumlarının rolünü lekelemiştir. Bu ticaret, karmaşık bir aracı ağı ile karakterize edilmektedir. Afganistan'daki yoksul haşhaş çiftçilerinden Batı ülkelerindeki toptan ve perakende eroin pazarlarına kadar, uyuşturucu ticaretinin çeşitli aşamaları ve birbiriyle bağlantılı birçok pazar bulunmaktadır. Başka bir deyişle, afyonlu maddeler için bir "fiyat kontrol hiyerarşisi" mevcuttur.

Bu hiyerarşi ABD yönetimi tarafından da kabul edilmektedir:

> Afgan eroini, uluslararası uyuşturucu piyasasında, çiftçilerin tarladan topladıkları afyonun fiyatının 100 katına satılmaktadır.
>
> *Voice of America* tarafından alıntılanan ABD Dışişleri Bakanlığı.

UNODC'ye göre, 2003 yılında Afganistan'daki afyon... çiftçilere 1 milyar ABD doları, kaçakçılara ise 1,3 milyar ABD doları gelir sağladı; bu, ülke gelirinin yarısından fazlasına denk geliyor. UNODC'nin bu tahminleriyle tutarlı olarak, taze afyonun ortalama fiyatı kg başına 350 dolardı. (2002); 2002 yılı üretimi 3400 tondu. Ancak, yerel çiftlik ve toptan satış fiyatlarına dayanan UNODC tahminleri, milyarlarca dolarlık Afgan uyuşturucu ticaretinin toplam cirosunun çok küçük bir yüzdesini oluşturmaktadır. UNODC, Afgan afyonlu maddelerin "uluslararası ticaretinin yıllık toplam cirosunu" 30 milyar ABD doları olarak tahmin etmektedir. Ancak Batı ülkelerindeki eroinin toptan ve perakende fiyatlarının incelenmesi, perakende düzeydekiler de dahil olmak üzere elde edilen toplam gelirlerin önemli ölçüde daha yüksek olduğunu göstermektedir. Bir kilo afyonun yaklaşık 100 gram (saf) eroin ürettiği tahmin edilmektedir.

ABD Uyuşturucu ile Mücadele İdaresi (DEA), 1990'ların sonlarında New York'ta SWA (Güneybatı Asya, yani Afganistan) eroininin, saflık oranı yüzde 75 olan kilogram başına 85.000 ila 190.000 dolar arasında toptan satıldığını doğrulamaktadır. Bu rakamların açıklanmasından bu yana, kaynaklara göre eroin fiyatları yüzde 450 artış göstermiştir.

ABD Uyuşturucu ile Mücadele İdaresi'ne (DEA) göre "SEA (Güneydoğu Asya) eroininin fiyatı birim başına (700 gram) 70.000 ila 100.000 dolar arasında değişmekte ve SEA eroininin saflığı yüzde 85 ila 90 arasında değişmektedir." 700 gramlık (saflık oranı %85-90) SEA birimi, saf eroinin kg başına 115.000 ile 163.000 dolar arasında değişen bir toptan satış fiyatına karşılık gelmektedir. DEA'nın 1990'lardaki durumu yansıtan rakamları, 2002 İngiliz rakamlarıyla genel olarak tutarlıdır. *Guardian* gazetesinde (11 Ağustos 2002) yayınlanan bir rapora göre, Londra'da (İngiltere) (saf) eroinin toptan fiyatı 50.000 sterlin civarındaydı, yani yaklaşık 80.000 dolar (2002). Bununla birlikte, farklı eroin tedarik kaynakları arasında rekabet olduğu için, Afgan eroininin, büyük ölçüde Kolombiya'dan tedarik edilen ABD eroin pazarının oldukça küçük bir yüzdesini oluşturduğu vurgulanmalıdır.

New York Polis Departmanı (NYPD), perakende eroin fiyatlarının düştüğünü ve saflık oranının nispeten yüksek olduğunu belirtmektedir. Eroin daha önce gram başına yaklaşık 90 dolara satılırken, şu anda gram başına 65 ila 70 dolar veya daha az bir fiyata satılmaktadır. NYPD'den alınan anekdot niteliğindeki bilgilere göre, bir torba eroinin saflığı genellikle yüzde 50 ila 80 arasında değişmektedir, ancak yüzde 30'a kadar düşebilmektedir. Haziran 2008 itibarıyla elde edilen bilgilere göre, Dominikli alıcılar tarafından Dominikli satıcılardan büyük miktarlarda (yaklaşık 150 paket) satın alınan paketler (10 torba), Central Park'ta tanesi 40 dolara veya 55 dolara satılmaktadır. DEA, bir ons eroinin genellikle 2.500 ila 5.000 dolar, bir gramın 70 ila 95 dolar, bir paketin 80 ila 90 dolar ve bir poşetin 10 dolar arasında satıldığını bildirmektedir.

DMP raporuna göre, 1999 yılında sokak seviyesinde ortalama eroin saflığı yaklaşık yüzde 62 idi. NYPD ve DEA'nın perakende fiyat verileri birbiriyle tutarlı görünüyor. DEA'nın yüzde 62 saflıkta 70–95 dolarlık fiyatı, saf eroin için gram başına 112 ila 153 dolar anlamına geliyor. NYPD rakamları da buna benzer olmakla birlikte, saflık tahminleri biraz daha düşük olabilir. Eroinin çok küçük miktarlarda satın alındığı durumlarda perakende fiyatının çok daha yüksek olma eğiliminde olduğu unutulmamalıdır. ABD'de satın alma genellikle "torba" bazında yapılır ( 'deki tipik bir torba 25 miligram saf eroin içerir). New York'ta 10 dolarlık bir torba (yukarıda alıntılanan DEA rakamlarına göre), her torba 0,025 gram saf eroin içerdiğinden, gram başına 400 dolarlık bir fiyata karşılık gelir. Diğer bir deyişle, sokak satıcıları tarafından pazarlanan çok küçük alımlarda, perakende marjı önemli ölçüde daha yüksek olma eğilimindedir. 10 dolarlık poşet satın alımında, bu rakam gram başına karşılık gelen perakende fiyatının (112-153 dolar) yaklaşık 3 ila 4 katıdır. İngiltere'de, İngiliz polis kaynaklarına göre, gram başına eroin sokak perakende fiyatı, "... 1997'deki 74 sterlinden 61 sterline (2004'te) düştü." (Yani, 2004 döviz kuruna göre yaklaşık 133 dolardan 110 dolara) Independent, 3 Mart 2004.

Bazı şehirlerde saflık seviyesi düşük olan gram başına 30-40 sterline kadar düşmüştü; İngiltere'de bir gram eroinin ortalama fiyatı 40 ile 90 sterlin arasındadır (gram başına 72-162 dolar). (Raporda saflıktan bahsedilmemektedir.) Ulusal Suç İstihbarat Servisi'ne göre, 2007 yılının Nisan ayında eroinin sokak fiyatı gram başına 80 sterlindi. Üretici ülkedeki çiftlik fiyatından başlayıp nihai perakende sokak fiyatına kadar uzanan bir fiyat aralığı söz konusudur.

Sonuncusu genellikle çiftçiye ödenen fiyatın 80-100 katıdır. Başka bir deyişle, afyon ürünü, üretici ülkeden aktarma ülkelerine ve oradan da tüketici ülkelere kadar çeşitli pazarlardan geçer. Sonuncusunda, uyuşturucu kartellerinin talep ettiği giriş noktasındaki "varış fiyatı" ile Batı organize suç örgütleri tarafından korunan toptan satış fiyatları ve perakende sokak fiyatları arasında geniş marjlar bulunmaktadır. Afganistan'da 2003 yılında bildirilen 3.600 ton afyon üretimi, yaklaşık 360.000 kg saf eroin üretilmesine imkan verecektir. UNODC'nin kaba tahminlerine göre, Afgan çiftçilerin elde ettiği brüt gelir 1 milyar dolar civarında, yerel kaçakçıların elde ettiği gelir ise 1,3 milyar dolar civarındadır. Batı pazarlarında kilogram başına 100.000 dolar civarında bir eroin toptan satış fiyatıyla (saflık oranı yüzde 70 olarak) satıldığında, küresel toptan satış gelirleri (3.600 ton Afgan afyonuna karşılık gelen) 51,4 milyar dolar civarında olacaktır.

İkincisi, önceki bölümdeki çeşitli toptan satış fiyatları rakamlarına dayanan ihtiyatlı bir tahmindir. Afganistan uyuşturucu ticaretinin toplam geliri (toplam katma değer açısından), nihai eroin perakende fiyatı kullanılarak tahmin edilmektedir. Diğer bir deyişle, ticaretin perakende değeri, nihayetinde gelir yaratma ve servet oluşumu açısından uyuşturucu ticaretinin önemini ölçmek için bir kriterdir. Bununla birlikte, perakende fiyatların kentsel alanlar içinde, şehirden şehire ve tüketici ülkeler arasında önemli ölçüde farklılık göstermesi, saflık ve kalite farklılıklarını saymıyoruz bile, perakende değerin anlamlı bir tahminini belirlemek neredeyse imkansızdır. Bununla birlikte, perakende marjlarına, yani tüketici ülkelerdeki toptan ve perakende değerler arasındaki farka ilişkin kanıtlar, uyuşturucu ticaretinin toplam (parasal) gelirinin büyük bir kısmının perakende düzeyinde elde edildiğini göstermektedir. Diğer bir deyişle, uyuşturucu ticaretinden elde edilen gelirlerin önemli bir kısmı, yerel toptan ve perakende uyuşturucu pazarlarında faaliyet gösteren Batı ülkelerindeki suç ve iş dünyası şebekelerine akmaktadır. Perakende ticarete karışan çeşitli suç çeteleri ise her zaman "kurumsal" suç şebekeleri tarafından korunmaktadır.

Birleşik Krallık'ta tüketilen eroinin yüzde 90'ı Afganistan'dandır. Birleşik Krallık polis kaynaklarından alınan gram başına 110 dolarlık perakende fiyat rakamını (yüzde 50 saflık seviyesi varsayımıyla) kullanarak, 2003 yılında Afganistan uyuşturucu ticaretinin (3600 ton afyon) toplam perakende değeri 79,2 milyar dolar civarında olacaktır. Bu rakam, bir tahmin değil, bir simülasyon olarak değerlendirilmelidir. Bu varsayım (simülasyon) altında, Afganistan'd 'daki çiftçilerin 2003 yılında elde ettiği 1 milyar dolarlık brüt gelir, çeşitli aşamalarda ve çeşitli pazarlarda biriken 79,2 milyar dolarlık küresel uyuşturucu kazancı yaratacaktır.

Bu küresel gelirler, uyuşturucu ticaretine doğrudan veya dolaylı olarak dahil olan iş kartelleri, istihbarat teşkilatları, organize suç örgütleri, finans kurumları, toptancılar, perakendeciler vb. tarafından elde edilmektedir. Buna karşılık, bu kârlı ticaretin gelirleri, kirli paranın aklanmasında önemli bir mekanizma oluşturan Batı bankalarına yatırılmaktadır. Üretici ülkedeki çiftçilere ve tüccarlara çok küçük bir yüzde kalmaktadır. Afgan çiftçilerin elde ettiği net gelirin, tahmini 1 milyar dolarlık tutarın sadece bir kısmını oluşturduğunu unutmayın. Bu tutara, tarımsal girdiler, tefecilere ödenen kredilerin faizi, siyasi koruma vb. ödemeler dahil değildir. Afganistan, küresel eroin arzının yüzde 70'inden fazlasını üretmektedir ve eroin, BM tarafından 400-500 milyar dolar civarında olduğu tahmin edilen küresel uyuşturucu pazarının önemli bir bölümünü oluşturmaktadır.

Küresel uyuşturucu ticaretinin ana kategoriler arasındaki dağılımına ilişkin güvenilir tahminler bulunmamaktadır:

- Kokain, Afyon/Eroin,
- Esrar, Amfetamin Tipi Uyarıcılar (ATS),
- Diğer Uyuşturucular.

Uyuşturucu ticaretinden elde edilen gelirler normal bankacılık sistemine yatırılır. Uyuşturucu parası İsviçre, Lüksemburg, İngiliz Kanal Adaları, Cayman Adaları ve dünya çapında yaklaşık 50 başka yerde bulunan sayısız offshore bankacılık cennetinde aklanır. Uyuşturucu ticaretine karışan suç örgütleri ile dünyanın en büyük ticari bankalarının temsilcileri burada etkileşime girer. Kirli para, büyük Batılı ticari bankalar tarafından kontrol edilen bu offshore cennetlerine yatırılır. Bu bankaların uyuşturucu ticaretinin devam etmesinde ve sürdürülmesinde büyük çıkarları vardır.

Para aklanır aklanmaz, sadece gayrimenkul, otel vb. alanlarda değil, hizmet ekonomisi ve imalat gibi diğer alanlarda da meşru yatırımlara dönüştürülebilir. Kirli ve gizli para, türev ürünler, temel emtialar, hisse senetleri ve devlet tahvillerinin ticareti dahil olmak üzere çeşitli finansal araçlara da aktarılır. ABD dış politikası, organize sermaye ile organize suç arasındaki sınırın giderek bulanıklaştığı, gelişen bir suç ekonomisinin işleyişini desteklemektedir.

Eroin ticareti, ABD hükümeti ve uluslararası toplumun iddia ettiği gibi "Taliban'ın kasasını doldurmuyor": tam tersi! Bu yasadışı ticaretin gelirleri, büyük ölçüde Batı ülkelerindeki güçlü iş/suç çevreleri tarafından elde edilen servet oluşumunun kaynağıdır.

Bu çıkarlar, ABD dış politikası tarafından desteklenmektedir. ABD Dışişleri Bakanlığı, CIA ve Pentagon'daki karar alma süreçleri, petrol ve silah ticaretinden sonra emtia değeri açısından üçüncü sırada yer alan bu son derece kârlı, milyarlarca dolarlık ticareti desteklemede önemli bir rol oynamaktadır.

Afganistan'ın uyuşturucu ekonomisi "korunmaktadır". Eroin ticareti savaş gündeminin bir parçasıydı. Bu savaşın başardığı şey, ABD'nin atadığı bir kukla tarafından yönetilen, itaatkar bir uyuşturucu devletini yeniden kurmaktır.

Uyuşturucunun arkasındaki güçlü finansal çıkarlar, Altın Hilal ve Güney Amerika'nın Andean bölgesi (sözde Andean Girişimi kapsamında) dahil olmak üzere, dünyanın başlıca uyuşturucu üçgenlerinin (ve aktarma rotalarının) militarizasyonu ile desteklenmektedir.

## Afganistan'da Afyon Haşhaş Yetiştiriciliği

| Yıl | Üretim (ton) | Yetiştirme (hektar) |
|---|---|---|
| 1994 | 71.470 | 3.400 |
| 1995 | 53.759 | 2.300 |
| 1996 | 56.824 | 2.200 |
| 1997 | 58.416 | 2.800 |
| 1998 | 63.674 | 2.700 |
| 1999 | 90.983 | 4.600 |
| 2000 | 82.172 | 3.300 |

| | | |
|---|---|---|
| 2001 | 7.606 | 185 |
| 2002 | 74.000 | 3.400 |
| 2007 | 88.000 | 4.000 |

# Üçüncü Bölüm

## Sahte Uyuşturucu Savaşı

Tüm ulusların tarihinde, kaçınılmaz çöküşe yol açan belirgin bir düşüşün izlenebildiği, açıkça tanımlanmış bir nokta vardır. Bu, Hindistan için de geçerlidir; hatta Harrapa kültürüne kadar uzanır; Hindistan'ın işgali ve Büyük İskender önderliğindeki İskitler ve Helenler tarafından orada kurulan büyük Aryan kültürleri. Avrupa'daki medeniyetleri mahveden temel kültürel değişiklikler dört ana yoldan geldi.

- Batı Asya'dan Rusya üzerinden Orta ve Batı Avrupa'ya.
- Küçük Asya'dan Ege Denizi üzerinden Batı Akdeniz'e.
- Yakın Doğu ve Ege'den deniz yoluyla Batı Akdeniz'e.
- Kuzey Afrika'dan İspanya ve Batı Avrupa'ya.

Hem Yunan hem de Roma medeniyetleri bu akımlar ya da bunların bir kombinasyonu tarafından yıkılmıştır. İnsanların toplu göçü ve çeşitli kültürlerin yayılmasının ulusların geleceğini şekillendirmede önemli bir rol oynadığı kesindir. Bu tür kitlesel hareketlerin ticaret ve siyasi nedenlerle tetiklendiği açıkça kayıtlara geçmiştir. Antik Roma'da yabancı halklar ve yabancı kültürler "haklar" talep etmeye başladı. Siyasi nedenlerle çökmüş durumda olan Roma hükümdarları bu talepleri kabul ettiler. Siyasi kazanç için gerçekleşen bu kitlesel göç akımının izleri, Amerika Birleşik Devletleri tarihinden daha net bir şekilde hiçbir yerde görülemez. 1933'te Başkan Franklin Delano Roosevelt, Amerika Birleşik Devletleri halkının çoğunluğunu oluşturan Hıristiyan Anglosakson, İskandinav Alp ve Lombardya Cermen kültürüne tamamen yabancı olan Doğu Avrupalıların istilasına kapıları ardına kadar açtı. Bunu, yabancı göçmenlerin kendisine ve partisine oy vereceğini bilerek, tamamen siyasi amaçlarla yaptı.

Sosyal ve kültürel olarak asimile olamayan bu devasa insan dalgası, Hıristiyan Amerika'yı yıkmayı amaçlayan Komplocuların aldığı siyasi kararların bir sonucu olarak ortaya çıktı. Bu politika bugün de devam ediyor. Amerika Birleşik Devletleri, Küçük Asya, Uzak Doğu, Yakın Doğu, Pasifik Adaları, Doğu Avrupa, Orta ve Güney Amerika'dan gelen yabancı halklar tarafından o kadar istila ediliyor ki, 1933'te başlayan Amerika Birleşik Devletleri'nin çöküşünün artık tam hızıyla devam ettiğini söylemek yanlış olmaz.

Özellikle 1933'ten bu yana kültürel değişiklikler çok büyük olmuştur. "Hoşgörü" ve "enternasyonalizm" kisvesi altında, Amerika Birleşik Devletleri'nin Batılı Hıristiyan nüfusu, "liberalizm"in baskıları karşısında geri çekilmeye zorlanmıştır. Uzlaşma, günün sırası haline gelmiştir. Bir zamanlar Amerika Birleşik Devletleri'nde bolca bulunan beyaz Hıristiyan ahlakı, Hıristiyan olmayan fikirlerin denizinde boğulmaya başladı; bu durum kontrol altına alınmazsa, nispeten kısa bir süre içinde Amerika Birleşik Devletleri'ne Roma'ya yapılanların aynısı yapılacaktır.

Benim Amerika'nın yerli halkı olarak adlandırdığım, yani

ataları İngiltere, İrlanda, İskoçya, Galler, Almanya, İskandinavya, Fransa ve İtalya'dan gelen o Beyaz Hıristiyanların Batı Hıristiyan ahlakını yok etmeye yönelik en şeytani çabalarından biri, rock and roll müziği ve buna eşlik eden esrar, kimyasal maddeler, eroin ve kokain gibi bağımlılık yapan uyuşturucuların yaygın kullanımı yoluyla ortaya çıkan kültürel yıkımdı. Bu felaket getiren kültürel değişikliklerin bir şekilde kendiliğinden gerçekleştiği düşüncesinin tuzağına asla düşmemeliyiz. Tesadüf, bu anlatıda hiçbir rol oynamaz. Burada gerçeklerle uğraşıyoruz ve gerçek şu ki, Hıristiyan ahlakından pagan çöküşüne doğru yaşanan bu muazzam kültürel dönüşüm, dikkatle planlanmıştı.

Yazdığım birçok eserde bu planlar ortaya konmuş ve Beyaz Hıristiyan Amerika'ya karşı yürütülen korkunç savaştan sorumlu kurum, şirket, örgüt ve kişilerin isimleri verilmiştir. Eserlerim arasında şunlar bulunmaktadır:

- Komplocuların Kurumları ve Şirketleri.
- Maskesi Düşen Kara Soylular.
- Komplocular Kimdir?
- Amerika'nın Gizli Yöneticileri.
- Kova Burcunun Yeni Çağı.

Uyuşturucunun tehdidini ortaya çıkarmak için yaptıklarım kesinlikle bunlarla sınırlı değildir. Beş yüzden fazla monografim ve ses kasetimin tamamında, bu sinsi ticaretten ve bunun arkasında kimlerin olduğundan bahsedilmektedir. 18. ve 19. yüzyıllarda Çin afyon ticaretinden elde ettikleri engin deneyim ve servetten yararlanarak, İngiliz oligarşi aileleri ve onların Amerikalı kuzenleri, İkinci Dünya Savaşı'nın hemen ardından Amerika'ya karşı uyuşturucu cephesinde ciddi bir saldırıya geçtiler. 'daki uyuşturucuya karşı kişisel savaşım için yaptığım araştırma çalışmalarının çoğunlukla sahada yürütüldüğünü ve bilgilerimin birçok ülkede uyuşturucu ticaretini izleyen istihbarat ve eski istihbarat bağlantılarından elde edildiğini hatırlatmak isterim.

1930'larda, İngilizlerin yurtdışı yatırımları konusunda bir otorite olan Bay Graham, Latin Amerika'daki İngiliz yatırımlarının "1 trilyon poundu aştığını" yazmıştı. Neden Latin Amerika'da bu kadar çok para? Tek kelimeyle: uyuşturucu. Kesinlikle muz değildi; gerçi bu meyve, muz demetlerinin altına gizlenmiş uyuşturucu sevkiyatlarını örtbas etmede gerçekten de bir rol oynamıştı.

O dönemde bankaların kasalarını elinde tutan plütokrasi, bugün uyuşturucu ticaretinde yer alanlarla aynıdır. Kimse İngiltere soylularını kirli ellerle yakalayamaz; saygın bir görünümlerinin ardında, Afrika'daki Frasers ve Karayipler'deki Trinidad Leaseholds Ltd. (Londra'da kayıtlı büyük İngiliz şirketleri) gibi paravanlar ve kuruluşlar aracılığıyla faaliyet gösterirler.

Kraliçe Victoria'nın hükümdarlığı sırasında, İngiltere'deki on beş milletvekili Çin ve Latin Amerika'daki devasa ticareti kontrol ediyordu ve bunların arasında Lord Chamberlain, Sir Charles Barry ve Lord Palmerston da vardı. Tıpkı Çin afyon ticaretinin bir İngiliz tekeli olması gibi, Karayipler, Orta ve Güney Amerika, Orta ve Uzak Doğu'daki uyuşturucu ticareti de bir İngiliz tekeli haline geldi.

Daha sonra, Amerika'yı kültürel olarak yok etme hedefleri doğrultusunda, Amerika'nın bazı eski "mavi kanlı" ailelerinin ticarete girmesine izin verildi; Thomas Handiside Perkins, Delano'lar ve Richardson'lar ne demek istediğimin örnekleridir. BEIC tarafından yoğun bir şekilde finanse edilen Çin'deki " " İç Misyonu'nun "misyonerleri" tarafından dağıtımla başlayan afyon, Çin halkına zorla dayatıldı. Talep yaratıldı ve ardından BEIC aracılığıyla karşılandı.

Onların hizmetkarı Adam Smith bunu "Serbest Ticaret" olarak sınıflandırdı. Çin hükümeti, halkının afyon bağımlısı haline getirilmesine direnmeye çalıştığında, İngiltere, "serbest ticarete müdahale" olarak adlandırdığı şeyi durdurmak için iki büyük savaş verdi.

Londra'da okurken, Çin İç Misyonu'nda görev yapmış bir misyoner ailenin oğluyla tanıştım. Ailesi 19·yüzyıldan beri misyonerlik yapıyordu. Çin'de de görev yapmış olan kızlarından biriyle oldukça yakın bir dostluk kurduktan sonra, bana hepimizin afyon içtiğini ve bunun ailelerinde nesillerdir süregelen bir gelenek olduğunu itiraf etti.

Hindistan-Çin afyon ticareti, Batı Avrupa tarihinin en iyi saklanan sırlarından ve en alçakça bölümlerinden biridir. İngiliz kraliyet ailesinin kökeninin, Batı Avrupa'nın kalbindeki Levanten hançeri olan Venedik'te olduğunu unutmamalıyız. İskoçya tahtını gasp eden Robert Bruce, Venedik'ten gelmişti ve gerçek adı Bruce değildi. Aynı şey, gerçekte Kara Guelph Hanedanı olan sözde "Windsor Hanedanı" için de söylenebilir.

Daha önce de belirtildiği gibi, Hindistan ve Çin'deki başarılarının ardından BEIC dikkatini Amerika Birleşik Devletleri'ne çevirdi; bu, İngiliz aristokrasisiyle sözde "özel bir ilişki" kurmamızın nedenlerinden biridir ve aslında "liderlerimizin" çoğu İngiliz kraliyet ailesiyle akrabadır. Franklin D. Roosevelt, George Herbert Walker Bush ve Richard Cheney akla gelen örneklerdir. Çin'de kurulan kârlı uyuşturucu ticareti, insanlık dramından devasa paralar kazanmanın en kötü örneklerinden biridir.

İsviçre hükümetinin Endüstriyel Casusluk Yasası'nın koruması altında, bu iki şirketin veya herhangi bir İsviçre şirketinin faaliyetleri hakkında herhangi bir şey ifşa edilirse, ağır hapis cezaları öngörülmektedir. Çok hoş olmayan sonuçlara hazır değilseniz, İsviçre'nin teknesini sallamayın! Bize uyuşturucu savaşına kararlı olduklarını yüksek sesle söyleyen Thatcher ve George Bush gibi kişilerin söylemleri tamamen göz ardı edilebilir.

Sözde "uyuşturucu savaşı", hükümetin üst kademelerinde tamamen sahte bir olgudur. Süren bir uyuşturucu savaşı yoktur ve hiç olmamıştır. İngiliz ve Amerikan hükümetleri uyuşturucu ticaretinin tepesindeki kişilerin peşine düşmedikçe, ilan ettikleri "savaş"ın bir anlamı olmayacaktır. Bu, Keswickler, Jardinler, Mathesonlar gibi kişileri tutuklamak ve Midland Bank, National and Westminster Bank, Barclays ve Royal Bank of Canada gibi bankaları kapatmak anlamına gelir. İngiliz üst sınıfının bu isimlerini hafife alarak bahsetmiyorum.

1931 yılına kadar geriye gidildiğinde, bu şirketlerin ve bankaların başkanları krallığın soyluları arasına alınmıştı. İngiltere'deki beş büyük uyuşturucu ticareti şirketine özel koruma sağlayan, İngiltere Kraliçesi'nin kendisiydi. Güvenilir bir arkadaşım aracılığıyla, India Papers'ın mütevellisi olan merhum Frederick Wells Williamson'ın belgelerine göz atma fırsatı buldum. Gördüklerim beni şok etti. İngiltere ve Avrupa'da uyuşturucu ticaretine karışan "asil" ailelerin listesi, taç giymiş yılanların kimlikleri ortaya çıkarsa, İngiltere ve Avrupa'da büyük bir öfke fırtınası koparırdı.

İkinci Dünya Savaşı'nın ardından, bir eroin seli Batı dünyasını yutmakla tehdit etti; özellikle de Kuzey Amerika'ya yöneldi. Ticaret, en üst düzeydeki kişiler tarafından yönetiliyor ve finanse ediliyordu. KGB, merhum Yuri Andropov'un emir ve talimatları altında bunu Batı'ya karşı bir silah olarak kullandı. KGB tarafından tedarik edilen ve finanse edilen kokain ve eroin üretim tesisleri, Fidel Castro'nun kardeşi Raoul Castro'nun yönetiminde Küba'da kuruldu.

Bu gerçekler, Küba tesislerini faaliyet dışı bırakmak için hiçbir şey yapamayan ABD Hükümeti tarafından bilinmektedir ve politikalar Küba'yı "dokunulmaz" bırakıyor gibi görünmektedir. Eroin konusunda tanınmış bir otorite olan Galen'in kitabı, eroinin ne olduğunu ve insan vücuduna ne yaptığını net bir şekilde anlamak isteyen herkes tarafından okunmalıdır. Muhtemelen kayıtlara geçen ilk afyon kullanıcıları (eroinin türetildiği madde), 1526'dan 1858'e kadar süren hanedanlığı ve afyon üretimi ile artan İngiliz gücüyle orantılı olarak çöken medeniyetiyle bilinen eski Hindistan Moğollarıydı.

Londra'daki India House'daki India Papers'dan edindiğim bir Hindistan haritası, afyon haşhaşının yetiştirildiği bölgeleri göstermektedir ve bu bölgeler, 1785'ten itibaren İngilizlerin Ganj Havzası, Bihar ve Benares boyunca ele geçirdiği topraklarla örtüşmektedir. En kaliteli afyon, bu bölgelerde yetiştirilen haşhaşlardan elde ediliyordu. İngiliz afyon baronlarının, yani İngiltere'deki iktidar kesiminin Hindistan'da başardıkları şey gerçekten hayret verici.

Kraliyet ailesi ve yandaşları, bu inanılmaz derecede kârlı ticareti "İmparatorluğun ganimetleri" olarak adlandırıyordu. "Çeşitli Eski Kayıtlar" adı verilen India House belgeleri, benim için bir bilgi hazinesi oldu. Bu belgeler, adresinde, İngiliz hükümetinin üst düzey yetkililerinin, kraliyet ailesinin ve oligarşinin Çin afyon ticaretine tam olarak dahil olduğunu gösteriyor.

Bu kayıtlar, Britanya'nın "soylular" ve "aristokrasisi" tarafından "anında servetler" kazanıldığını gösteriyor. William Sullivan gibi, İngiliz Doğu Hindistan Şirketi'nin zararına kendine izinsiz bir "anında servet" edindiği için yargılanan yabancılar, kısa sürede başlarını büyük belaya soktular. İngiliz Doğu Hindistan Şirketi yöneticileri, Lord Palmerston ve diğerleri dahil olmak üzere Muhafazakar Parti'nin üst düzey üyeleriydi. Londra'nın en seçkin beyefendi kulüplerine üyeydiler. Çin'i ziyaret etmek isteyenler için gerekli olan kendi İngiliz Doğu Hindistan Şirketi pasaportlarına sahiptiler.

İngiliz Doğu Hindistan Şirketi'nin sahibi olan lordlar ve leydiler, 1683'te ilk kez İngiltere'ye afyon sokmayı denediler, ancak sağlam yapılı küçük toprak sahipleri ve orta sınıf, uyuşturucu bağımlısı olmaya ikna edilemedi. Böylece, plütokratlar ve oligarşi yeni bir pazar aramaya başladılar.

Arap Yarımadası denendi, ancak peygamber Muhammed'in öğretileri sayesinde bu da başarısız oldu. Böylece, Bengal'e çok yakın olan ve kalabalık nüfusa sahip Çin'e yöneldiler. Çin hükümeti ancak 1729'da afyon karşıtı yasalar çıkarmaya çalıştı ve bu da Çin'i İngiltere ile çatışma rotasına soktu. İngiliz aristokrasisi ve oligarşik yapısına sızmak çok zordur. Özel bir eğitimi olmayan kişiler için böyle bir görev imkansızdır. Önemli İngiliz siyasi liderlerin büyük çoğunluğu birbirleriyle akrabadır; ailenin en yaşlı üyesinin ölümünde sözde unvanlar en büyük oğul tarafından devralınır ve bu ailelerin neredeyse tamamı, elbette dolaylı olarak, uyuşturucu ticaretindedir.

Belki bu ayrıntıyı biraz sıkıcı bulabilirsiniz. Londra'da dağlar kadar belgeyi okurken ve bilgileri defterlerime kaydederken ben de öyle bulmuştum. Bu tür notlar almama izin verilmeyen yerlerde, özel "casus" kameram bana çok yardımcı oldu. Çok fazla araştırma gerektiren bu bilgileri, Amerika Birleşik Devletleri'ni derinden etkilediği için paylaşıyorum.

Bu, uyuşturucu ticaretindeki kendi "asil ailelerimizi" İngiliz "kuzenlerine" bağlayan "özel ilişki" örtbasının bir parçasıdır. Bu "özel ilişki", İngiliz aristokrasisine sızan yabancı bir unsurun Amerikan kuzenlerine miras kaldığı çirkin bir durumu kamufle etmiştir.

İkinci Dünya Savaşı öncesinde ve sırasında, tüm ABD istihbarat kapasitesinin denetimini de dahil olmak üzere, her bakımdan ABD dış politikasının kontrolünü ele geçiren İngiltere'nin Washington Büyükelçisi Lord Halifax'ı ele alalım. Oğlu Charles Wood, korkunç ve alçakgönüllü Rothschild Hanedanı'nın kan bağı olan Bayan Primrose ile evlendi; bu hanedanın adı, Shell Şirketi'nin ortak çoğunluk hissedarı Kraliçe Elizabeth ile ilişkili Lord Swayling ve Montague gibi isimlerle anılır. Ben tüm bu insanları ve kurumlarını uyuşturucu ticaretiyle ilişkilendiriyorum.

Bu soyun atalarından biri, belki de tüm zamanların en saygın İngiliz başbakanlarından biri olan Lord Palmerston'du. O da tesadüfen Çin afyon ticaretinin başlıca itici gücüydü. Bu "taçlı engerekler", büyük afyon stoklarını

Çin'in iç kesimlerine taşımak zorunda kaldıklarında, Amerika'daki İngiliz "kuzenlerinin" bu ticarete girmesine izin verdiler. Çin Komiseri Un, şunları kaydetti:

> Şu anda (Makao) limanında demirlemiş İngiliz gemilerinde o kadar çok afyon var ki, bu afyon asla geldiği ülkeye geri gönderilmeyecek. Burada, kıyıda bir satış yapılmalı ve bunun Amerikan bayrağı altında (Çin'e) kaçak olarak sokulduğunu duysam hiç şaşırmam.

Komiser Un, tahmininin ne kadar doğru olduğunu ve bunun dolaylı olarak Amerika Birleşik Devletleri'nde uyuşturucu salgınına yol açtığını görecek kadar uzun yaşamadı. Bizler, halk olarak, neler olup bittiği konusunda nasıl blöf yapıldığımızı ve nasıl karanlıkta bırakıldığımızı incelemeliyiz.

Emin olabileceğimiz bir şey var: Bu çalışma okunduğunda, ABD'nin bu ülkeye uyuşturucu akışını durdurma ve uyuşturucu ticaretini sona erdirme çabalarının ölümcül kusurlar içerdiği ve bu kusurların ve başarısızlıkların kasıtlı olduğu konusunda kimsenin şüphesi kalmayacaktır.

Hükümetimiz uyuşturucu ticaretinin kurumasını istemiyor. İktidarda olanlar, Kongre'deki "bizim" temsilcilerimizi kontrol edenler, uzun zaman önce uyuşturucuya karşı herhangi bir savaşın sadece göstermelik bir savaş olacağına karar verdiler. Hükümetin iki önemli üyesi, sözde uyuşturucu savaşında üst kademede hiçbir şey yapma konusundaki bu isteksizlik nedeniyle istifa etti. Bir Başsavcı, Meksika hükümetiyle işbirliği yaptığı ve onları en üst düzeyde koruduğu algısı nedeniyle istifa etmek zorunda kaldı. Bir başkan, uyuşturucu ticaretinin tepesindeki isimlerle mücadele etmeye cüret ettiği için görevinden uzaklaştırıldı. İngilizler afyon ticaretini

Kanton'dan Hong Kong'a, oradan da Panama'ya taşıdılar; bu yüzden General Noriega'yı kalıcı olarak ortadan kaldırmak çok önemliydi.

Eroin, Afganistan'dan Pakistan üzerinden, Maccra'nın ıssız kıyılarını geçerek Kızıldeniz'i aşarak Dubai'ye akıyordu ve orada altın karşılığında takas ediliyordu. Lübnan'dan, Suriye'nin kontrolündeki Bekka Vadisi'nden akıyordu; bu yüzden Suriye'nin silahlı kuvvetleri Lübnan'ı bu kadar uzun süre işgal etti; Burma ve Tayland'ın Altın Üçgeni'nden ve İran'ın Altın Hilal'inden akıyordu; bu yüzden Şah, neler olup bittiğini öğrenip buna son vermeye çalıştığında önce tahttan indirildi, sonra da öldürüldü.

Amerika Birleşik Devletleri'ne karşı yürütülen bu son derece gerçek uyuşturucu savaşı, köklerini 300'ler Komitesi'ne dayandıran Tek Dünya Hükümeti komplosunun bir parçasıdır. Uyuşturucunun tarihi, insanlık tarihi kadar eskidir. Mevcut tüm hükümetleri ve dinleri yıkmaya yönelik bu komplo, manevi, ekonomik ve siyasi olmak üzere üç koldan yürütülen bir çabadır. Uyuşturucu, bu komplonun ana silahıdır. Gnostisizm, Hıristiyanlığa karşı bir güçtür. İngiltere Kraliçesi, kocası Prens Philip gibi bir Gnostiktir. Burada uyuşturucunun serbest kullanımı, anne tapınması, Toprak Tanrıçası, Teosofi ve "Triadlar" olarak bilinen Çin Afyon Çetelerini yöneten Rosicrucianlar bulunur. "Triadlar" afyon tedariklerini İngiliz gemi depolarından temin ederlerdi ve ardından Çinli mülk sahiplerini afyon barakaları açmaya zorlardı.

Alistair Crowley, Viktorya dönemi İngiliz toplumunda şeytani uyuşturucu rol modeliydi. Bundan, LSD, esrar ve sonradan kokain kullanımının yayılması için araç olarak "rock grupları" üreten Tavistock Enstitüsü aracılığıyla "rock and roll" ortaya çıktı. Belki bilmiyoruz, ama "The

Rolling Stones" gibi çökmüş gruplar, en üst düzey İngiliz ailelerinin ve Alman oligarşi ailesi Von Thurn und Taxis'in himayesinden yararlanıyor. Saygıdeğer İngiliz soylu aileleri, sevgiyle "Hongshang Bank" olarak bilinen Hong Kong ve Şangay Bankası aracılığıyla uzun süredir uyuşturucu işindedir. Hong Kong ve Şangay Bankası'nın işi, açık ve net bir şekilde uyuşturucudur. Bu soylu ailelerden Abraham Lincoln'ü ve daha sonra John F. Kennedy'yi suikast planı çıktı. Kurumları, şirketleri ve "paravan" dini örgütler aracılığıyla hareket ederek Birleşik Devletler üzerindeki hakimiyetleri tamdır. İngiltere Kraliyet Ailesi, Bronfman içki imparatorluğunun gerçek sahibidir.

Yasak döneminde Bronfmanlar, Kanada'dan ABD'ye kaçak alkol getiren en büyük kaçakçılardı. Amerikalılar, bu güçlü adamların ve şirketlerinin, Amerika'nın kelimenin tam anlamıyla boğulmakta olduğu devasa uyuşturucu selinden sorumlu olduğunu asla unutmamalıdır. Başlıca kontrol organımız Kraliyet Uluslararası İlişkiler Enstitüsü'dür (RIIA). Morgan Guarantee'nin başkanı da RIIA'nın yönetim kurulundadır.

Diğer Morgan yönetim kurulu üyeleri ise Hong Kong ve Şangay Bankası'nın yönetim kurulunda yer almaktadır.

Lord Cato, Hong Kong ve Şangay Bankası'nın "Londra Komitesi"nde yer almaktadır. Dünya çapındaki uyuşturucu tehdidinden sorumlu olan, şirketler, kurumlar ve bankalardan oluşan bir ağ aracılığıyla RIIA'dır. Mao Tse Tung'u Çin'de iktidara getiren ve ardından Hong Kong'u dünyanın bir numaralı afyon ve altın ticaret merkezi haline getiren RIIA'ydı; Hong Kong, Dubai'nin son dönemdeki genişlemesine kadar bu konumunu korudu. Bir süre önce uyuşturucu ticaretinin Avustralya ayağı hakkında yazmış ve yöntemlerinden bahsetmiştim. Bana, en büyük kara para aklama şebekelerinden birinde kurye olarak çalıştığını ve bilgilerimin çok doğru olduğunu söyleyen bir adamdan mektup aldım.

Avustralya şirketi İngiltere'den yönetiliyordu. Daha önce Çou En-Lai'nin Mısır Cumhurbaşkanı Nasır'a yaptığı tehditten bahsetmiştim. Her ikisi de vefat etti, ancak Çinli liderin söylediği şey tekrarlanmaya değer:

> Bazıları (Vietnam'daki ABD askerleri) afyon deniyor. Biz onlara yardım ediyoruz. Batı'nın (yani İngilizlerin) bize afyon dayattığını hatırlıyor musunuz? Bize afyonla savaştılar. Ve şimdi biz de onlara kendi silahlarıyla savaşacağız. Bu moral bozukluğunun ABD üzerinde yaratacağı etki, kimsenin farkında olduğundan çok daha büyük olacaktır.

Bu konuşma, 1965 yılının Haziran ayında, Mısır'ın günlük gazetesi "Al Ahram"ın çok saygın eski editörü Muhammed Heikel tarafından kaydedildi. Uyuşturucu parası aklayan ve Kraliyet Uluslararası İlişkiler Enstitüsü'ne bağlı olduğu bilinen offshore bankalar dünyanın dört bir yanına dağılmış durumda. İşte bu bankaların bulunduğu ülkelerin listesi:

| | |
|---|---|
| Singapur | 14 |
| Bahamalar | 23 |
| Antigua | 5 |
| Antiller | 10 |
| Bermuda | 5 |
| Trinidad | 6 |
| Cayman Adaları | 22 |

Panama 30

Bu liste, Çin kontrolü altındaki RIIA bankalarını içermemektedir. Bunların listesi için Polk's Banking Directory'ye başvurabilirsiniz. Önemli şahsiyetlerin isimleri sayfalarca sürer. Bunların arasında, Kanada Kraliyet Bankası da dahil olmak üzere İngiliz kraliyet ailesinin büyük bankalarını kontrol eden Sir Mark Turner gibi İngiliz toplumunun en önde gelen isimlerinin bulunduğunu söylemek yeterlidir. Amerikan kolonistlerine zarar vermek için Kral III. George ile komplo kuranlar Turner'ın atalarıydı. 'in en büyük afyon-karşılığı-altın ticareti, Dubai'de British Bank of the Middle East tarafından yürütülmektedir. Dubai'de işlem gören altın miktarı, New York'ta satılan miktarı aşmaktadır. Bu operasyon, Sir Humphrey Trevelyn'in elindedir.

Altının dünya fiyatı her gün Londra'daki St. Swithins Court'taki N.M. Rothschild ofislerinde "sabitlenir". Bu fiyat, yalnızca afyonun geçerli fiyatına dayanır. N. M. Rothschild'in ofislerinde bir araya gelenler, Harry Oppenheimer'in Güney Afrika'daki Anglo American Company'sinin, Moccato Metals'ın, Johnson Matthey Kleinwart Benson'ın, Sharps'ın, Pixley Wardley'in temsilcileri ve Hong Kong ve Şangay Bankası'nın Londra Komitesi üyeleridir.

Bu şirketler ve temsilcileri, yetiştirilecek miktar, ödenecek fiyat ve tersine altın fiyatı; kimin ticaret yapacağı, nerede ve ne kadar miktarda ticaret yapılacağı gibi afyon-eroin ticaretinin kontrol organını yansıtmaktadır.

Bu ticarete girmeye çalışan "yabancılar" hızla David Rockefeller'ın "Interpol" olarak bilinen özel polis ağına ihbar edilir ve bu da bazen nispeten küçük miktarlarda uyuşturucunun ele geçirilmesiyle sonuçlanır. Bunlar, dünya basını tarafından sahte uyuşturucu savaşında "büyük zaferler" olarak selamlanır. Eroin ve kokainin toptan ticareti, aşağıdaki büyük bankalar aracılığıyla yürütülür. Şimdiye kadar, onların alçakça faaliyetlerine dair kanıtlar bolca mevcut olmasına rağmen, hiçbir hükümet onlara karşı harekete geçmeye cesaret edememiştir:

**ABD**

- Nova Scotia Bankası
- Harry Winston Elmas Tüccarları
- Mocatto Metals
- N.M.R. Metals
- Loeb Rhodes
- Engelhard Minerals
- Dadeland Bankası
- Boston Birinci Bankası
- Credit Suisse

**KANADA**

- Kanada Kraliyet Bankası
- Noranda Satış Şirketi
- Kanada İmparatorluk Bankası
- Nova Scotia Bankası
- Hong Kong. Sharp Pixlee Wardley
- Inchcape Şirketi

- Charter Consolidated
- Hong Kong ve Şanghay Bankası
- Standard and Chartered Bank
- Yurtdışı Çin Bankası
- Jardine Matheson
- Sime, Darby
- Bangkok Bankası ORTA DOĞU
- Orta Doğu İngiliz Bankası
- Barclays Uluslararası Bankası, Dubai
- Barclays Discount Bank
- İsrail Bank Leumi
- Hindistan Hapolum Bankası

**PANAMA**

- Bancoiberia Amerika
- Panama Ulusal Bankası

**İNGİLTERE**

- National Westminster Bank
- Midlands Bank
- Barclays Bank

Panama, kokain ticareti için bir merkez olarak kurulduğu için uyuşturucu dünyasında önemli bir yere sahiptir. Bu amaçla burada büyük ticari bankalar açılmıştır. Güçlü adam Omar Torrijos bu işin başına getirilmişti, ancak taraf değiştirdiğinde "ortadan kaldırıldı".

General Noriega, aldığını sandığı bir USDEA emri uyarınca hareket ederek, Panama'daki Rockefeller'ın uyuşturucu bankacılık imparatorluğunun perdesini aralamaya başladığında, Başkan G.W.H. Bush'un komutasındaki 7.000 kişilik bir askeri birlik tarafından kaçırıldı ve büyük bir "uyuşturucu satıcısı" olarak yargılanmak üzere Miami'ye getirildi. Bunun bedelini, bir daha asla çıkamayacağı hapishaneye "yasal" olarak mahkum edilerek ödedi.

Başkan Nixon, Fransa üzerinden gelen eroin ticaretiyle başa çıkacak kadar büyük olduğunu düşünüyordu. Ancak, yanıldığını anladı ve İngiltere ile ABD arasındaki "özel bağı" bozmaya yönelik cüretkar girişimi nedeniyle başkanlık koltuğunu kaybetti.

"Şirket" her zaman elinde yaklaşık 200 ton kokain hamuru bulundurur; oysa Pato Pizzaro'nun altın çağında Panama bankaları üzerinden yüz milyonlarca dolarlık işlem yaptığı bilinen bir gerçektir. Pizzaro, "Şirket"in, yani Bolivya merkezli bir kuruluşun başındaydı; ta ki Medellin Karteli'nin emriyle, "onları devre dışı bırakmaya" çalıştığı için öldürülene kadar. Panama'da neler olup bittiğini çok iyi bilen, ancak hiçbir raporlama yapmayan bir kişi, ABD Büyükelçiliği'ne bağlı DEA sorumlusu Alfredo Duncan'dı. Alfredo Duncan, "Şirket"in kara para aklama sorumlusu Remberto'nun kaçışından başlıca sorumluydu; Remberto, Panama'da faaliyet gösteren Bolivya çetesinin en önemli finans adamlarından biriydi.

Bu şebeke, tıpkı İngilizlerin eroin ticareti için Hong Kong'u kurdukları gibi, David Rockefeller tarafından ana kokain bankası olarak kurulmuştu. Remberto, Panama'ya çekildi. Sözde bir anlaşmanın gerçekleşmesini bekledi, ancak o dönem Adalet Bakanı olan Edwin Meese'in Meksika hükümetini olacaklar konusunda uyardığı bildirildiğinde, Remberto'nun kaçmasına izin verildi ve böylece tutuklanmaktan kurtuldu. Sorumlu ajan Alfredo Duncan, Washington'daki DEA'dan Remberto'yu yakalaması emrini içeren düzinelerce telgraf aldı. Kuşun yuvadan uçtuğu anlaşıldığında, DEA ajanı Alfredo Duncan, CIA'yı suçlayarak, onların "onu (Remberto'yu) Contadora Adası'na kaçırdıklarını" söyledi. Böylece, uyuşturucu savaşında büyük bir zafer olabilecek bir olay engellendi. Bunun yerine, emirlerin engellenmesi veya göz ardı edilmesiyle bir fiyaskoyla sonuçlandı. Remberto'nun kasıtlı olarak kaçmasına izin verildiği izlenimi kalıyor.

Çok övülen ve son derece maliyetli "Snowcap Operasyonu"nda, DEA'nın Bolivya ormanlarına girip devasa kokain laboratuvarlarını yok etmesi gerekiyordu. "Snowcap Operasyonu" başından beri, DEA'nın bu sahte savaşta büyük başarılar elde ettiğine inanmaları için Kongre'yi ve Amerikan halkını kandırmayı amaçlayan sahte bir komediydi. "Snowcap Operasyonu" Vietnam Savaşı gibiydi. Amerika Birleşik Devletleri'nin bu savaşı kazanma niyeti yok. Cesaret edemiyoruz; oyun çok büyük. Bu sahte uyuşturucu savaşı aldatma, yalan ve ikiyüzlülükle dolu. Kısacası, bu zaman ve vergi mükelleflerinin parasının israfı, acımasız bir aldatmaca ve tamamen anlamsızdır. Tıpkı ABD hükümetinin, düşmanı yenmekle ilgilenmediğimizi bildiği halde Vietnam'da askerlerinin hayatlarını feda etmeye hazır olduğu gibi, hükümet, "Snowcap Operasyonu" sırasında görev başında ölen birkaç genç DEA ajanının hayatlarını da feda etmeye hazırdı.

Yarbay Oliver North, bir ABD Senatosu üyesinin görüşüne

göre uzun süredir şüpheliydi. Kolombiya'daki bir uyuşturucu operasyonunu mahvetmesiyle ilgili elimdeki bilgiler, hükümetimizin çok reklamını yaptığı "uyuşturucu savaşını" kazanmaya niyetinin olmadığına dair inancımı daha da güçlendiriyor.

Uyuşturucu konusundaki birçok makalemde, Medellin Karteli ve Kolombiyalı kokain baronları hakkında kapsamlı bir şekilde yazdım. Bu bağlamda, "reklam" yapma riskini göze alarak, "Medellin Karteli" adını ve genel olarak tüm Kolombiya kokain ticaretini ortaya çıkaran öncü kişilerden biri olduğumu söyleyeceğim.

Yaygın inanışın aksine, kokainin büyük kısmı Kolombiya'da işlenmiyor, Bolivya'dan geliyor. adresindeki DEA Gümrük İstatistikleri'ne göre, tüm kokainin yüzde doksan yedisi Bolivya menşelidir. Kolombiya'nın tüm dikkatleri üzerine çekmesinin nedeni, Bolivyalıların şiddet eğilimli bir halk olmaması ve ticaret için Bolivya'yı neredeyse hiç terk etmemeleridir. Kokain satın almak isteyen biri, Bolivya'ya gitmek zorundadır.

Oliver North'un davasında, Medellin karteline sızmış bir gizli ajan olan Bobby Seale, Medellin Kartelinin aslında Sandinistlerin lideri Daniel Ortega'ya rüşvet verdiğine inanıyordu. Bu bilgiyi DEA'ya iletti ve onlar da North'a aktardı. Bu, North'a parlak sözlerini eylemlerle desteklemek için altın bir fırsat sağladı. Bunun yerine, tarihçeye göre Kolombiya'da görev yapmış en etkili gizli DEA ajanı olan Seale'in sağladığı bilgileri şüpheyle karşıladı. North daha sonra DEA'ya, Seale'in Contras'a nakit para taşımasını istediğini söyledi.

North'un neden Seale'i bu dinamik görevinden almak

istediğini asla anlayamadım; karşımızda bizim tarafımız için uyuşturucu savaşını gerçekten veren bir adam vardı. Seale, North'un emrine verilmeyi reddettiğinde, North Seale'in hikayesini basına sızdırdı. Sonuç ne oldu? Muhtemelen DEA tarafından bugüne kadar yürütülen en iyi operasyon mahvoldu ve Seale, korumasından mahrum bırakıldıktan ve bir yargıcın emriyle adresi kamuoyuna açıklandıktan sonra, Medellin Karteli'nin tetikçileri tarafından öldürüldü. Bana inanmıyor musunuz? Benim ifşaatımdan sonra, Seale öldürülmeden 4 yıl önce benim anlattığım şekilde hikayenin tam olarak aktarıldığı bir uzun metrajlı film çekildi. Yarbay North'u yargılamak niyetinde değilim, ancak Seale'in hikayesini Amerikan medyasının çakallarına sızdırmak, New York Times'ın muhabirlerinden biri olan Richard Burt aracılığıyla uydu kodlarımızı Sovyetler Birliği'ne sızdırmasıyla aynı derecede bir ihanettir. En azından North'un, " " (pislik) olarak nitelendirilen birine vereceği çok fazla açıklama var. Bana göre North, sokak argosunda muhbir anlamına gelen "dirt bag"dan sadece bir basamak yukarıda yer alıyor. Bobby Seale'in ölümüyle çok ciddi bir kayıp yaşandı. Ancak İran-Kontra duruşmaları olmasaydı, bu üzücü olay muhtemelen haber yapılmayacaktı.

Bana göre, North'un "sızıntısı" bir kaza değildi ve kesinlikle münferit bir olay da değildi. Hükümetimizin uyuşturucuya karşı tam anlamıyla savaşmadığını gösteren kanıtların ortaya çıktığı tek durum bu değil. Medellin Karteli ile ilgili başka bir Kolombiya davasında, kartelin en önemli Bolivyalı tedarikçilerinden biri olan Roberto Suarez, 850 pound kokain ve Miami'deki bir baskında tutuklanan en önemli iki uyuşturucu adamını kaybetti. Suarez'in günlük geliri 1 milyon dolardı ve bu seviyede sabit bir gelirdi. O, Bolivya'nın cumhurbaşkanından çok, ülkenin hakimi gibiydi.

Latin Amerika'daki üst düzey hükümet yetkilileri, bu davanın belgelerinde defalarca adı geçti. Suarez'in en üst düzey iki "uyuşturucu diplomatının" tutuklanmasından kısa bir süre sonra, DEA ve CIA'nın desteğiyle Bolivya hükümetine karşı en korkunç darbe girişimi başlatıldı. Darbe başarılı oldu, binlerce kişinin hayatına mal oldu ve Bolivya'nın Kolombiya'nın başlıca kokain tedarikçisi haline gelmesiyle sonuçlandı. Belki de bu yüzden Miami'de tutuklanan iki Suarez "uyuşturucu diplomatı" hakkındaki suçlamalar düşürüldü ve üçüncü adamın kefaleti gizemli bir şekilde düşürüldü, böylece aynı gün ülkelerine uçabilmeleri sağlandı.

Şunu unutmayın, bunlar NBC Nightly News'te görülen sıradan küçük çaplı uyuşturucu satıcıları değildi. Bu adamlar uyuşturucu kartelinin en tepesindeydiler; bu yüzden daha düşük bir kefalet bedeli ödeyip ABD'den ayrılmak onlar için hiç sorun değildi. Bu sadece bir tesadüf müydü? Hükümetimize ve Başkanımıza haksız bir güven duyanlar, bunun bir kazadan başka bir şey olmadığına inanmak isteyebilirler; ancak adresinde yer alan yüzlerce benzer vakanın ters gitmiş olması karşısında, hükümetimize nasıl güvenebiliriz? Görünüşe göre bu şüphelerimde yalnız değilim. Eski Gümrük Komiseri William von Raab bir keresinde, departmanının büyük uyuşturucu kaçakçılarının peşine düşmekten çok papağan kaçakçılığı vakalarını takip etmekle daha çok ilgilendiğini söylemişti.

Von Raab, tüm Meksika hükümetini yozlaşmış olarak suçladığında Kongre'nin öfkesinin hedefi olmuştu. Gerçekler ve koşullar, Von Raab'ın ağır suçlamalarını güçlü bir şekilde destekliyor gibi görünüyor. Meksika, en üst düzey yetkililerinin uyuşturucu ticaretine bulaştığı yönündeki suçlamalara rutin olarak "suçlamalarınızı soruşturabilmemiz için bize kanıt gösterin" diyerek yanıt veriyor. Kanıt sunma fırsatı her ortaya çıktığında, hükümetimiz içindeki gizemli güçler devreye girip bu eylemi engelliyor.

Bu tür vakalardan biri, eski Başkan Salinas de Goltari'nin basın ekibinden Hector Alvares ile ilgiliydi. Alvares ve bir başka paravan adam olan Pablo Giron, büyük bir kokain alıcısı kılığına girmiş bir DEA gizli ajanına, ABD'ye gönderilmek üzere Bolivya'dan gelen kokain sevkiyatlarını Meksika üzerinden geçirmek için Meksika hükümetiyle düzenlemeler yapabileceğini söyledi. Bu, Bolivya kokain bazının "satın alınması" ile ilgili ön görüşmeler sırasında gerçekleşti. Giron, Meksikalı General Poblana Silvo ile doğrudan bağlantısı olduğunu ve onun (Giron'un) telefon görüşmesi üzerine harekete geçeceğini söyledi.

Giron, bir DEA ajanına (ki bu ajan yeminli ifade vermiştir) Salinas de Gottari ile çok yakın olduğunu söyledi. Bir Gümrük muhbiri de Alvarez'in, başkan seçilen Goltari'yi korumak için Gizli Servis ekibinde olduğunu kendisine söylendiğine yemin etti. Söz konusu "satın alma" teklifinde on altı ton kokain söz konusuydu. Bu, "Snowcap Operasyonu"ndan tamamen ayrı bir olaydı. Panama'daki görüşmeler sırasında, Panama'daki sorumlu DEA ajanı Alfredo Duncan, bir dizi DEA ajanı ve gümrük memuruna General Manuel Noriega'nın "bir DEA adamı" olduğunu bildirdi. Bu durum, Washington'daki DEA başkanı John Lawn'ın mektuplarında en az üç kez teyit edildi.

Alvarez ile ilişkili diğer iki kişi, Bolivya'da ayda düzenli olarak 200 kilo kokain üreten bir kokain laboratuvarına sahip olan Bolivyalılar Ramon ve Vargas'tı. Sonunda, DEA ajanı "alıcı", bir sözleşmeli pilot ve bir gümrük memuru, Bolivyalıların güvenini kazandılar ve Bolivya ormanlarının derinliklerindeki tesislerini incelemek üzere davet edildiler.

Buldukları şey, onları şaşkınlıktan sersemletmişti.

747'leri rahatlıkla kaldırabilecek yedi adet pist, çok büyük yeraltı laboratuvarları ve destek binalarının yanı sıra, ağır silahlı askerler tarafından korunan muhteşem bir kompleks keşfettiler. Katıldıkları işlem, 5000 ton kokain satın almayı gerektiriyordu. Oysa "Snowcap" operasyonunun yürütüldüğü onca yıl boyunca, DEA Bolivya tesislerine yaklaşmayı bile başaramamıştı.

Gizli ajan, Ramon ve Vargas'a "Snowcap Operasyonu"ndan korkup korkmadıklarını sorduğunda, onlar sadece güldüler. Ramon ve Vargas'ın neşeyle dolup taşmak için iyi bir nedenleri vardı. "Snowcap Operasyonu" bürokratik bir kabustu. Bolivya'ya tamamen yanlış ekipman gönderilmişti, çoğu işe yaramazdı ve Vargas'ın dediğine göre çok daha fazla "hatalar" vardı. Bolivya'da kimse "Snowcap Operasyonu"nu en ufak bir şekilde bile umursamıyordu. "Snowcap"a tahsis edilen uçakların orman tesislerine ulaşmak için gerekli menzili yoktu ve az sayıdaki helikopter de bu iş için tamamen yetersizdi. Bu da pek çok "bataklık"tan sadece bir tanesi miydi?

Bunun sadece bürokratik bir fiyasko olduğuna inanmıyorum. Topladığım bilgilere göre, bu "hatalar" kasıtlı sabotaj gibi görünüyor. Birincisi, DEA ajanlarının ateş gücü, "Şirket"in askeri tarzdaki yetenekleriyle boy ölçüşemezdi.

1988'de DEA, "Snowcap Operasyonu"na yüz milyon dolar harcadı. Bunun karşılığında ne elde ettik? Yaklaşık on beş bin kilo kokain ve kısmen işlenmiş kokain!

Şimdi, bu çok gibi gelebilir, ancak "Şirket"in üretim

kapasitesiyle karşılaştırıldığında, bu sadece okyanustaki bir damlaydı. Unutmayın, on beş bin kilo, Bolivya'nın üç aydan az bir süre içindeki kokain üretimini temsil ediyordu. Neden gidip kokaini çok daha ucuz bir fiyata satın almadık — ki bunu yapabilirdik — gizli ajan Washington'daki herkese bunu yapmasına izin verilmesi için yalvarmıştı?

Cevap şudur: DEA, sadece büyük miktarda tamamen işlenmiş kokain elde etmekle kalmayıp, aynı zamanda Bolivya'daki "The Corporation"ın dört üst düzey yöneticisini de yakalayacak bir satın alma işlemi için para vermeyi reddetti. Bu, ABD'ye, Meksika hükümetinin en üst düzeyde bu işe karıştığına dair o ana kadar elinde olmayan kanıtı da sağlayacaktı.

- DEA neden parayı yatırmayı reddetti?
- San Diego'daki ABD Savcı Yardımcısı, Giron'un telefonla aramak üzere olduğu ve büyük bir kokain alımına karıştırmak üzere olduğu Meksikalı General Poblano Silva'yı tuzağa düşürecek bir dinleme iznini neden vermedi?
- Neden Başsavcı Edwin Meese, Meksika Başsavcısına " " telefonunu kullanarak, General Poblano Silva'yı büyük bir Bolivya kokain dağıtım komplosuna karıştıracak olan yaklaşan DEA operasyonunu ona haber verdi?
- Gümrük Komiseri William von Raab'ın, Meese'nin telefonla verdiği uyarıdan tiksinerek istifa ettiği söyleniyor. Peki ya Kolombiya'daki "uyuşturucu savaşımız" ne durumda?

ABD orada nasıl bir performans sergiledi? Cevap şu ki, sadece o ülkedeki "uyuşturucu savaşına" milyonlarca dolar akıtmamıza rağmen, Kolombiya'da dünyanın başka hiçbir yerinde sergilediğimizden çok daha kötü bir performans sergiledik. Başkan G.H.W. Bush, Kolombiya'da önemli hiçbir şey yapmadı. 25 Şubat 1991'de Kolombiya Cumhurbaşkanı Cera Gaviria, hükümetinin uyuşturucu kaçakçıları ve onların terörist dostlarıyla barış görüşmeleri yapacağını açıkladı.

Sözde "barış girişimleri", Kolombiyalı uyuşturucu baronlarının taleplerine tam bir teslimiyetten başka bir şey değildir. Artık ABD'ye iade edilme konusundan söz edilmeyecekti. Bu durum, Gaviria'nın Washington'a yaptığı beş günlük ziyaret sırasında ortaya çıktı; bu ziyaret sırasında Bush yönetimi, kokain baronlarına yapılan bu tavizi onayladı. Bush, bu planı "cesur ve kahramanca" olarak nitelendirdi. Uyuşturucu baronlarına karşı somut kanıtlar toplamak için harcanan yıllar artık değersiz hale geldi; bu kanıtlar, mahkemede asla kullanılamayacak şekilde tehlikeye atıldı.

Bobby Seale ve diğerleri boşuna öldü. Bush yönetiminin onayıyla, M19 gerillaları (FARC ve ELN teröristleri ile kokain patronları), Kolombiya için yeni bir anayasa hazırlamak üzere çalışan 33 delegenin tam kontrolünü ele geçirdi. Toplamda, yaklaşık 77 delege bu sorumlulukla görevlendirildi.

Kokain baronları, DEA ve ABD Gümrük Servisi'ne açıkça gülüyorlardı ve buna şaşmamak gerek. Artık Kolombiya'da, güçsüz hükümetlerinden ve Washington'dan neredeyse hiç korkmadan diledikleri gibi hareket edebilecekler. İspanyolca'dan çevirdiğim ve elime geçen 18 Şubat 1992 tarihli *El Spectator* gazetesinin bir kopyasına göre, bu gazete Gaviria-Bush'un ihanetine karşı sesini yükseltecek cesarete sahip tek gazete gibi görünüyor:

> Şantaj ve suçun baskısı altında, devlet insan hayatını korumak gibi temel sorumluluğunu yerine getirmekten kaçınıyor ve bunun yerine, devletin varlığının temelini oluşturan hukuki ilkeleri tek tek pazarlık yoluyla feda etmeyi kabul ediyor.

Bush'un var olmayan "uyuşturucu savaşında" zafer kazandığını iddia etmesi aldatıcıdır. Konu bu kadar ciddi olmasaydı, yönetimin istatistikleri kötü bir şaka olurdu. Şubat 2004'te Bush yönetimi, Beyaz Saray'ın yeni uyuşturucu patronu, Florida eski Valisi Bob Martinez tarafından hazırlanan Ulusal Uyuşturucu Kontrol Stratejisi raporunu yayınladı. Martinez, William Bennett'in Başsavcı Thornburgh ile savaşını kaybetmesinin ardından bu göreve getirildi. Bu, binlerce arkadaşlara iş verilmesi vakasından sadece bir tanesidir.

G.W.H. Bush'un oğlu ve George W. Bush'un kardeşi olan eski Vali John Ellis Bush (Jeb Bush), eski Vali Martinez'in ekibinde ticaret sekreteri olarak görev yapıyordu. Jeb Bush aslında hiç gün yüzüne çıkmayan ciddi bir skandalın içindeydi. Nikaragua hükümetine kokain satışıyla ilgili adı, Yarbay North'un inanmadığı ve başarıyla örtbas ettiği raporda geçiyordu. Ciddi kusurlar içeren Bush belgesi, uydurma istatistiklerle doludur. DEA ajanları bu belgeyi özel olarak "tamamen çöp" olarak nitelendirdi.

John Lawn hâlâ DEA'nın başındayken, o ve ajanları, uyuşturucuya karşı savaşın "dönüm noktasına geldiği" yönündeki Reagan'ın açıklamasıyla çok eğlenirlerdi. John Lawn artık yok, ancak bu fiyaskonun hatırası hâlâ taze. Bush yönetimi, Kolombiya'nın "uyuşturucuya karşı savaşı" için ayrılan 65 milyon dolarlık acil yardım paketini gururla gösterdi.

Kolombiya Ulusal Polis Teşkilatı'ndan Tümgeneral Miguel Gomez Padilla, gönderilen ekipmanların tamamen yanlış olduğunu ve yardım paketinin konvansiyonel savaş için uygun olduğunu, ancak "bizim yürüttüğümüz türden bir savaşta" tamamen yararsız olduğunu belirtti.

Amerika bu kadar aptal olabilir mi? Sanmıyorum. Kolombiya yardım paketiyle ilgili olanların, kasıtlı olarak planlanmış bir sabotaj eylemi olması daha olasıdır.

Kolombiya'daki uyuşturucu savaşında yirmi yıllık deneyimin ardından, hükümetimizin ne tür ekipmanlara ihtiyaç duyulduğunu bilmek için yeterli bilgiyi biriktirmiş olacağını düşünmek mantıklıdır. Uyuşturucu Kontrol Stratejisi Raporları, uyuşturucunun bulunabilirliği veya teyit edilmiş kullanıcı sayısı hakkında herhangi bir bilgi vermedi. Ayrıca, en önemli konuyu da ele almadı; kullanıcıları takip etmek, ki bu, DEA'nın gizli ajanları tarafından uzun süredir başarıya ulaşma olasılığı en yüksek taktik olarak savunulmaktadır.

ABD hükümetinin uyuşturucu tüketimindeki muazzam artış hakkında çok az şey söylemesine şaşmamak gerek! Esrarın artık 37 eyalette en çok para kazandıran ürün olduğu düşünülürse, bu "ticaret" nasıl durdurulacak? " " "sinsemellia" olarak adlandırılan yüksek kaliteli, güçlü, çekirdeksiz esrarın ABD'de yetiştirilmeye başlamasıyla neler olacağını görmek ilginç olacak.

Kokainin fiyatı altının fiyatını (kilo başına 5000 dolar) aştığı ve eroinin fiyatı eşdeğer ağırlıktaki altının altı katı olduğu sürece, uyuşturucu ticaretini ortadan kaldırmak mümkün olmayacaktır, en azından uyuşturucu ile mücadele kurumlarının üst kademelerinden alt kademelere kadar yayılan yolsuzluk varken.

DEA iç çatışmalarla boğuşuyor. 1973 yılında Başkan Nixon tarafından Narkotik ve Tehlikeli İlaçlar Bürosu ile Gümrük Bürosu arasındaki kurumlar arası çatışmayı önlemek amacıyla kurulan DEA'de, bugün Gümrük Bürosu ile DEA arasında her zamankinden daha fazla kıskançlık ve çatışma var. Moral kalmadı. Bundan sonra ne yapacağız? Daha fazla değişiklik yapmanın bir fark yaratacağı da yok. Sorun yukarıdan aşağıya doğru ele alınmadıkça, ABD'ye uyuşturucu girişini engellemeye yönelik tüm çabalar başarısız olacak ve sonuçsuz kalacaktır. Gerçek bir savaş için, ülkedeki en yüksek makamlardaki üst düzey yetkililere sert bir darbe vurulmalıdır. Bu görevi üstlenecek kadar cesur kimlerin olacağını bilmiyorum, ancak korkusuz bir lidere kesinlikle ihtiyacımız var.

Yönetim kontrolü kaybetmiştir; ülkedeki uyuşturucu sorununun boyutunu bilmiyor. Uyuşturucu Suistimali Uyarı Ağı, Bush yönetiminin iddia ettiği gibi uyuşturucu aşırı doz vakalarının azalmadığını, aksine hastane bütçelerinin o kadar kesintiye uğradığı için aşırı doz vakalarını izleyecek gerekli personeli işe alacak para kalmadığı için bu vakaların büyük ölçüde rapor edilmediğini bildiriyor.

Peki ya Panama? General Noriega'nın kaçırılmasıyla bu bölge uyuşturucu ticareti için güvenli hale gelmedi mi? Hatırlıyorum da, 1982'de Banco Nacional de Panama'n 'daki dolar nakit akışını yaklaşık yüzde 500 artırdığını bildirmiştim; bu, ABD Hazine Bakanlığı'nın sağladığı istatistiklere göreydi. O yıl tek başına yaklaşık 6 milyar dolarlık bildirilmemiş para ABD'den Panama'ya aktarıldı. Kaynaklarım, General Noriega'nın kaçırılmasından bu yana Banco Nacional de Panama'nın nakit akışında tüm zamanların en yüksek seviyesine ulaştığını söylüyor. Bu durum Bush yönetimini endişelendirmeliydi, ancak Beyaz Saray'dan endişe belirtisi neredeyse hiç görülmedi.

Panama'daki bankacılık yapısı Nicolas Ardito Barletta tarafından kuruldu. Barletta, daha önce uyuşturucu bankacılarının bankası olan Hong Kong and Shanghai Bank tarafından devralınan Marine and Midland Bank'ı yönettiği için kabul edilebilirdi. Barletta, çok büyük miktarlarda uyuşturucu parasını yönetmek için gerekli tüm deneyime sahipti. Noriega, Barletta'yı kızdırdığında, Bush yönetimi generali ortadan kaldırmak için harekete geçti.

"Serbest Ticaret" adı altında, ABD'de bulunan uyuşturucu miktarında endişe verici bir artışa tanık olduk. Kokain hiç bu kadar ucuz olmamıştı ve hiç bu kadar kolay ulaşılabilir olmamıştı. "Serbest ticaret"in en önemli destekçilerinden biri Mont Pelerin Topluluğu'dur. Bu kadar çok sağcı vatanseverin hâlâ bu örgütün tuzağına düşmesi büyük bir yazık.

Uyuşturucu ticaretinin korkunç tehdidine karşı çözümlerin ne olduğunu bildiğimi iddia etmiyorum. Bildiğim tek şey, acil ve radikal bir şeylerin yapılması gerektiğidir; çünkü bu kitabı yazarken bile, uyuşturucu sorununun çözümünün uyuşturucuyu yasallaştırmak olduğunu Amerikan halkına ikna etmeye çalışan güçlü güçler iş başındadır. Buna bir an bile inanmıyorum. Uyuşturucu kullanımını yasallaştırmak, Amerika'yı , İngiliz Doğu Hindistan Şirketi'nin Çinlileri afyon bağımlısı bir ulus haline getirdiği gibi, bir uyuşturucu bağımlısı ulus haline getirecektir. Belki de asıl amaç budur; sonuçta, ipleri elinde tutanlar İngiliz Doğu Hindistan Şirketi'nin torunları ve onların asil kanlı Yankee ortaklarıdır. "Uyuşturucu savaşına" gelince, bu savaş hiçbir zaman başlamadı. Bu her zaman sahte bir uyuşturucu savaşıydı ve öyle kalacak.

*Panama under Siege*, uyuşturucu ticaretini tepeden tırnağa ele alan, şimdiye kadar yazdığım en önemli ifşa kitabıdır. Ancak ne yazık ki, muhtemelen başlığı içeriği hakkında pek bir şey söylemediği için hak ettiği ilgiyi görmemiştir. Bush'un uyuşturucu savaşının sahte bir savaş olduğuna ikna olmanız gerekiyorsa, aşağıdaki bölümü okuyun. Panama'da uyuşturucu savaşının, tıpkı burada, Amerika Birleşik Devletleri'nde olduğu gibi, var olmadığını göreceksiniz. ABD Dışişleri Bakanlığı'nın kendi narkotik istihbarat servisi vardır.

Periyodik olarak "uyuşturucu savaşında" nasıl bir performans sergilediğine dair övgü dolu raporlar yayınlar. Dışişleri Bakanlığı'nın Panama hakkındaki raporu, Bush yönetiminin sergilediği ikiyüzlülüğün tipik bir örneğidir. Raporda, Dışişleri Bakanlığı hangi ülkelerin uyuşturucu ile mücadele eden ülkeler olarak "onaylandığını" belirtir ve bu ülkeler daha sonra bu amaçla ABD hükümetinden fon alırlar. Kısa bir süre önce Panama, uyuşturucu ile mücadele eden bir ülke olarak "onaylandı" ve böylece ABD'den yardım almaya hak kazandı. İnanabiliyor musunuz! Gerçek şu ki, General Noriega'nın zorla görevden alınmasından bu yana Panama, uyuşturucu kaçakçıları ve onların kara para aklama bankaları için güvenli bir sığınak haline gelmiştir. Yine de Dışişleri Bakanlığı'nın tanıtım metninde şöyle deniyor

> "General Noriega'yı deviren askeri harekatın ardından geçen yıllarda, Panama uyuşturucu ile mücadeleye yönelik uluslararası çabalara katıldı."

Endara hükümeti, kara para aklamaya karşı önemli adımlar attı, rekor düzeyde uyuşturucu ele geçirdi ve ABD hükümetiyle önemli uyuşturucu kontrol anlaşmaları imzaladı.

Bu, tam anlamıyla, saf, apaçık bir saçmalıktır. Bu son derece hatalı rapor, Bush'un Uyuşturucu Savaşı'nın hiçbir değeri olmadığını kanıtlamaktadır ve bu, yıllardır Lübnan'ın Bekka Vadisi'ndeki Suriye uyuşturucu kaçakçılığı ve eroin rafine edilmesini durdurmak için hiçbir şey yapılmadığını, ancak birkaç yıl önce, uyuşturucu ticaretiyle değil güvenlik meseleleriyle ilgili İsrail'den gelen şikayetler üzerine Suriye birliklerinin Bekka Vadisi'nden çekilmesini göz önüne aldığımızda, daha da açık bir şekilde sahte olduğu ortaya çıkmaktadır.

# Dördüncü Bölüm

## Kuşatma Altındaki Panama

Amerika Birleşik Devletleri'nin ulusal güvenliği ve ticari çıkarları açısından hayati öneme sahip bir bölge olan Panama'da neler olup bittiğini net bir şekilde anlayabilmemiz için, Hong Kong merkezli uyuşturucu ticaretine geri dönmeliyiz. İngilizler, Hong Kong'u eroinin aktarma ve altın ticareti merkezi olarak kurduğundan beri, şehir, genel olarak bilinen televizyon ve tekstil imajının ötesinde bir önem kazanmıştır.

Hong Kong sadece sıradan bir ticaret merkezi olsaydı, orada altın piyasası bu kadar canlanmazdı. Ancak İngiltere'nin eski aristokrat oligarşi aileleri, Bengal'den Çin'e afyon nakliyesinden devasa servetler edindiler. Ödemeler ise her zaman altınla yapılıyordu.

İngilizler ve onlarla iç içe geçmiş, birbirine bağlı eski Amerikan Doğu Liberal Kurum aileleri ile Wall Street'teki saygın hukuk firmaları, bankalar, aile aracı kurumları ve yatırım şirketlerinden oluşan ağları, Çin'e ve daha az ölçüde Batı dünyasına yaptıklarını Amerika Birleşik Devletleri'ne de yaptılar. Amerikan kokain "ticareti" eroin ticaretini geride bırakmaya başladıkça, Panama da dünyanın önde gelen korunaklı bankacılık bölgesi haline geldi; içeri akın eden devasa nakit dalgaları için güvenli bir liman oldu.

Hollywood camiası, kokaini bir "eğlence uyuşturucusu" haline getirdi ve kullanımını yaygınlaştırdı; tıpkı "Çılgın Yirmiler" döneminde, Kanada'dan ABD'ye akan Bronfman'ın içkisini içmenin ne kadar moda olduğunu anlatan kurgusal anlatımlarla kaçak viskiyi göz alıcı hale getirdikleri gibi. Geçmişin içki baronları, günümüzün uyuşturucu baronları haline geldi. Dağıtım ve gizleme mekanizmalarının çok daha sofistike hale gelmesi dışında pek bir şey değişmedi. Artık Thompson makineli tüfekleri yok, bizi utandıracak kadar gösterişli kıyafetler giyen gürültücü gangsterler yok. Bunların hepsi geride kaldı — bugün ise Londra, New York, Hong Kong, Las Vegas'taki yönetim kurulu odaları ve seçkin kulüpler ile Nice, Monte Carlo ve Acapulco'daki eğlence mekanlarında beyefendi imajı hakim. Oligarşi, saray hizmetkarlarından hâlâ ihtiyatlı bir mesafe koruyor; dokunulmaz, saraylarında ve iktidarlarında sakin.

Protokol hala geçerli, cinayetler de öyle. Kokain mafyasının, kendilerini aldattığına inandıkları kişileri rutin olarak "infaz ettiğini", yani kendine özgü tarzıyla öldürdüğünü hala görüyoruz. Kurbanın iç çamaşırları çıkarılır, elleri bağlanır, gözleri bağlanır ve başının sol tarafına bir el ateş edilir. Bu, kokain katillerinin "markası"dır; diğerlerine, paralarını veya uyuşturucularını alıp kaçmaya ya da kendi işlerini kurmaya kalkışmamaları için bir uyarıdır. Suikastçının kurşunundan kaçmayı başaran zekiler ise basitçe yetkililere ihbar edilir.

"Uyuşturucu baskınları" olarak bilinen olayların çoğu, yeni gelenleri ve bağımsızları işin dışına çıkarmak için üst düzey uyuşturucu satıcıları tarafından verilen bilgilerden kaynaklanıyor. "Patronlar" soyulduğunda üst düzey koruma her zaman işe yaramaz; bunu, Panama Ulusal Muhafızları'nın eski başkanı ve General Manuel

Noriega'nın şiddetli düşmanı General Ruben Dario Paredes'in 25 yaşındaki oğlu da öğrendi; sonunda Kolombiya'da bir mezarda, kokain katilleri tarafından "giydirilmiş" ve sol şakağında bir kurşun deliği ile bulundu.

Babasının konumu bile onu kokain karteli patronlarının gazabından koruyamadı. Çin hükümeti afyon/eroin pastasından daha büyük bir pay almak için baskı yaparken ve kârlı Hong Kong altın ve afyon ticaretinde daha fazla kontrol talep ederken, üst düzey İngiliz yetkililer, bankacılık operasyonları için Panama'yı bir "alternatif" olarak tanıtmaya başladı. Panama'nın Hong Kong'un yerini alacağı anlamına gelmez; gerçekte Hong Kong afyon/eroin ticaretini kontrol ederken, Panama kokain ticaretini kontrol eder - ancak ikisi önemli ölçüde örtüşür.

Okuyucular burada neyden bahsettiğimi anlamalıdır. Beklentileri karşılayamayan şirketlerden bahsetmiyorum, örneğin "güvenli" ve iyi bir şirket olan General Motors gibi bazen önemli zararlar eden, her zaman beklentileri karşılayamayan şirketlerden bahsetmiyorum. Hayır, her yıl, her yıl ve her yıl devasa kârlar elde eden ve "yatırımcılarını" asla hayal kırıklığına uğratmayan dev bir varlıktan bahsediyorum.

2007 yılında, denizaşırı uyuşturucu ticareti yıllık 500 milyar doları aştı ve her yıl büyümeye devam ediyor. 2005 yılında bu rakam DEA tarafından 200 milyar dolar olarak tahmin edilmişti; nispeten küçük bir "yatırım" için fena bir "büyüme" oranı değil. Bu devasa nakit miktarı, uluslararası sınırları cezasız bir şekilde aşarken tüm ülkelerin yasalarının dışında kalıyor. Uyuşturucu ticareti "kaçakçılık" yöntemiyle mi yürütülüyor? Kötü görünümlü adamlar, 100 dolarlık banknotlarla dolu valizlerle mi dolaşıyor?

Nadiren böyle olur, ancak esasen adresindeki uyuşturucu ticareti, uluslararası bankaların ve müttefik finans kurumlarının bilgisi ve istekliliği dahilinde gerçekleştirilebilir. Durum gerçekten bu kadar basit. Uyuşturucu bankalarını kapatın, kolluk kuvvetleri, çaresiz ve kendileri için tehlikeli alternatif yöntemler kullanmaya zorlanarak açığa çıkan uyuşturucu baronlarının üzerine çullandıkça uyuşturucu ticareti kuruyup gidecektir. Başka bir deyişle, fare deliklerini kapatın, kemirgenlerden kurtulmak daha kolay olacaktır. Zaman zaman uyuşturucu tutuklamaları yapıldığını ve yetkililer tarafından büyük miktarlarda uyuşturucu ele geçirildiğini görmek memnuniyet verici olsa da, bu toplam hacme kıyasla okyanustaki bir damladan ibarettir. Bunlar, "kayıt dışı" rakiplerin ihbar edilmesi sonucunda gerçekleşir. Bu tür "baskınlar", atasözündeki buzdağının görünen kısmından çok daha azını temsil etmektedir. Ve çoğu küçük ülkenin sistemlerinden çok daha gelişmiş olan özel istihbarat sistemleriyle, büyük uyuşturucu baronları ve bankacıları genellikle kolluk kuvvetlerinin birkaç adım önündedir.

Orta Çağ'daki Kara Ölüm'den daha büyük bir tehlike oluşturan uyuşturucu tehdidiyle başarılı bir şekilde mücadele etmenin yolu, dünyanın mermer lobilerinden ve güzelce dekore edilmiş banka salonlarından geçmektedir. Soruna en zor açıdan yaklaşıyoruz. Finansörlerin peşine düşmek yerine, operatörleri yakalamaya çalışıyoruz. İngiliz bankaları, yüzyıllardır offshore uyuşturucu bankacılığını kontrol ediyor; tıpkı eroin ticaretiyle yakından bağlantılı elmas ve altın ticaretini kontrol ettikleri gibi.

İşte bu yüzden Kraliçe Victoria, o dönemde (1899) dünyanın en güçlü ordusunu Güney Afrika'daki iki küçük Boer Cumhuriyeti'ni ezmek için gönderdi; sadece altın ve elmaslarının kontrolünü ele geçirmek için. Lord

Palmerston, Sir Alfred Milner ve Joseph Chamberlain, ödemelerin kaynağına kadar izlenememesi nedeniyle işlerini finanse etmek için ‘u mükemmel bir yol olarak görüyorlardı. Bu, hâlâ Hong Kong eroin ticaretinin büyük ölçüde finanse edildiği araçtır. Sonuçta, altın ve elmaslar kişisel değildir.

Bu, Kraliçe Elizabeth’in politika konularında neden çoğu zaman Bayan Thatcher ile anlaşmazlık içinde olduğunu açıklıyor. Kraliçe, Güney Afrika Hükümeti’nin ve onun uyuşturucu karşıtı tutumunun sona ermesini istiyordu. Kraliçe, Furhop adlı birini oraya gönderip, onun Rhodesia’da (şimdiki Zimbabwe) kendisi için işleri yürüttüğü gibi işleri yürütmesini istiyordu. Furhop, Kraliçe’nin saray elçisinin gerçek adıdır; daha çok "Tiny" Rowland olarak bilinir ve Kraliçe’nin birinci dereceden kuzeni Angus Ogilvie aracılığıyla ana hissedarı olduğu dev holding LONRHO’nun başındadır. Bir bakıma, Güney Afrika ve Panama aynı nedenlerle kuşatma altındaydı.

Güney Afrikalılar, oligark-aristokrasinin altın ve elmas hazinelerini ele geçirmesinin önünde duruyorlardı ve Panama’nın durumunda ise, değerli banka gizliliği General Noriega tarafından paramparça ediliyordu. İktidardaki güçlerin bu terslikleri sessizce kabullenmesi pek olası değildir! Panama’da neyin söz konusu olduğuna dair bir fikir vermek gerekirse, DEA, teletip banka transferleri yoluyla günde 350 milyon dolara yakın paranın el değiştirdiğini tahmin ediyor. Buna "bankalar arası para" denir. Bankalar arası paranın yaklaşık yüzde ellisi uyuşturucu ticaretinden kaynaklanıyor ve bu devasa para akışını yöneten Cayman Adaları, Bahamalar, Andorra, Panama, Hong Kong ve İsviçre bankalarına gidiyor. Uyuşturucu ticaretinin bir yan etkisi olarak, "dalgalanan döviz kurları" yüküyle başa çıkmak zorundayız.

Bu istikrarsızlaştırıcı etki, sistemimizin idare etmek üzere tasarlanmadığı devasa nakit hacminden kaynaklanmıştır; sabit döviz kurlarının, bir gün içinde dünya çapında sabit pariteler altında gerçekleşen muazzam ve hızlı para transferini idare etmesi mümkün değildir. "Ekonomistler", "dalgalı" döviz kuru politikasını onayladıklarında bize sahte bir mal sattılar ve asıl nedeni, yani uyuşturucu nakit akışını örtbas etmek için her türlü ekonomik jargonu icat ettiler!

Bu paranın çok büyük bir kısmı Panama'ya aktığı için, en sıkı banka gizliliğini koruyacağına güvenilebilecek bir varlık Panama'da bulunması gerekiyordu. DEA, yalnızca ABD'den yılda 3 milyar doların kaybolduğunu ve bu paranın Panama'ya aktığını tahmin ediyor. Doğu Liberal Kurumunun "mafya avukatları" olan Coudert Brothers, "Olimposlular"ın güvenilir bir elçisi olan Sol Linowitz aracılığıyla işe koyuldu. O, General Omar Torrijos'u yarattı ve onu "Panamalı milliyetçi" olarak paketleyip Amerikan halkına sattı. Onun "David Rockefeller tarafından yaratıldı" damgası, Amerikan halkının büyük çoğunluğundan özenle gizlendi.

Senato'daki CFR'nin satılmış hizmetkarlarının, Dennis De Concini ve Richard Lugar gibi adamların ihaneti sayesinde, Panama, ABD vergi mükelleflerine milyonlarca dolara mal olarak General Torrijos'un eline geçti. Ancak Torrijos, çoğumuz fani insanlar gibi, "yaratıcısının" kim olduğunu çabucak unuttu ve Olimpos tanrıları onu sahneden çekmek zorunda kaldı. Torrijos, Ağustos 1981'de usulüne uygun olarak suikasta kurban gitti. Görünüşte bir uçak kazasında öldürüldü, bu da Aristoteles Onassis'in oğlunun başına gelen "kaza"ya çok benziyordu.

Olan şey, bilinmeyen bir kişi veya kişilerin kanat

kanatçıklarının mekanizmasını değiştirmesiydi; böylece iniş için indirildiklerinde, aslında uçağı yukarı doğru uçuruyorlardı. Torrijos, Kissinger tarafından şu anda alıştığımız şekilde özenle seçilmişti. Ventrilok kuklası yerine Panamalı bir "milliyetçi" olarak rolünü ciddiye almaya başladığında, ortadan kaldırılması gerekiyordu. Kissinger, Başkanın Orta Amerika Üzerine İki Partili Komitesi'nin başına atandı; bu da Reagan'ın tutmadığı vaatlerinden biriydi. Bu, Panama üzerindeki hakimiyetini güçlendirdi, ya da en azından öyle düşünüyordu.

Panama'ya Truva atının gözünden bakmalıyız, yani Orta Amerika'ya Kissinger'in And Dağları planında gördüğü gibi, binlerce Amerikan askerinin öldürüldüğü bir savaş alanı olarak bakmalıyız. Kissinger'in emri, bölgede bir başka "Vietnam Savaşı" başlatmaktı. Panama, bu planın merkezindeydi. Ancak Torrijos'un başka fikirleri vardı. O, gerçek endüstriyel ilerleme yoluyla bölgede istikrar ve yoksulluğa çözüm getirmeyi amaçlayan Contadora Grubu'na katılmak istiyordu. Şimdi, ben Contadora'lara bağlı değilim; onlarla farklı düşündüğüm birçok alan var. Ancak Contadora'ların genel olarak, Jamaika'nın Ganja ekonomisi modelinde Orta Amerika için planlanan uyuşturucu ekonomisiyle mücadeleye kararlı oldukları inkar edilemez.

Bu sözde "serbest ticaret" fikri, Mont Pelerin Topluluğu üyeleri, özellikle de Venezüella'dan Cisneros ve Venedikli Cini Vakfı tarafından destekleniyor. Bu nedenle ve Panama'daki Rockefeller bankacılık yapısını ifşa etmekle tehdit ettiği için Torrijos "kalıcı olarak etkisiz hale getirildi"; bu, istihbarat dilinde öldürüldüğü anlamına geliyor.

Daha önce de söylediğim gibi, Hollywood'un uyuşturucu

ticareti olarak göstermeyi sevdiği küçük çaplı satıcılardan veya sokak satıcılarından bahsetmiyoruz. Büyük bankalardan ve finans kurumlarından bahsediyoruz; üst düzey kişilerden bahsediyoruz; uyuşturucu baronlarını destekleyen ve barındıran ülkelerden, Küba gibi ülkelerden bahsediyoruz; ve bir ülkeyi, Kolombiya Cumhuriyeti'ni diz çöktürecek kadar güçlü ve etkili bir " " örgütünden bahsediyoruz.

ABD Dışişleri Bakanlığı'nın uyuşturucu ile mücadeleyi engellemedeki suç ortaklığı hakkında yazacağım. Nancy Reagan'ın bu tehdide verdiği "Sadece Hayır De" şeklindeki inanılmaz derecede aptalca tepkiden bahsedeceğim. Bugün yaşananlarla karşılaştırıldığında, "French Connection" üzerinden akan eroin miktarı, kesinlikle önemsiz bir şeydi. Yine de, eski Başkan Richard Nixon'ın ABD'yi tehdit eden uyuşturucu tehlikesiyle kararlı bir şekilde mücadele eden tek başkan olduğu gerçeğini asla gözden kaçırmamalıyız. "French Connection", başından sonuna kadar Nixon'ın bir çabasıydı. Uyuşturucu ticaretine tepeden tırnağa karşı koyma cüretini gösterdiği için, görevinden uzaklaştırıldı, rezil edildi, alay konusu oldu ve Watergate skandalıyla aşağılanarak, onun örneğini takip etmek isteyebilecek diğerlerine bir ders ve uyarı olarak sunuldu. Buna kıyasla, Başkan Reagan'ın "uyuşturucuya karşı savaşı" rüzgarda uçup giden bir cevap gibiydi! Kraliyet Uluslararası İlişkiler Enstitüsü'nü kuran "İnisiyelerin Çemberi", yönünü değiştirmedi. Uyuşturucu ticaretinin, bu gizli iç topluluğun üyelerini oluşturan, birbirleriyle evlenen ve soylarını Lord Alfred Milner, Gray, Balfour, Palmerston, Rothschild ve Debrett's Peerage ile Amerika'nın Sosyal Kayıtları'nın en üst sıralarında yer alan diğerlerine kadar uzanan ailelerin torunları tarafından sıkı bir şekilde kontrol edildiğini tekrarlamakta fayda var.

Onların bankaları ve Amerikan bankaları hiç de önemsiz değildir. Aslında, daha küçük bankalar, ABD Hazine Bakanlığı'nın bilerek ya da belki de bilmeyerek verdiği yardımla ayıklanmış ya da ayıklanma sürecindedir. Bu durum, özellikle 1977'den itibaren, kirli uyuşturucu parası aklamaya karıştıkları bilinen Standard and Chartered Bank, Bank Hapolum gibi büyük bankaların, "aksiyonun" olduğu Florida'ya taşındığı Florida'da belirgindir. "Büyükler" daha sonra, küçük bağımsız kokain satıcıları tarafından kullanılan küçük bankaları ihbar etmeye başladı. Unutmayın, uyuşturucu tekelcileri kendi son derece verimli istihbarat ağlarına sahiptir. Hazine Bakanlığı küçük bankaların peşine düştü, ancak büyük bankaları rahat bıraktı. Büyük bankalar yakalandığında, ki bu birkaç kez oldu, onlara son derece hoşgörülü bir şekilde davranılır.

Cenevre'deki Credit Suisse ve First Bank of Boston vakalarına bakın. Boston'un en saygın bankalarından biri olan First National, Credit Suisse ile birlikte uyuşturucu parası aklarken suçüstü yakalandı. First National aleyhine yaklaşık 1200 ayrı iddianame düzenlendi. Adalet Bakanlığı, suçlamaları tek bir suçlamada birleştirdi ve bankaya sadece 500 dolarlık cüzi bir para cezası vererek hafif bir uyarıda bulundu! Credit Suisse, Adalet Bakanlığı veya Hazine Bakanlığı tarafından takip edilmedi! Credit Suisse, bankacılık dünyasının "dokunulmazları" olan American Express'ten sonra uyuşturucu parası aklayan en büyük ve en verimli bankalardan biri olmaya devam ediyor.

Uyuşturucu gibi karlı kirli para işine karışan diğer büyük bankalar arasında National Westminster, Barclays, Midlands Bank ve Royal Bank of Canada vardı. Royal Bank of Canada ve National Westminster Bank, David Rockefeller'ın çok övündüğü "Karayip Havzası Girişimi" kapsamında Karayip Adaları'ndaki uyuşturucu baronlarının başlıca uyuşturucu bankacılarıydı. Kissinger, IMF aracılığıyla Jamaika'ya, bugün Jamaika'nın döviz gelirlerinin büyük bir kısmını oluşturan "serbest girişim" niteliğinde esrar (marihuana) yetiştirmesini emretti. Aynı şey Guyana'da da yaşandı, bu yüzden Jim Jones oraya taşındı — ancak Jones, onu yönlendirenlerin gerçek amacından habersizdi. Vacaville tipi devasa bir beyin yıkama deneyinin parçası olarak, Jones hedefine asla ulaşamadı. Kendisini yönlendirenlerden tamamen habersiz bir şekild 'de öldü.

Jamaika, uyuşturucu parasıyla yönetilen ülkelerden sadece biridir. Edward Seaga, Jamaika'nın başındayken, Amerikan gazetelerine, özellikle de Washington Post'a, kabul edilip edilmediğine bakılmaksızın "bu endüstrinin kalıcı olduğunu" oldukça küstahça söyledi. "Onu ortadan kaldırmak mümkün değil." "Kalıcı" kısmına itirazım yok. "Eğlence amaçlı uyuşturucuların" yayılması için araç olarak rock and roll "müziğini" kullanan ve en üst düzeylerde korunan uyuşturucu ticareti, gerçekten de kalıcı olmaya mahkum görünüyor.

Bu, ortadan kaldırılamayacağı anlamına gelmez. Bence, bir yok etme programının ilk adımları, bu sektörün ana bankalarına saldırmak ve rock and roll müziğinin her türlü formunun (kasetler, diskler vb.) satışını ve rock konserlerinin tanıtımını, ağır hapis cezalarıyla cezalandırılan bir suç haline getiren yasalar çıkarmak olacaktır.

İran ile Irak arasındaki "kıyma makinesi savaşı"nın yan etkilerinden biri olarak, diasetil morfinin elde edildiği eroinin satışı hızla arttı. Bu ticaretin gelirlerinin çoğu, daha önce bahsettiğim Hong Kong ile "örtüşen" Panamalı bankalara aktarıldı.

İran'da resmi rakamlara göre 2,6 milyon eroin bağımlısı bulunuyor ve bunların 1,5 milyonu orduda; burada bağımlı askerler istedikleri zaman uyuşturucuya ulaşabiliyorlar. Hatırlanacağı üzere, İngiliz oligarşisi de Amerika İç Savaşı sırasında aynı şeyi denemiş, ancak başarısız olmuştu. Eroin parası sadece Körfez Savaşı'nı beslemekle kalmamış, aynı zamanda "özgürlük savaşçıları" gruplarını da beslemiştir. Bu terim, George Shultz tarafından, katil Afrika Ulusal Kongresi (ANC), Bask Ayrılıkçıları (ETA), İrlanda Cumhuriyet Ordusu (IRA), Sih i ayrılıkçı hareketi, Kürtler ve diğerlerini tanımlamak için kullanılmıştır. Afyon ve kokain satışından elde edilen fonlar, Dünya Kiliseler Konseyi aracılığıyla bu terörist örgütlere aktarılmaktadır.

Yukarıdakilerden, Panama'nın uluslarüstü Tek Dünya güçleri için neden bu kadar önemli olduğu anlaşılmaktadır. Panama'nın bankacılık sistemi, uyuşturucu ticaretinden elde edilen paranın saklanması için uygun bir yer olması amacıyla David Rockefeller tarafından kurulmuştur. Panama, kokainin bankacılık merkezi olarak belirlenirken, Hong Kong ise eroin ve afyon merkezi olarak kalmıştır. Panama'nın bankacılık sistemi, Rockefeller'ın planına göre, Dünya Bankası'nın eski direktörü ve uyuşturucu bankalarının kralı olan Hong Kong ve Şangay Bankası tarafından devralınan Marine Midland Bankası'nın direktörü Nicholas Ardito Barletta tarafından yeniden yapılandırılmıştır. Barletta, "saygın" imajı ve büyük miktarlarda uyuşturucu nakitini yönetmedeki tecrübesi nedeniyle kabul edilebilir bir isimdi. 1982'de Hazine Bakanlığı, Banco Nacional de Panama'nın 1980 ile 1984 yılları arasında dolar nakit akışını yaklaşık yüzde 500 artırdığını tahmin etti. Yalnızca bu dört yıllık dönemde, yaklaşık 6 milyar dolarlık beyan edilmemiş para ABD'den Panama'ya aktarıldı.

Uyuşturucu baronlarına karşı topyekün bir savaş yürüten Peru'nun eski Cumhurbaşkanı Alan Garcia, 23 Eylül 1998'de Birleşmiş Milletler'de bu konu hakkında bir konuşma yaptı ve uyuşturucu savaşında Peru'nun başarılarını ve zaferlerini sıraladı. Şöyle devam etti:

> Bu nedenle, Amerikan yönetimine şunu sorabiliriz: Biz bunu elli günde başardıysak, Grand Central İstasyonu'nda ve diğer pek çok yerde yere yığılan bireylerin insan hakları için ne yapıyorsunuz ve ne zaman yasal ve Hristiyan bir şekilde uyuşturucu kullanımını ortadan kaldırmak için mücadele edeceksiniz?

Bayan Nancy Reagan'ın cevabı "Sadece Hayır De" idi, ancak bu, ABD'nin uyuşturucu belasını ortadan kaldırmak için elinden gelenin çok altında kaldığına dair Başkan Garcia'nın ima ettiği suçlamaya bir cevap değildir. Yine de pek çok sözde "ekonomist", "serbest ticaret" adına bu iğrenç işi yasallaştırmayı talep etmeye devam ediyor.

Bunların arasında, "serbest ticaret" teorisini savunan sözde muhafazakar bir kuruluş olan Mont Pelerin Topluluğu'nun üyesi Diego Cisneros da bulunuyor. Ağustos 1961'de Omar Torrijos'un suikastının ardından (Torrijos, Henry Kissinger'ın emirlerini görmezden gelmeyi seçtiği ve tek başına hareket etme eğiliminde olduğu için suikasta kurban gitti), güçlü adam General Rueben Paredes Panama'nın kontrolünü ele geçirdi. Ancak Şubat 1981'de yanlış bir yola saptı ve ülkenin iç işlerine müdahale ettiği gerekçesiyle Amerikan büyükelçisini Panama'dan sınır dışı etmekle tehdit etti. Bunun üzerine Kissinger, Paredes'e bir mesaj iletti.

Şaşırtıcı bir "U dönüşü"yle General Paredes, Contadora politikalarına verdiği desteği bırakarak, Orta Amerika'yı

ABD ordusu için bir başka Vietnam'a dönüştürmeyi amaçlayan Kissinger'ın Andean Planı'nı aniden desteklemeye başladı. Her ne kadar birçok kusuru olsa da, Contadora Grubu temelde Orta Amerika'daki Kissinger "Truva atı"nın farkındaydı ve bölgede Vietnam tarzı bir çatışmanın gelişmesini önlemek için büyük çaba sarf etti. Henry Kissinger ve ABD Dışişleri Bakanlığı, daha önce Paredes'i "Panamalı milliyetçi, Amerika'nın sadık bir anti-komünist dostu" olarak tanıtmıştı.

Kissinger'ın sponsorluğunda Washington D.C.'ye yapılan bir ziyarette, Paredes'e bizzat Kissinger eşlik etmişti. Torrijos'un öldürülmesinden altı ay sonra, General Paredes Ulusal Muhafızların komutasını devraldı. Bundan sonra Paredes, Kolombiya'daki FARC teröristlerini açıkça övdü ve , bölgenin sorunlarına barışçıl bir çözüm bulmak için Contadora'nın çabalarını sabote etti. Ayrıca, Washington Post, New York Times ve şaşırtıcı bir şekilde Senatör Jesse Helms'in, General Noriega tarafından gasp edildiği iddia edilen Panama liderliğinin meşru varisi olarak gösterdiği Anulfo Arias ile dostluk kurmak için büyük çaba sarf etti. Garip bir şekilde, Panama Kanalı Antlaşması duruşmaları sırasında, medya çakalları Torrijos'un Anulfo Arias'ın "meşru" konumunu gasp etmesinden hiç bahsetmediler! Arias'ın bir "Nazi" olduğu ve bu nedenle Panama'yı yönetmeye layık olmadığına dair pek çok saçmalık söylendi. Bu tür bir Alman karşıtı propaganda, yorum yapmaya değmez.

Ochoa ve Escobar klanları için çalışan katiller tarafından 25 yaşındaki oğlunun ve diğer iki Panamalı "iş ortağının" acımasızca, kokain mafyası tarzında infaz edilmesine rağmen, Paredes uyuşturucu baronlarına ve onların bankacılık bağlantılarına sadık kalmıştır. Panama'nın desteğini kaybetmek, Contadoras'ın hedefleri için büyük bir darbe oldu. Bu, Panama'nın bölgeye silah satışlarını finanse etmek için "geniş açık" bir merkez olarak kalacağı anlamına geliyordu; bu silahlar, yerel liderler ile Kissinger'ın eski iş ortağı olan merhum Ariel Sharon arasında varılan bir anlaşma kapsamında özellikle İsrail tarafından tedarik ediliyordu.

Kissinger'ın meşhur tehditlerinin yanı sıra, IMF de Paredes'i şantajda rol oynadı. Kaynaklarım bana, Kissinger'ın, Paredes'in efendisiyle arası bozulursa, Panama'nın 320 milyon dolarlık borcunu yeniden yapılandırmaya yönelik IMF stand-by anlaşmasının geçerliliğini yitirebileceğini ima ettiğini söyledi. Paredes "mesajı aldı." IMF, 22 Mart 1986'da televizyonda yaptığı konuşmada IMF'nin Panama'yı boğduğunu söyleyen General Noriega ile hemen bir mücadeleye girdi.

Başkan Eric Delville ne yazık ki, Noriega'ya verilen sendikal desteği zayıflatmak için tasarlanmış IMF'nin kemer sıkma paketlerini destekledi. CONATO işçi federasyonu, IMF'nin emirleri göz ardı edilmediği takdirde General Noriega ile ilişkilerini kesmekle tehdit etmeye başladı.

General Manuel Noriega, henüz Albay Noriega iken, Panama'daki uyuşturucu ile mücadele bürosunun başındaydı ve uyuşturucu paralarının peşinden gelen yolsuzluk lekesinden Panama Ulusal Muhafızlarını korumak için on yıl boyunca mücadele etti; bu, gece gündüzün birbirini takip etmesi kadar kesindi. Ochoa ve Escobar ailelerinin Panama'yı fiilen ele geçirmiş olması nedeniyle, bu hiç de kolay bir iş değildi. Noriega'nın uyuşturucu ile mücadelesini, Uyuşturucu ile Mücadele Dairesi (DEA) başkanı John C. Lawn da doğruladı. Lawn, süslü konuşmalarıyla ya da övgü mektupları yazmasıyla tanınan biri değildi. Bu nedenle, General Noriega'ya yazdığı mektup, ona cömertçe övgüler yağdırması bakımından daha da dikkat çekiciydi.

İşte o mektubun, üslubunu ve stilini yansıtan bir alıntısı:

> *Bu fırsatı değerlendirerek, Panama'dan çok sayıda uyuşturucu kaçakçısı suçlusunun sınır dışı edilmesi, Panama'da gerçekleştirilen büyük miktarda kokain ve öncü kimyasal madde ele geçirilmesi ve Panama topraklarında esrar ekiminin ortadan kaldırılmasıyla somutlaşan, benimsediğiniz kararlı uyuşturucu kaçakçılığıyla mücadele politikasına duyduğum derin takdirimi yinelemek isterim.*

Ne *Washington Post* ne de *New York Times*, Peru'da bir gazetede yayınlanan bu övgüyü yeniden basmayı uygun görmedi. DEA ve John C. Lawn konusuna, hayati önemi nedeniyle daha sonra tekrar döneceğim.

*Washington Post'un* bu övgü dolu tanıklığa karşı koymak için yaptığı tek şey, sözde "istihbarat uzmanı" Seymour Hersh'in yazdığı, General Noriega'nın Küba'dan aldığı bilgileri CIA'ya aktaran bir "çift taraflı ajan" olduğunu iddia eden bir makaleyi yayınlamak oldu. Bu, gerçek istihbaratçılara çok iyi bilinen bir hiledir. Bu tür "ifşaatların" amacı, Küba DGI gizli servisinin suikastçılarını, Noriega'nın "Küba'ya ihanet ettiği" bahanesiyle onu öldürmeye ikna etmekti. Suikast girişimi başarılı olsaydı, bu durum dikkatleri Kissinger-bankacılar çetesinden uzaklaştıracaktı. Hersh'in bilgileri ve hikayeleri genellikle çok doğru olmamıştır ve Noriega "ifşası" da olduğu gibi görülmelidir: General Noriega'ya yönelik bir suikast girişimi için olası bir tuzak.

Noriega, elindeki kısıtlı kaynaklarla karşı koydu. Ancak, uyuşturucu ticaretine karşı atılan her adımın tehlikelerle dolu olduğu bilinmelidir.

Panama, güçlü bir düşmanın ne tür bir karşı harekete imza atabileceğinin bir örneğiydi. Karayipler ve Panama'da, uyuşturucu karşıtı güçler, Sol Linowitz şahsında Coudert Brothers hukuk bürosundan oluşan bir konsorsiyumla karşı karşıya kaldı. Konsorsiyumun diğer üyeleri arasında Fidel Castro, David Rockefeller, Henry Kissinger ve Uluslararası Para Fonu (IMF) ile bir dizi önde gelen banka ve ABD Dışişleri Bakanlığı yer alıyordu. Kissinger'in And Planı, General Noriega tarafından engelleniyordu ve uyuşturucu karşıtı tutumu nedeniyle eleştirilerin hedefi haline geldi. Panama'daki sonucun ne olacağı belliydi. Rockefeller'ın Karayip Havzası Girişimi, Fidel Castro'ya yıllık değeri en az 35 milyar dolar olan bir uyuşturucu imparatorluğu teslim etmek anlamına geliyordu ve Castro bunu mücadele etmeden bırakmaya niyetli değildi.

Kolombiya'da David Rockefeller ve Kissinger, "devlet içinde devlet" yarattılar; burada Carlos Lederer — tutuklanana kadar — neredeyse tüm ülkeyi yöneten Ochoa ve Escobar klanlarının başıydı. Bogota şehir merkezinde, şehrin yargıçlarının yarısı, uyuşturucu baronlarının özel MI9 Gerilla ordusu, diğer adıyla (FARC) tarafından infaz edildi.

Saldırı, Kolombiya'yı donmuş bir korku haline sokan tam anlamıyla bir anarşi eylemiydi. Aslında bir devrim olan tüm bu çılgın faaliyetin arkasında ne vardı? Çok basit — nakit, dalga dalga nakit, Karayipler ve Panama'daki offshore cennetlerine akıyordu. DEA, 1980-2006 yılları arasında sadece Kolombiya'nın 39 milyar dolar nakit para yatırdığını tahmin ediyor. DEA ve Hazine Bakanlığı,

Panama'nın kokain dünyasının bankacılık başkenti haline geldiğine inanıyordu ve ben bu değerlendirmeye itiraz etmiyorum. 1982'de Hazine Bakanlığı, Banco National de Panama'nın uyuşturucu paralarının ana takas merkezi haline geldiğini ve 1980'den 1988'e kadar nakit akışının altı kat arttığını belirtti.

Panama, General Noriega'nın iktidara gelmesine kadar, uyuşturucu ticaretinin başlıca isimleri için de tercih edilen buluşma yeriydi. Kolombiya hükümeti uyuşturucu ailelerinin konumunu "yasallaştırırsa" kokain gelirlerinden Kolombiya'nın dış borcunu ödemeyi teklif eden Lopez Michelson, Panama'dan oldukça serbest bir şekilde faaliyet gösteriyordu ve burada sık sık Jorge Ochoa ve Pablo Escobar ile buluşuyordu. Kolombiya uyuşturucu kartelinin bu üst düzey üyelerinin, 1974-1976 yılları arasında Kolombiya maliye bakanı olan Rodrigo Botera Montoya ile bir anlaşma yaptıkları biliniyordu. Montoya, Merkez Bankası'nda, uyuşturucu paralarının yetkililerin herhangi bir engellemesi olmadan serbestçe ve açık bir şekilde takas edilebileceği bir "açık pencere" kurmuştu. Bu "pencere" hiç kapatılmadı! Bu pencere, "ventanilla siniestra" ya da kelime anlamıyla "kötü niyetli pencere" olarak bilinen halk dilindeki adıyla daha çok tanınır. Fidel Castro, bu "pencere" aracılığıyla büyük miktarlarda ABD doları aldı.

ABD yetkilileri Botera'nın faaliyetlerinden haberdar mıydı? Elbette haberdardı. Botera, prestijli Aspen Enstitüsü ve Ford Vakfı'nın bir üyesiydi ve Inter American Dialogue'un eski eş başkanıydı. Watergate skandalının ardından Başkan Richard Nixon'a yönelik zulmü ve ihanetiyle en iyi hatırladığımız, nazik Elliott Richardson tarafından iyi tanınıyordu. Elliott Richardson'ın, son derece saygın bir Boston Brahmin'i olan üst sınıf bir üyesi olduğu ve merhum Cyrus Hashemi'nin avukatı olduğu gerçeği ise pek bilinmemektedir. Hashemi, 1979'daki Carter-Humeyni silah anlaşmasının bir numaralı silah kaçakçısıydı.

Richardson, Angola'nın Marksist hükümetinin kayıtlı temsilcisi ve hukuk danışmanıydı. Ayrıca, günümüze kadar hala soruşturulmamış olan, ürkütücü Bridgeport tesisinde 9 akıl hastasının gizemli ölümlerinin skandal niteliğindeki örtbasında da yoğun bir şekilde yer almıştı. Richardson'ın uyuşturucu ticaretiyle olan bağları, 1961'de Peru'nun Lima kentinde kurulmasına yardım ettiği, uyuşturucu yanlısı lobi kuruluşu Özgürlük ve Demokrasi Enstitüsü aracılığıyla görülebilir.

Panama trajedisinin ortaya çıkmasıyla birlikte pek çok isim gündeme geldiğinden, olayın başlıca aktörlerini ve kurumlarını listelemek yerinde olacaktır. Özellikle de aşağıdaki listeden de anlaşılacağı üzere, sayıları çok ve güçleri büyük olan Noriega'nın düşmanlarını:

**Alvin Weeden Gamboa**

Panamalı bir avukat ve uyuşturucu baronlarının kuryesi olan Weeden, diğer iki Noriega düşmanı Winston Robles ve Roberto Eisenmann ile birlikte insan haklarını savunmak amacıyla bir muhalefet partisi olan Halk Eylem Partisi'ni (PAPO) kurdu. Hepsi Panama Savunma Gücü'ne şiddetle karşı çıkıyordu ve onları Panama'nın "alternatif demokratik hükümeti"nin üyeleri olarak sınıflandıran ABD'li çakal basını ve Dışişleri Bakanlığı'ndan düzenli olarak övgüler alıyordu.

**Cesar Tribaldos**

Kolombiyalı kokain baronları için para aklama

faaliyetlerinde yoğun bir şekilde yer aldı. La Prensa gazetesinin sahibi ve PAPO üyesi Roberto Eisenmann ile birlikte Sivil Haçlı Seferi hareketinin koordinatörlüğünü yapmaktadır. Ayrıca Banco Continental'in yönetim kurulunda da yer almıştır.

**Ricardo Tribaldos**

Cesar'ın kardeşi olan Ricardo, kokainin rafine edilmesinde kullanılan başlıca kimyasal madde olan etil eter (aseton) öncül kimyasalını Panama'ya ithal etmeye çalıştığı için suçlandı. Ricardo, Kolombiyalılar Ochoa ve Escobar'ın Panama'da büyük bir kokain laboratuvarı ve işleme tesisi açacağını öngörerek 1984 yılında bu operasyonu kurmuştu.

**Roberto Eisenmann**

Roberto Eisenmann, La Prensa gazetesinin sahibi ve o dönemde ABD Dışişleri Bakanlığı'nın güçlü bir varlığıydı. Panama için önerilen "alternatif demokratik" hükümette önemli bir rol oynadı. Eisenmann, Jorge Genoa'nın önemli operasyonlarından birini mahveden ve Panama'nın 1985 tarihli " " banka yasalarını ihlal eden First Interamerica Bank'ı kapatan Noriega'dan nefret ediyordu. Bu durum, Eisenmann ve meslektaşlarını sarsmıştı.

Nicholas Barletta'nın getirdiği değişikliklerin ardından, "çıkarları" sayesinde "Panama'da bir İsviçre" kurmuş olan ve Panama ekonomisinin %80'ini kontrol eden uluslararası topluluğa karşı ciddi bir önlem alınabileceğini ya da alınacağını kimse beklemiyordu. Bu nedenle, Noriega'nın bu bilgileri DEA'ya vermesi ve bunun sonucunda büyük kokain baronu Jorge Ochoa'nın İspanya'da tutuklanması, uyuşturucu kaçakçıları ve bankacılardan oluşan bu seçkin topluluğu hayrete düşürdü. Panama'daki iktidar çevreleri bu gelişmelerden büyük sarsıntı geçirdi.

Eisenmann, Noriega'nın Panama ekonomisini mahvettiğini söyleyerek onu şiddetle eleştirmeye başladı, hatta onu kokain ticaretine karışmakla suçladı; oysa aslında Kolombiyalı kokain baronlarıyla yakın işbirliği içinde olan kişi Eisenmann'dı. Eisenmann, demokrasi yanlısı söylemleriyle izlerini örtbas etmeye çalışan bir grup uyuşturucu baronu, bankacı, avukat ve gazete editöründen biriydi; gerçek ortaya çıkmış olsaydı, bu izler onları doğrudan kokain kaynaklı kirli para aklamaya götürecekti. 12 yıl boyunca Noriega'ya yönelik saldırıları yöneten Eisenmann, Noriega devrildiğinde iktidara getirmeyi planladığı hükümetin başına geçmesi için ABD Dışişleri Bakanlığı'nın ilk tercihi idi. Bu bilgiyi şüpheyle karşılayan okuyucular olabilir, ancak sağlam gerçeklerle desteklendiği için bilgilerimin her türlü sınamaya dayanacağından eminim. 1964'te Eisenmann, Fernandez çetesinin kokain ve esrarını akladığı Miami'deki Dadeland Bank'ın satın alınmasının arkasındaki kişi olarak ifşa edildi; bu, bankaların DEA tarafından soruşturulmasının haklı bir gerekçe olduğu konusunda yeterli bir kanıttı. Ancak bu gerçekleşmedi.

1984'te suçlanan Fernandez çetesi, uyuşturucu ticaretinden elde ettiği büyük miktarda nakit parayı Panama'ya aktarmadan önce bankadaki kiralık kiralık kasalarda saklıyordu ve mahkeme kayıtları, çetenin Eisenmann'ın Dadeland Bankası'nın çıkarılan toplam hisselerinin çoğunluğuna sahip olduğunu gösteriyor. Yine de Noriega'yı uyuşturucu baronlarıyla iş yapmakla suçlayanlar Weeden, Eisenmann ve Fernandez'di. Kamuoyuna duyurulmasının ardından Fernandez çetesi, kirli parasını Dadeland Bank'tan, iddianamede kullandığı

15 Panamalı bankadan biri olarak adı geçen Banco de Iberoamerica'ya aktardı. Eisenmann daha sonra, Dadeland Bank'ın uyuşturucu parası aklamak için kullanıldığından haberi olmadığını yemin etti.

**Carlos Rodriguez Milian**

Lederer, Escobar ve Ochoa kardeşlerin bu olağanüstü kuryesi, yeminli düşmanı General Noriega'dan gelen bir ihbar üzerine DEA ajanları tarafından tutuklanana kadar aylık 2 milyon dolar maaş alıyordu. Görevi, aklanmak üzere Bank of America, First Boston ve Citicorp gibi kurumlara devasa miktarlarda uyuşturucu parasının teslimini ve denetimini içeriyordu.

11 Şubat 1988'de Senato Dış İlişkiler Uyuşturucu Alt Komitesi'nde, General Noriega'nın adını lekelemek ve karalamak amacıyla düzenlenen duruşmada Milian, uyuşturucu ile ilgili ticari faaliyetlerinden dolayı 43 yıl hapis cezasına çarptırıldığı cezaevinden, General Noriega aleyhine tanıklık etmek üzere getirildi. Ancak, birkaç Amerikan bankasına büyük miktarda uyuşturucu parası teslim ettiğini açıklayarak duruşmayı aksattı ve Komite üyelerini korkuttu. Yemin altında yaptığı bu beklenmedik ve istenmeyen açıklamalar, ABD haber medyasının çakalları tarafından tamamen sansürlendi.

**Yarbay Julian Melo Borbua**

1964 yılında Panama Ulusal Muhafızları'ndan onursuz bir şekilde ihraç edilen Borbua, Noriega aleyhindeki yıldız tanıklardan biri oldu. Hala Ulusal Muhafız Teşkilatı'nda görev yaparken, Kolombiya'da Ochoa kardeşlerle tanıştı. Kardeşler ona bir iş verdi ve Panama ormanlarındaki

Darien'de bir kokain laboratuvarı açması, çoğunluğu İsrail menşeli silahların satışı için güvenli depolama ve nakliye tesisleri ile güvenli barınaklar temin etmesi ve bu yasadışı işlemlerden elde edilen nakit akışını kolaylaştırmak için çeşitli bankalarla anlaşmalar yapması karşılığında 5 milyon dolar ödedi. Bu komploda yer alan diğer kişiler, Panama'ya etil eter ithal etmeye çalıştığı için suçlanan Ricardo Tribaldos ve Gabriel Mendez idi.

Tribaldos ve Mendez, Noriega'nın adamları büyük miktarda etil eter sevkiyatını imha etmeye başladığında ve büyük bir kokain laboratuvarını bulup tahrip ettiğinde, işlerin ters gittiğini anladılar. Kimliği açıklanmayan kişilerin yönlendirmesiyle Tribaldos, Mendez ve Borbua, Panama'dan büyük çaplı bir sermaye kaçışı planladılar.

Plan, orduya karşı bir saldırı ve karalama kampanyası düzenlemeyi ve mümkünse Noriega'yı suikast yoluyla ortadan kaldırmayı öngörüyordu. Ancak bunların hiçbiri gerçekleştirilemeden, Panama Savunma Gücü (PDF) komployu ortaya çıkardı ve üçlüyü tutukladı. Mendez ve Tribaldos uyuşturucu kaçakçılığı suçlamasıyla yargılandı ve hapse girdi, ancak şüpheli koşullar altında bir Panama mahkemesi tarafından serbest bırakıldı. Borbua, PDF'den onursuz bir şekilde ihraç edildi. Hepsi, General Noriega'yı devirmek için kurulan Civic Crusade cephesinin aktif üyeleri oldular.

**Sivil Haçlı Seferi**

Eisenmann ve ortakları için bu cephe, yalnızca General Noriega'ya karşı kullanılmak üzere bir araçtı. Destekçileri Eisenmann, Barletta, Tribaldos, Castillo ve Blandon, Elliott Richardson, Norman Bailey ve Sol Linowitz'di. Sivil Haçlı

Seferi, Haziran 1987'de Washington D.C.'de kuruldu ve kendini "Panama'nın Noriega muhalefetinin uluslararası temsilcisi" olarak tanımlayan Lewis Galindo, bu örgütü yönetmek üzere işe alındı.

Galindo, Trilateral Komisyon ve Sol Linowitz aracılığıyla Dışişleri Bakanlığı'ndaki Shultz fraksiyonu ve Doğu Liberal Kuruluş nezdinde kusursuz bir itibara sahipti. Sol Linowitz, Olympian'ın en güvenilir hizmetkarlarından biri ve prestijli Coudert Brothers hukuk bürosunun ortağıydı. Bu hukuk bürosu, ABD Anayasası'nın açıkça yasakladığı bir şekilde, Panama'daki ABD egemenlik alanını devrederek ABD'ye ihanet edecek olan büroydu; Galindo, uyuşturucu istihbarat ajanları tarafından genellikle 1974-1978 yılları arasındaki görev süresi boyunca Kolombiya'daki kokain ve esrar ticaretinin denetleyicisi olarak görülen eski Kolombiya Cumhurbaşkanı Alfonso Lopez Michelson nezdinde de kusursuz bir itibara sahipti.

## Robles Kardeşler

Ivan Robles ve kardeşi Winston, Panama'da tanınmış avukatlardır. Tanınırlıklarını kokain ticareti patronlarına ve onların bankacılarına borçludurlar. Winston Robles, Fernandez-Dadeland Bank ile bağlantıları kanıtlanmış Roberto Eisenmann'ın La Prensa gazetesinin ortak editörüdür. Uluslararası Hukuk Rehberi, hukuk bürosunun doğru adını Martindale-Hubbell, Robles ve Robles olarak vermektedir. La Prensa'nın sahibi Eisenmann, Fernandez çetesiyle geçmişte şüpheli bağlantıları olan Dadeland Bank'ın kanıtlanmış üçte bir hissedarıdır ve eski Dışişleri Bakanı George Shultz ile Dışişleri Bakanlığı tarafından General Noriega'nın yerine geçmesi için desteklenmiştir.

Bu "müzakereler", 5 Şubat 1988'de Miami, Florida'daki bir büyük jüri tarafından Noriega aleyhine yöneltilen tamamen asılsız uyuşturucu kaçakçılığı suçlamalarından kaynaklanıyordu. Bu iddianame, Amerikan halkının hukuk sistemimize eklenmiş bu arkaik, feodal "yıldız odası" (Büyük Jüri) ekinden kurtulmasının ne kadar acil bir ihtiyaç olduğunu bir kez daha ortaya koyuyor. "Müzakereler" hakkındaki en son bilgi, George Shultz'un şu açıklamasıdır:

> Onunla (Noriega) çok sayıda görüşme yaptık, ancak Noriega'nın gönüllü olarak istifa etmesi halinde aleyhindeki suçlamaların düşürüleceğine dair henüz herhangi bir anlaşmaya varmadık.

## Amiral John Poindexter

Noriega'ya yöneltilen asılsız suçlamalar, Poindexter'ın generali görevinden istifa etmeye zorlama yönündeki başarısız görevinden kaynaklandı. Poindexter'ın Shultz adına üstlendiği görev, Başkan Reagan'ın Başkan Marcos'u devre dışı bırakma yönündeki açık sözlü mesajıyla aynı çizgideydi; bu mesaj, Poindexter'dan çok daha iyi bir Yahuda rolü oynayan Senatör Paul Laxalt aracılığıyla iletilmişti. Poindexter'ın görevi, uyuşturucu baronları, bankacılar, avukatlar ve onların ABD'li müttefikleri tarafından, General Noriega ve PDF'nin uyguladığı anti-kokain bankacılık yasaları ve politikalarının sıkı bir şekilde uygulanmasından kaynaklanan varlıklarına yönelik tehdidi Panama'dan ortadan kaldırmak amacıyla başlatılan mevcut savaşı tetikledi. Mike Wallace ile yaptığı televizyon röportajında Noriega, Poindexter'ın bir zorba olarak geldiğini ve Panama'n 'sinin Olimposluların (300'ler Komitesi) sömürgeci taleplerine boyun eğmesini talep ettiğini açıkça belirtti.

Nikaragua'nın ABD askeri güçleri tarafından işgal edilmesine karşı değildim; ancak bir başka Vietnam tarzı savaş, yalnızca Tek Dünya Hükümeti'nin ve kapılarımızın içindeki hainlerin işine yarayacaktı. Poindexter, Noriega'nın zorla görevden alınmasını savunacak kadar ileri giden ABD medyası tarafından destekleniyordu. Poindexter'ın tehditlerine sert bir reddedişle yanıt verdiğinde, Noriega işlerin çığırından çıktığını anladı. Bunun üzerine Peronistlerle ittifak kurup onların desteğini aradı. Arjantin'in Mar del Plata kentinde Peronist liderlerle yapılan bir toplantıda, Noriega ve orta kademe subaylardan oluşan heyeti, aradıkları güvenceleri aldı. Ancak Arjantinlileri korkutup kaçırmak için karşı önlemlerin alınması çok uzun sürmedi. İngiliz birlikleri, Arjantin'in Panama'nın iç işlerine müdahale etmesi durumunda ne olacağını göstermek için Malvinas'ta "tatbikatlar" düzenledi ve ABD Güney Bölge Komutanlığı başkanı General John Calvin, Arjantin Savunma Bakanı Horacio Juanarena ile görüşmeye gitti. Görünüşte toplantı, İngiliz tehditleri ve Malvinas konusunda iki ülke arasında artan gerginlikleri ele aldı.

General Galvin, Juanarena'ya Arjantin'in Panama'ya karışmaması gerektiği konusunda sert bir uyarıda bulundu. Galvin'in Buenos Aires'e yaptığı ziyaret, eski Başkan Jimmy Carter'ın İran Şahı'na ihanet ettiği dönemde General Hauser'in Tahran'a yaptığı ziyaretle oldukça uygun bir şekilde karşılaştırılabilirdi.

"Operasyon Pisces" kod adıyla yürütülen üç yıllık bir soruşturmanın ardından gerçekleştirilen DEA uyuşturucu operasyonu, uyuşturucu baronlarının ve destekçilerinin muazzam kârların yararlandığını ortaya çıkardı. 1985 yılına kadar kimse onları ciddi şekilde rahatsız etmemişti. Ancak 1985'te, daha önce nadiren kullanılan yasaların sindirme, rüşvet ve yolsuzlukla başa çıkılması gereken bir sorun haline gelmesi sadece belirsiz bir olasılık gibi görünürken, Noriega artık tehdit edilemeyeceğini veya satın alınamayacağını ve işini ciddiye aldığını gösteriyordu.

"Operasyon Pisces", 18 Panama bankasındaki 54 hesabı kapattı ve 10 milyon dolar ile büyük miktarda kokainin ele geçirilmesiyle sonuçlandı. Daha sonra, bankaların PDF'den bazı kişiler tarafından uyarıldığı ve baskın yapılmadan önce büyük miktarda nakit parayı çekebildikleri ortaya çıktı. Bunu, mevduatlarının kan ve kokainle lekelendiğine inanılan bankalardaki 85 hesabın daha dondurulması izledi; bu eylem Panama Savunma Gücü (PDF) tarafından gerçekleştirildi. Kolombiya, ABD ve bazı Küba asıllı Amerikalı 58 önemli "kurye" tutuklandı ve uyuşturucu kaçakçılığı suçlamasıyla yargılandı. "Operasyon Pisces", uyuşturucu kaçakçılarının gelecekte nelerle karşılaşacaklarını bildiren Panama 23 sayılı yasanın kabul edilmesiyle mümkün oldu. *La Prensa*, Panama Savunma Gücü'nün Amerikan Hükümeti adına uyuşturucuya karşı bir tanıtım kampanyası yürüttüğünü ve bu kampanyanın "Panama bankacılık merkezini mahvedeceğini" söyleyerek sert bir şekilde şikayet etti.

**Jose Blandon**

Uyuşturucu yanlısı konsorsiyum tarafından 180 derece dönüş yapan Jose Blandon sahneye çıktı. Kokain karşıtı güçlere karşı gelişen savaşta Blandon'a verilen rol neydi?

'i General Noriega'yı devirmeye çalışan Elliott Richardson-Sol Linowitz fraksiyonu için sözde "uluslararası destek" toplamak üzere işe alındı. Bunu yaparken Blandon, kendini ikiyüzlü ve tam bir yalancı olarak ifşa etti. Blandon, Willie Brandt'ın Sosyalist Enternasyonali'ne (bazı çevrelerde The Partnership olarak da bilinir) hizmet etti. Noriega'nın baş suçlayıcısı olarak göreve başlamadan önce, Panama'nın New York Başkonsolosu olan Blandon, 11 Ağustos 1987'de Panama TV'ye çıkarak Noriega'yı destekledi. General Noriega'ya karşı duran güçlere şiddetle saldırdı — bu düşmanlığı, esasen Jose Blandon'un ortadan kaldırılmasını amaçlayan bir kampanya olarak nitelendirdi.

Dışişleri Bakanlığı'nın "Panama" sözcüsüne daha yakından bakalım. Noriega'yı destekleyen televizyon programına çıktıktan kısa bir süre sonra, aslında bir aydan az bir süre içinde, Blandon, Shultz, Kissinger ve Elliot Abrams gibi Doğu Liberal Kuruluşu tarafından yakalandı ve yanlış ata oynadığını, desteğini kesmesi söylendi. İstihbarat raporlarına göre, Blandon'a Noriega'nın geleceğinin ne olacağı konusunda hiçbir belirsizlik bırakılmadı. Ona oldukça açık bir şekilde, "kazanan takıma katıl" ya da "yeni hükümet" iş başına geldiğinde kendini dışlanmış bulursun denildi. Her zaman çıkarcı bir kişi olan Blandon, hiç vakit kaybetmeden rotasını değiştirdi ve "Noriega'yı devirme" akımına katıldı. Taraf değiştirmesinden kısa bir süre sonra Blandon, "General Noriega'ya karşı uluslararası toplumdan destek topladığını" açıkladı.

Bunun üzerine konsolosluk görevinden derhal görevden alındı. Hiçbir hükümet, temsilcilerinin "devrilmesini savunan yabancı güçlerle" komplo kurmasını göze alamaz. Blandon, Dışişleri Bakanlığı ve ABD haber medyası tarafından hemen desteklendi. Dr. Norman Bailey tarafından, Noriega'nın iddia edilen "uyuşturucu kaçakçılığı" hakkında gerçekten şaşırtıcı bilgiler verecek, saygın bir üst düzey Panamalı yetkili olarak lanse edildi. , Blandon'a Bailey, Civic Crusade ve Sol Linowitz tarafından hemen maddi destek verilmediğinden tam olarak emin olamıyorum, ancak Washington, Blandon'un Linowitz, Norman Bailey ve Civic Crusade'in paralı bir uşağı olduğunu doğrulayacak bazı bilgiler aldığını söyledi. ABD'de General Noriega'yı temsil eden Miami'li avukat Ray Takiff, Blandon'un ABD hükümeti tarafından maaşlı bir yalancı olduğunu açıkça söyledi.

Blandon'un kontrolörlerinden biri, daha sonra Sırbistan hükümetini devirmede kirli bir rol oynayan Uluslararası İlişkiler Dışişleri Bakan Yardımcısı William G. Walker'dı. Aldığım raporlara göre, Noriega karşıtı Senato Dışişleri Terörizm, Narkotik ve Uluslararası Operasyonlar Alt Komitesi'nde Blandon'a ifadesini hazırlayan Walker'dı. Walker daha sonra Sırp lider Milosevic'in yıkılmasında kilit bir rol oynadı; bu olay ülkenin çöküşüne ve sonuç olarak Arnavutluk'tan gelen Müslüman bir hükümetin iktidarı ele geçirmesine yol açtı.

Blandon, bir konudan diğerine çılgınca atlamasıyla tanınıyordu, ortada durup fikrini değiştirmesinden bahsetmiyorum bile. Walker, Blandon'un, Rodriguez Milian'ın önde gelen Amerikan bankalarını utandıran ifşaatında olduğu gibi, "açık ve kapalı" komite önünde ifade verirken, karmaşıklığa yol açabilecek alanlara sapmamasını sağlamak istiyordu. Artık tanıdığımız Civic Crusade'den Lewis Galindo, Walker ve Dr. Norman Bailey ile birlikte Blandon'un bir başka "koçu"ydu. Galindo, "Noriega'yı yakalamak" için hevesli Senato Alt Komitesi'ne ifade verirken, Blandon'a konudan sapmamasını söylemekle çok zaman harcadı.

Komite, Blandon'un “ ” tarzındaki “gerçekleri” çarpıtma eğiliminden haberdar olmalıydı; tıpkı onun oldukça şüpheli “üst düzey uluslararası bağlantıları” hakkında da bilgi sahibi oldukları gibi. Yine de Senato Alt Komitesi, 8-11 Şubat tarihleri arasındaki oturumların büyük bir bölümünde Blandon'u Noriega aleyhindeki baş tanığı olarak sundu. Bu durum, kurumlarımıza ve geleneklerimize değer veren tüm vatanseverleri derinden rahatsız etmelidir.

Noriega'ya yönelik saldırı, adalet sistemimiz üzerinde ciddi şüpheler uyandırmasının yanı sıra, kurumlarımızı da küçük düşürmüş ve değersizleştirmiştir. Mahkeme delil kuralları ve çapraz sorgu altında birkaç dakikadan fazla dayanamayacak olmasına rağmen, Blandon'un ifadesinden en iyi şekilde yararlanmak isteyen komite üyeleri, General Noriega'ya yönelik tutarsız ve saçma sapan tiradını hevesle dinlediler. Komite üyelerinin bu kadar geniş bir hoşgörü payı gösterip, ona karşı son derece özenli davranmalarına rağmen, Blandon, savcılık tanığı olarak çağrılan suçlular Floyd Carlton ve Milian Rodriguez kadar acınası bir durumdaydı.

Yargılama, "gösteri mahkemelerini" andırıyordu ve Amerikan sisteminde yeri yoktu. Eğer politikacılarımızın "açık hükümet" dediği şey buysa, o zaman Tanrı Amerika'nın yardımcın olsun. Alt komite duruşmaları bir "yargılama" olarak sınıflandırılabilir mi? Ben bunun General Noriega'nın yargılanması olduğuna inanma eğilimindeyim, ancak alt komite başkanı John Kerry kendisine bu soru yöneltildiğinde bunu kategorik olarak reddetti. Kerry, Blandon'u köpek gösterisinde bir köpeği ringde gezdirir gibi komite önünde gezdirdi. Blandon tutarsız bir şekilde gevezelik etmeye başladığında, Kerry defalarca "dur evlat — o kadar hızlı değil" dedi. Bu, ABD başkanlığına aday olacak olan aynı John Kerry'dir. Tanrıya şükür ki yenilgiye uğradı.

Kerry, Blandon'un Noriega'yı destekleyen son televizyon

konuşmasının gündeme getirilmemesini sağladı. O konuşmada Blandon, PDF komutanına yöneltilen suçlamaların "uydurma" olduğunu söylemiş ve hiçbir PDF subayının uyuşturucu kaçakçılığına karıştığını şiddetle reddetmişti. Bu iyi bir siyasi hamle olabilir, ancak adalet açısından kötü bir durumdur. Sonunda, kendi saçmalıklarını takip edemeyen Blandon, kendisiyle çelişti ve aynı olaylar hakkında o kadar farklı açıklamalar yaptı ki, medyanın çakalları, özellikle de *Time Dergisi*, Blandon'un güvenilirliğinin hiç olmadığını isteksizce kabul etmek zorunda kaldı! Ancak, Star Chamber tanığını kaybetmeyi göze alamayan John Kerry için durum böyle değildi.

Noriega'nın uyuşturucu kaçakçılığına karıştığına dair Blandon'un "gerçekleri" nereden geliyordu? Bu alandaki uzmanlar tarafından hazırlanan dikkatli analizler, Norman Bailey, Lopez Michelson, Roberto Eisenmann ve Lewis Galindo'nun kullandığı ifadeler ile Blandon'un kullandığı birçok kelime ve ifade arasında çarpıcı bir benzerlik olduğunu gösterdi. Dolayısıyla, bu adamlar Blandon'un ağzına sözler koymuş olabilirler. Gayrimenkulden servet kazandığı varsayılan milyoner Galindo ve daha önce tanıştığımız *La Prensa*'dan Eisenmann'ı zaten tanıyoruz, ancak Galindo'nun Üçlü Komisyon'dan Sol Linowitz ve onun yakın arkadaşı Dr. Norman Bailey'nin güvenini kazandığını da belirtmek yararlı ve gereklidir.

**Lopez Michelson**

Lopez Michelson, 1974-1978 yılları arasında Kolombiya Cumhurbaşkanıydı ve bu dönemde, DEA ajanları tarafından Bahamalar'dan kaçmaya zorlanan Carlos Lederer'i yeniden yerleştiren Fidel Castro ile çok samimi oldu. Michelson'un maliye bakanı Rodrigo Bolero Montoya , Michelson'un kokain baronları Ochoa, Lederer ve Escobar adına yürüttüğü gözetim faaliyetlerinin bir parçası olarak Kolombiya ulusal bankasında "karanlık pencere"yi açarak kokain baronlarının uyuşturucu paralarını yatırmalarını kolaylaştırdı. Lopez Michelson, Kolombiya'nın dış borç yükümlülüklerini ödemek için yaptıkları teklif karşılığında uyuşturucu baronlarını yasallaştırmaya bile çalıştı!

**Nicolas Ardito Barletta**

Dışişleri Bakanlığı'nın tuttuğu uşaklardan bir diğeri de Nicolas Ardito Barletta'ydı. Ulusal Güvenlik Konseyi'nden Norman Bailey'nin dostu ve sırdaşı, NSC-CIA "bankacı şubesi"nin başkanı, Sol Linowitz ve William Colby'ye yakın olan Barletta, açıkça "Noriega'yı yakala" fraksiyonunun önemli bir müttefikiydi. Blandon'un katı banka gizliliği yasalarını yürürlüğe koymasından kısa bir süre sonra Panama'nın uyuşturucu kaçakçıları ve onların kara para aklama bankaları için bir sığınak haline geldiğinden daha önce bahsetmiştim: tam da kokain ticaretinin "patlaması" için zamanında. Blandon'un banka gizliliği yasası, General Noriega bu müthiş sorumluluğu üstlenene kadar hiçbir zaman sorgulanmamıştı. Blandon'un düşmanlarıyla ittifak kurmasına şaşmamak gerek. Blandon, Washington'da Panama'nın "bankacı adamı" olarak biliniyordu.

**Steven Sarnos**

Uyuşturucu kaçakçısı olarak tanımlanan Sarnos, Amiral Poindexter gibi yönetim yetkililerine ve Barletta gibi önemli şahsiyetlere şaşırtıcı derecede kolay erişim imkanına sahip görünüyordu. Sarnos, Noriega'ya karşı karalama kampanyasını başlatan Eisenmann, Galindo ve diğerlerinden oluşan grubun bir parçasıydı. Görünüşe göre Sarnos, Jose Blandon'un birçok "koçundan" biriydi.

Sarnos, Federal tanık koruma programının koruması altında, ABD'deki üst düzey bağlantılarını ziyaret etmek için seyahat ediyor. Belki de Sarnos'un sağladığı kanıtlar nedeniyle, eski meslektaşı ve iş ortağı Fernandez, esrar ticareti suçundan hapis cezasına çarptırıldı. Bunu asla öğrenemeyebiliriz, ancak eski BM Genel Sekreteri Başkan Waldheim gibi bir adamın kara listeye alınmış olmasına karşın, Sarnos'un ABD'ye seyahat etmesine izin verilmesinin nedeni bu olmalı.

John Kerry başkanlığındaki Senato komisyonu, Blandon'un son derece tutarsız ifadesini telafi etmek için elinden gelen her şeyi yapmış görünüyordu. Basın tarafından Blandon'un değişen ifadesi, yanlışlıkları ve çelişkileri hakkında sorgulandığında, komisyon üyelerinden Senatör D'Amato şöyle dedi: "Halkla ilişkiler uzmanları, Bay Blandon'un ifadesini itibarsızlaştırmak için her şeyi yapmaya çalışırlardı." Ancak sonunda Blandon'un ifadesinin, aşırı gelişmiş bir hayal gücünün ürünü olduğundan başka bir şey olmadığı ortaya çıktı. Blandon'un, CIA'nın bazı ABD senatörlerinin özel hayatlarını gözetlediğini doğrulayan belgeler gördüğü iddiası – ki bu iddia CIA tarafından şiddetle reddedilmiş, ancak Blandon tarafından yeniden teyit edilmişti – büyük bir heyecan yarattı. Blandon'un CIA ile ilgili "bomba" açıklaması, komiteyi, Milian'ın önde gelen ABD bankalarının uyuşturucu parası aklamaya karıştığını ifşa etmesi kadar sarsmıştı.

"Noriega'yı yakala" komplosunu destekleyen "etkili uluslararası şahsiyetlerden" bir diğeri de CNN'den Ted Turner'dı. Turner'ın, David Rockefeller tarafından kişisel olarak "dönüştürülen" bir Trilateral Komisyon üyesi olduğu düşünülüyor. Görünüşe göre adı Noriega'nın düşmanları listesine eklenmişti. Roberto Eisenmann'ın La Prensa gazetesi, Senato Alt Komitesi'ndeki duruşmaların gidişatına rahat bir nefes aldı. Uyuşturucu bankacılarının Panama politikasının bundan böyle ABD'nin resmi politikası olacağı açıktı. ABD'nin PDF'ye karşı yürüttüğü kampanya, "baskı gördüğü" için öfkeyle haykıran La Prensa'nın sayfalarınd 'dan doğrudan alınmıştı. Kokain baronları ve bankacıları, o dönemde dünyanın en iyi uyuşturucu kaçakçılığıyla mücadele eden kişisi olan General Manuel Noriega'ya karşı Reagan yönetiminin söylediği nefret şarkısının sözlerini yazdılar.

Noriega'nın karalanmış olması, uyuşturucu savaşında ne kadar etkili olduğu konusunda bize bir şeyler söylemelidir. Eğer o önemsiz bir kişi olsaydı, Washington'da veya Panama'da kimse onunla uğraşmazdı. Uluslararası bir nefret ve iftira kampanyası hızla doruğa ulaştı ve Noriega'nın devrilmesiyle sona erdi. En güvenilir bilgilere dayanarak, Noriega'nın zorla görevden alınmasından sonra bile büyük tehlike altında kaldığına inanıyorum. Bu bilgi, Noriega'nın kaçırılıp Florida'daki bir hapishaneye nakledilmesi ve ardından hiçbir Batı ülkesinin hukukunda eşi benzeri olmayan bir sahte mahkeme yargılamasının ardından doğru olduğu ortaya çıktı. Uyuşturucu baronları ve bankacıları affetmeyecek ve unutmayacaktır. Noriega, Nikaragua'daki General Somoza'nın öldürülmeye mahkum edildiği gibi ortadan kaldırılmak üzere işaretlenmişti.

Alt Komite'nin duruşmalarından bazı olumlu sonuçlar da çıktı. General Paul German, Blandon ve Norman Bailey'nin iddia ettiği gibi Noriega'nın herhangi bir suçu olduğuna dair kanıt bulmadığını reddetti. Noriega'nın kokain baronlarıyla bağlantısı olduğuna dair somut bir kanıt olmadığını söyledi. German, söylentiler olduğunu ancak hiçbir zaman gerçek bir kanıt bulunamadığını söyledi. Komite, Kerry ne kadar öfkelenip bağırsa da, Noriega aleyhine yöneltilen sahte suçlamaları destekleyecek tek bir güvenilir kanıt bile sunamadı; yine de Noriega suçlu bulundu ve asla tahliye edilmeyeceği ömür boyu hapis cezasına çarptırıldı.

Blandon, Barletta, Linowitz, Elliot Abrams, Elliott Richardson, Lewis Galindo ve Roberto Eisenmann, diğerleri arasında, uyuşturucu ticaretinin yasallaştırılmasını istiyor. Richardson'ın bu konudaki yaklaşımı son derece kurnazdı. Aslında öyle görünmeden uyuşturucunun yasallaştırılmasını savunuyordu. Benimsediği çizgi, uyuşturucu tehdidiyle mücadele etmenin "çok geç" olduğu ve onu bastırmak için ne kadar çaba gösterilirse gösterilsin, tıpkı daha önce alkolde olduğu gibi, en iyi yolun uyuşturucuyu yasallaştırmak olduğu yönündeydi. Richardson ve onun Doğu Liberal Kuruluşu bankacı fraksiyonuna göre bu, uzun vadede çok daha etkili ve daha az maliyetli olacaktır — tam da Senatör Edward Kennedy'nin uyuşturucuyu yasallaştırmak için sayısız girişiminde benimsediği çizgi.

Edward Kennedy, kardeşlerinin kaderinden kurtuldu, çünkü Senato'da yerleşik düzenin tasarılarını geçirmek için kullanışlıydı — siyasi kariyerini sürdürmesinin tek nedeni buydu. Kennedy bir kez bile uyuşturucu yanlısı yasaya karşı oy vermeye cesaret ederse, ortadan kaldırılacaktır. Bunu biz de biliyoruz, o da biliyor. Durum bu kadar net. Richardson, Sol Linowitz'in 1986 tarihli Inter-American Dialogue raporundan alıntıladığı makalesinde, ABD'nin sonunda alkolü yasallaştırmak zorunda kaldığı gibi, kokain ve esrar kullanımının yasallaştırılmasını desteklemek için *La Prensa* ve Carlos Lederer tarafından öne sürülen argümanları pratikte aktarıyor. Amerika Kıtası Diyaloğu, 300 Komitesi'nin himayesinde, bölge için Üçlü Komisyon'un politika belirleme sürecini takip eden, Doğu Liberal Kuruluşu ile Latin Amerika'nın fikir birliğidir.

Kısacası, bu kuruluş Trilateral Komisyon kararlarını onaylamak için var. Üye listesine bakıldığında, bu kuruluşun CFR emirlerini yerine getirmek için ne ölçüde kurulduğu kolayca anlaşılabilir. McGeorge Bundy, Linowitz, Kissinger, John R. Petty, Robert S. McNamara, Barletta ve Montoya gibi isimlerin ortaya çıktığı yerlerde, kavşağında kirli işlerin döndüğünden emin olabiliriz.

Kolombiyalı kokain baronlarının kuryesi Samper Pizano, Batı için uyuşturucu sorununa yeni ve taze bir yaklaşımın düşünülmesi gerektiğini söylüyor. Kolombiyalı kokain baronlarıyla olan bağlantılarını inkar etmeyen Pizano, bir keresinde Lopez Michelson'a başkanlık kampanyasına "katkı" olarak çok yüklü bir meblağda bir çek sunmuştu. Michelson, paranın Carlos Lederer'den geldiğini bildiği halde kabul etmişti.

Seçici yasallaştırma konusundaki bayat argüman Richardson tarafından da ortaya atıldı. Görünüşe göre ABD'deki 65 milyon uyuşturucu bağımlısı yeterli bir sayı değil. Richardson, uyuşturucuya karşı savaşın kazanılamayacağını ima ediyor; bu da, Başkan Garcia'nın sadece elli gün içinde ve elindeki son derece sınırlı kaynaklarla kokain mafyasına indirdiği ağır darbeleri görmezden gelen, eski ve tehlikeli bir argüman! En önemli nokta şu ifadedir: ... uyuşturucunun yasadışı olması, hem bağımlılar hem de Amerika kıtasındaki toplumlar için zararı daha da artırmaktadır. Bir yargı görevlisi olarak Richardson, Amerikan Barolar Birliği tarafından soruşturulmayı, uyuşturucu satışını teşvik etmekle suçlanmayı ve bu suçlamalarla yargılanmayı hak etmiştir. Inter-American Dialogue'un, uyuşturucuyu yasallaştırma girişimlerini destekleyen bir uyuşturucu bankacıları kulübü var. First Bank of Boston, Credit Suisse ve Kolombiya'nın kokain baronları arasında kanıtlanmış bir bağlantı olduğunu ispat etmek zor olmaz; Jose Blandon'un çarpık ifadesini inandırıcı ve kabul edilebilir kılmaya çalışmaktan çok daha kolaydır.

Noriega'yı karalayan Senato Alt Komitesi, uyuşturucu ticaretiyle mücadelede " "ın güvenilirliğini gerçekten sağlamak istiyorsa, neden Credit Suisse, First Bank of Boston, American Express ve Bank of America'nın peşine düşmedi? John Kerry'nin tüm bu olaylardaki rolü neydi? Dışişleri Bakanlığı Noriega'dan ne zaman gerçekten korkmaya başladı?

Tahminimce, bu, DEA tarafından 6 Mayıs 1987'de kamuoyuna açıklanan ve "Federal uyuşturucu kanunları uygulama tarihindeki en büyük ve en başarılı gizli soruşturma" olarak nitelendirilen, "Operasyon Pisces" kod adlı DEA-Panama ortak uyuşturucu karşıtı operasyonun başarısının hemen ardından oldu. Dışişleri Bakanlığı, "Operasyon Pisces"in başarısını baltalamak ve General Noriega'yı Panama Savunma Kuvvetleri Komutanlığı görevinden uzaklaştırmak için, bu makalede adı geçen kişilerle birlikte derhal karşı operasyonlara başladı. Dışişleri Bakanlığı ve uyuşturucu yanlısı lobideki müttefiklerinin Noriega'dan korkmak için iyi bir nedeni vardı; bunu, DEA başkanı John C. Lawn'ın 27 Mayıs 1987'de Noriega'ya yazdığı mektubun aşağıdaki alıntısı açıkça ortaya koyuyor:

> Bildiğiniz gibi, kısa süre önce sona eren Pisces Operasyonu büyük bir başarıya ulaştı; uyuşturucu

> kaçakçıları ve uluslararası kara para aklayıcılardan milyonlarca dolar ve binlerce kilo uyuşturucu ele geçirildi. Operasyon Pisces'e olan kişisel (vurgu eklenmiştir) bağlılığınız ve Panama Cumhuriyeti'ndeki diğer yetkililerin yetkin, profesyonel ve yorulmak bilmeyen çabaları, bu soruşturmanın nihai olumlu sonucuna ulaşılmasında hayati öneme sahipti. Dünyanın dört bir yanındaki uyuşturucu kaçakçıları, yasadışı girişimlerinden elde ettikleri gelir ve kârların Panama'da hoş karşılanmayacağı konusunda uyarıldılar.

GERÇEKTEN DE ÖYLE!

Bu son birkaç satırda, Dışişleri Bakanlığı'nın General Noriega'ya sırtını dönmesinin ve o dönemde dünyadaki en etkili uyuşturucu kaçakçılığıyla mücadele eden kişiye karşı ülke çapında bir iftira ve karalama kampanyasının başlatılmasının nedenine dair ipucunu buluyoruz. John C. Lawn'ın mektupları, Jose Blandon ve hüküm giymiş uyuşturucu kaçakçısı Milian'ın, Kolombiyalı uyuşturucu baronları, Panamalı bankacıları ve Doğu Liberal Kuruluş müttefikleri tarafından en çok nefret edilen ve korkulan adamı karalamaya yönelik çabalarıyla oluşturdukları acınası manzarayla çok canlı bir tezat oluşturuyor; bu gruba *New York Times* ve *Washington Post'u* da dahil ediyoruz.

Senato Alt Komitesi'nin duruşmaları, uyuşturucu baronlarını ve bankacılarını destekleyerek Amerikan halkına korkunç ve talihsiz bir kötülük yaptı ve Başkan Reagan'ın George H.W. Bush'un ellerine bırakması gereken, ne yazık ki zayıf uyuşturucu ile mücadele programından geriye kalanları fiilen gömdü. Uyuşturucu tehdidine karşı duran bir ulus olarak paramparça olmuş özgüvenimizden geriye kalan tek şey, Nancy Reagan'ın acınası "Sadece Hayır De" kampanyasıydı. Konuşmak gerçekten de kolaydır, özellikle de General Noriega ve Başkan Alan Garcia'nın cesur kahramanlıklarıyla karşılaştırıldığında.

ABD'nin ana akım basını, sürü lideri David Rockefeller'ın emirlerini izleyen çakallar, Amerika'da Noriega'ya karşı yürütülen acımasız kampanyayı düzenlemekten sorumluydu; bu kampanya, DEA başkanının övgüyle bahsettiği adamın Miami Büyük Jürisi tarafından suçlanmasına yol açtı. Burada kim haksız? John C. Lawn mu? Onun övdüğü Noriega, kokain mafyası basını, avukatları, bankacıları, paralı yalancıları ve politika belirleyici kuruluşları tarafından uyuşturucu kaçakçılarının dostu ve koruyucusu olarak tasvir edilen adamla gerçekten aynı kişi mi?

İlk bakışta bir karışıklık var gibi görünüyor. Ya Noriega, John C. Lawn'ın övdüğü adam değil, ya da Senato Alt Komitesi tanıkları yalancıydı. Kendi sonuçlarınızı çıkarmanızı size bırakıyoruz. "Noriega'nın düşmanları" listesine geri dönelim ve modern zamanların en iyi uyuşturucu kaçakçıları karşıtı rakibine karşı işlenen bu en vahşi suçun başlıca faillerini ortaya çıkaralım.

## General Ruben Darios Paredes

Emekli Panama Ulusal Muhafız Komutanı, General Noriega'nın en mücadeleci ve tehlikeli düşmanıydı. Oğlunun kokain mafyası tarzında acımasızca infaz edilmesine rağmen, Paredes, kayıp oğlunun durumunu öğrenmek için telefon ettiğinde Ochoa kardeşlerin kendisine yalan söylediğini öğrendikten sonra bile onlara sadık kaldı. Kolombiya basını, Rueben Jr.'ın "los grandes mafioses"in kurbanı olarak öldüğünü haykırırken bile,

Paredes, oğlunun güvende olduğu yönündeki Ochoa kardeşlerin sözünü kabul etti. Paredes'in Fidel Castro ve kendi deyimiyle "özel dostu" Albay Roberto Diaz Herrera ile uzun süredir bağları vardı. Bu bilinen gerçekler göz önüne alındığında, Paredes'in Carlos Ledher'in özel terörist ordusu M19'un üyelerini evinde ağırlaması ve Darien kokain laboratuvarını ve İsrail silah depolarını korumak için Panama'da bir M19 birimi kurulduktan sonra onları koruduğu şaşırtıcı değildir.

Paredes, General Noriega'nın açık tehditler veya Adalet Bakanlığı'nın kovuşturmalarıyla görevden uzaklaştırılmasının ardından, Kissinger, Linowitz ve Dışişleri Bakanlığı'nın onun yerine geçmesi için seçtiği kişiydi. Gerçekleşen General Noriega ile sözde "müzakereler"in temeli buydu. Temmuz 1987'de Paredes, General Noriega istifa etmezse Panama'da savaş çıkacağı tehdidinde bulundu. Kissinger ve Linowitz'in Paredes'e atadığı rol, hiçbir bireyin ve/veya siyasi partin 'da uyuşturucu baronlarının ve onların bankacılık bağlantılarının çıkarlarını tehdit edecek kadar güçlenmemesini sağlamak için bir engelleyici rolüydü. Daha önce de belirtildiği gibi, Torrijos bu tür işaretler gösterdiğinde, ölümcül bir uçak "kazası" geçirdi. Senato Alt Komitesi'nin o kadar hevesle aradığı, ancak General Noriega'nın durumunda bulamadığı, Paredes'i kokain baronları ve onların kirli bankacılarıyla ilişkilendirebilecek herhangi bir gerçek kanıt var mı? Ochoa'ların Paredes'e pahalı safkan yürüyüş atları da dahil olmak üzere pahalı hediyeler yağdırdığı kamuoyunca bilinen bir gerçektir, ancak bu tek başına yeterli bir kanıt değildir. Sonra, daha önce tanıştığımız Paredes'in yardımcısı Yarbay Julian Melo Barbua ile Ricardo Tribaldos, Jaime Castillo, Mendez ve Stephen Samos gibi diğer Ochoa kaçakçıları arasındaki yakın ilişkinin tartışmasız olduğu ve General Paredes'ten hiçbir şekilde gizlenemeyeceği, açıkça tespit edilmiş ilişkiler meselesi var.

Lopez Michelson 1984'te Panama'da Kolombiyalı kokain baronlarıyla buluştuğunda, onların rahatsız edilmemesini sağlayan Melo Borbua'ydı. Stephen Samos'tan bahsettim, çünkü o, uyuşturucu baronlarının hukuk bürosunu kullanan Robles kardeşlerin kız kardeşi Alma Robles ile evliydi. Samos, yakalanana kadar Fernandez çetesinin kuryesiydi. Elimdeki bilgilere göre, Melo Borbua onu çok iyi tanıyordu ve faaliyetleri General Paredes gibi bir adamın dikkatinden kaçmış olamazdı.

Paredes, uyuşturucu bağlantıları bilinmesine rağmen, Amerikan medyasının çakalları tarafından çok rağbet görüyordu. Basında tamamen olumlu eleştiriler aldı; karanlık geçmişi, tıpkı ABD Ticaret ve Ekonomi Misyonu (USTEC) Genel Müdürü Pitovranov'un, dünya çapında bir KGB kaçırma ve cinayet ekibinin başı olarak bilinen geçmişine rağmen Amerikan basını tarafından sevilmesi gibi, görünüşe göre güvenli bir şekilde gizli tutuldu.

**Dr. Norman Bailey**

Bailey'nin geçmişi, kötü şöhretli Panama Kanalı'nın devredilmesi olayında Sol Linowitz ile işbirliği yapmadan önce görev yaptığı Ulusal Güvenlik Konseyi ile bağlantılıdır. Ulusal Güvenlik Konseyi'nin bir üyesi olarak Bailey, uyuşturucu paralarının hareketini incelemekle görevlendirildi ve bu da ona Panama hakkında ilk elden deneyim kazandırdı. Bu çalışmalarının doğrudan bir sonucu olarak Bailey, Nicholas Ardito Barletta ile dostluk kurdu. Bailey'in, Barletta'nın başkanlık görevini kaybetmesinden Noriega'yı sorumlu tutarak ona karşı bir nefret beslediği düşünülmektedir. Bailey'in şu sözleri kayıtlara geçmiştir:

> Arkadaşım Nicky Barletta, Panama cumhurbaşkanlığından istifa ettiğinde Panama'ya karşı savaşımı başlattım.

Bailey, Panama'yı uyuşturucu kaçakçıları ve kara para aklayan bankalar için bir sığınak haline getiren ve kendisinin de savunucusu olduğu kişiden, Panama'nın banka gizlilik yasaları hakkında çok şey öğrendi.

Bailey, Barletta'nın görevden alınmasına neden kızmış olabilir? Çünkü Barletta, uyuşturucu ticaretine boyun kadar batmış olan İngiliz ve Amerikan üst düzey establishment figürlerini temsil eden "sahadaki adam"dı — elbette güvenli bir mesafeden. O aynı zamanda, Panama'da Uluslararası Para Fonu'nun (IMF) emirlerinin sorgusuz sualsiz yerine getirildiğinden emin olmak için görevlendirilmiş IMF temsilcisiydi ve George Shultz'un gözdesi idi. General Noriega, IMF'nin kemer sıkma ve varlık tasfiyesi paketlerine direndiğinde, Ardito Barletta ile ve dolaylı olarak Washington'daki elitist establishment ile kafa kafaya çarpıştı. Bailey'nin haberi olmadan, General Noriega, taktikleri sayesinde Peru'yu IMF'nin yağmalamalarına karşı başarıyla savunan ve Noriega'nın daha sonra Panama için benimsediği Alan Garcia ile görüşüyordu.

Sonuç olarak, Bailey, IMF'nin infazcısı olmaya çalıştığı sırada görevinden uzaklaştırıldı. O noktada, Noriega ve Ulusal Muhafızlara karşı topyekûn savaş açma kararı, Norman Bailey ve iş ortağı William Colby'nin tavsiyesi üzerine George Shultz tarafından alındı; paniğe kapılmış Panamalı ve Amerikalı uyuşturucu parası aklayan bankacılar, Colby, Bailey, Werner and Associates adlı şirketten danışmanlık almıştı. O andan itibaren General

Noriega'ya "diktatör"den başka bir isim takılmadı.

Bailey, Noriega'yı ortadan kaldırmakla ilgilenmediğini savunuyor. Ona göre daha önemli olan, ordudan kurtulmaktı, çünkü Bailey'e göre "Panama, Batı Yarımküre'deki en ağır silahlı ülke." Bu dikkat çekici ifade, Blandon, Eisenmann ve Weedon tarafından Noriega'ya yöneltilen suçlamaları hazırlayan kişinin Bailey olduğu bilinen gerçeği ile karşılaştırılmalıdır. Bailey, Noriega'yı devirmek ve onun yerine, Bailey'nin "Sivil Cunta" olarak adlandırmayı sevdiği, iktidara geldikten sonra bir yıl içinde serbest seçimler düzenleyecek bir yapı kurmak için yoğun çaba sarf eden sivil eylem grubunun bir üyesiydi.

Bailey, *New York Times* ve *Washington Post'un* Noriega'ya yönelik iftiralarına büyük katkıda bulundu; o bu iftiraları "%98 gerçek" olarak nitelendiriyor. Eğer sadece %2'si gerçek değilse, o zaman makaleleri kesinlikle tamamen şüpheli değil midir? Bailey aracılığıyla, General Noriega'ya karşı komplo, Kolombiya'daki kokain baronlarından Washington, Londra ve New York'taki elitlere kadar tam bir döngü oluşturdu. Bailey v 'i sayesinde, alt sınıftan gelen katil kokain mafyası ile Elliott Richardson ve George Shultz'un simgelediği Washington, Boston, Londra ve New York'un sosyal ve siyasi kayıtlarındaki dokunulmaz saygın isimler arasında bağlantı kuruldu.

Söz konusu olan, henüz yasadışı olan uyuşturucu kaçakçıları tarafından üretilen muazzam miktardaki nakit paradır; ancak, esrar ve kokain gibi uyuşturucuların "sosyal kullanımı" konusunda yasama organlarına "gevşeme" yönünde baskı uygulandığı göz önüne alındığında, bu durum çok uzun süre yasadışı kalmayabilir. Sigara içilmesine karşı uygulanan baskının arkasında, tehlikeli ve bağımlılık yapan uyuşturucuların "hafif kullanımını" yasallaştırmaya yönelik uyuşturucu lobisinin kampanyası yatıyordu. Sağlık Bakanı, nikotinin kokain ve eroin kadar bağımlılık yaptığını söylüyor. Bunun sonuçları ortada. Kansere yol açtığı kanıtlanmış antisosyal sigara içmeyi bırakın ve bunun yerine kanserojen olmayan kokain veya esrara geçin. Şu anda benzin satışlarını çok geride bırakan uyuşturucu satışları, yakında sigara satışlarını da geride bırakabilir.

Kokain "pazarı" henüz nispeten keşfedilmemiştir. Bertrand Russell bugün hayatta olsaydı, milyonlarca insan daha uyuşturucu bağımlısı zombilere dönüşürse ne olur ki, derdi. Noriega, George Bush senior ve 7.000 kişilik ABD ordusu tarafından tutuklandığında, Sovyetler Birliği, ortaklığı ve Castro'nun Küba'sı sayesinde kazanan taraf oldu. Etkisini Latin Amerika'nın geneline yayabildi. Bu ticaretin ikinci bir faydası, kokain ve esrar üretiminin artmasını sağlamasıydı. ABD, uyuşturucuların artık daha ucuz olması ve "yeni" kullanıcılar için daha büyük miktarlarda temin edilebilir hale gelmesiyle bunun etkisini hissetti; bu kullanıcıların mutlaka bağımlı hale gelmeyeceği varsayılıyordu, ya da mantık böyle işliyordu. Bu konuda, uyuşturucu baronları, İngiliz çıkarları adına konuşan *New York Times* ve *Washington Post*'un tam desteğinden eminlerdi. Her iki gazete de geçmiş yıllarda esrar ve kokain kullanımının yasallaştırılmasını destekleyen bir dizi makale yayınladı.

Senato, Güney Afrika'ya savaş ilan ettiği gibi Panama'ya da savaş ilan etti. Panama'daki ordunun Kanal'ın güvenliği için bir tehlike oluşturduğuna dair atıflar, Amerikan halkının vatanseverlik duygularını uyandırdı. De Concini, Panama'nın kabul etmediği "çekinceler" içeren, her şeyi feda eden belgeyi imzalayan sağ kanada sunulan değersiz bir ödüldü; oysa o, Panama'daki ABD Kanalını imzalayan fareler için bir kaçış kapısından başka bir şey olmayan bu ek maddeyi talep ettiği için bilge ve ihtiyatlı bir adam olarak yüceltildi. Orta Amerika'daki durum, Amerikan ulusal güvenlik çıkarları için bir tehlike haline geldi. Panama'ya Filipinler tarzı bir "demokrasi" dayatıldı. Panama Kanalı Antlaşması'na onay almak için Senato, General Noriega'nın istifa etmesi gerektiğini söyledi. Eğer uymayı reddederse, zorla görevden alınacaktı. Bu, 12-16 Kasım 1987 tarihlerinde Panama'yı ziyaret eden altı üyeli Senato Personel Heyeti'nin ortak görüşüydü.

Heyet, uyuşturucu kaçakçılarının ve Küba bağlantılarının oluşturduğu korkunç tehditten hiç bahsetmedi, Panama'daki kirli para aklama bankalarına akan ABD dolarlarının ekonomimize oluşturduğu tehditten ise hiç söz etmedi. Demokrasi adına, Panama'nın kontrolü Noriega'dan alınarak uluslararası uyuşturucu kaçakçılarına teslim edildi ve Panama, Kanal Anlaşması ile altüst oldu. Açıkça belirtilmese de, "kargaşa"nın Kanal'ın güvenliğini tehdit etmesi halinde ABD ordusunu Panama'ya gönderme tehdidi açıkça ima ediliyordu. İşte bu tür bir kargaşa yaratmak için, deneyimli bir kışkırtıcı olan John Maisto, Panama'ya gönderildi.

## John Maisto

John Maisto kimdir? Panama'ya "devir" gerçekleşirken, ABD'nin Panama Büyükelçiliğindeki iki numaralı adamdı. Bundan önce, sokaklarda kargaşa çıkarmak ve yetkililere karşı "gösteriler" düzenlemek üzere Güney Kore, Filipinler ve Haiti'ye gönderilmişti. Panama sokaklarında çok aktifti ve provokatör ajan Maisto'nun skandal davranışlarından paçayı sıyırmasına izin verilmesi utanç vericidir. Senato, "diktatör" Noriega'nın suç faaliyetlerinde bulunduğunu ve

Panama Antlaşması'nın dayandığı ABD savunma haklarını kabul etmemesinin tüm antlaşmayı tehlikeye attığını ısrarla savunarak, kasıtlı ve önceden planlanmış bir şekilde Panama'daki koşulların kötüleşmesine katkıda bulundu.

Bu durumda "savunma hakları", Maisto'nun kargaşa çıkardığı bölgelere Amerikan askerlerinin konuşlandırılması anlamına geliyordu; bu, kasıtlı bir provokasyondu, zira ordu, sivil ayaklanmaların yaşandığı bölgelere asker konuşlandırmanın doğasında yatan tehlikelerin tam olarak farkındaydı. Irak'tan herhangi bir ders çıkardıysa, ordunun, ABD askeri personelini savunulamaz ve istikrarsız bir durumun ortasına yerleştirmemesi gerektiğini bilmesi gerekirdi.

Ortaya çıkarılması gereken bir başka yalan da, General Noriega'nın Libya'dan yardım aldığı iddiasıdır. Bu, Noriega'yı itibarsızlaştırmak için uydurulmuş bir yalandır. Kaynaklarım bu suçlamaları araştırmak için üç ay harcadı ve bunların hiçbir dayanağı olmadığını tespit etti.

Dışişleri Bakanlığı, CNN'den Ted Turner'ın yardımıyla, BBC'n 'da İran Şahı aleyhine yürüttüğü dezenformasyon kampanyasına çok benzer bir şekilde bir dezenformasyon kampanyası yürütüyordu. Ancak tüm bunlara rağmen, dezenformasyon kampanyası ve John Maisto'nun alçakça faaliyetleri ile Panama için planlanan kan banyosu gerçekleşmedi. Daha önce de açıklandığı gibi, kokain baronlarının, bankacılarının ve siyasi destekçilerinin sözcüsü olan General Paredes, General Noriega'ya yönelik iftira kampanyasına katılarak, Noriega'nın derhal istifa etmemesi halinde Panama için korkunç sonuçlar olacağını öngördü. "Kötü adamların" kimler olduğu konusunda en ufak bir fikri olmayan Başkan Reagan, Noriega'nın istifa etmesi için Nisan 1988'i son tarih olarak belirledi. Sanki

Panama ABD'nin bir parçasıymış gibi!

Noriega bu talebi yerine getirmediğinde, son tarih Mayıs ortasına uzatıldı. Washington'daki bir kaynak, Reagan'ın Gorbaçov ile yapacağı "zirve" toplantısı için Noriega'yı ortadan kaldırmak istediğini söyledi. Norman Bailey, Panama Ulusal Muhafızları'nın tüm bölge için bir "tehlike" oluşturduğu gerekçesiyle bu birliğin lağvedilmesi yönündeki taleplerini yoğunlaştırdı.

Washington D.C.'deki George Washington Üniversitesi'nde düzenlenen bir forumda konuşan Bailey, ancak Panama halkı sokaklara çıkıp vurulup dövülürse Noriega'nın yerinden kıpırdayacağını söyledi. Televizyon kameraları bu olayları kaydetmek için olay yerinde olmazsa, bu çabalar boşa gidecekti. Bailey, "Panama'da hiçbir şey olmayacak, halk sokaklara dökülmezse Noriega'dan ve PDF kurumlarından kurtulamayacaksınız" dedi. Maisto'nun Panama'da olmasının nedeni de buydu; burada Güney Kore, Filipinler ve Haiti'de edindiği kitleleri kışkırtma deneyimini uygulamaya koydu.

Maisto ve Bailey'nin istediği şey, bir Panamalı "Sharpeville" idi — Dışişleri Bakanlığı'nın kışkırttığı ve Güney Afrika'nın Sharpeville kasabasını kasıp kavuran, adresinde yer alan ve siyahi isyancılar arasında 70 kişinin ölümüne yol açan ayaklanma — ki kameralar da bunu kaydetmek için uygun bir şekilde oradaydı. Sharpeville o günden beri Güney Afrika için bir lanet olmuştur. Noriega'nın sonunu getirecek son damla, Miami Büyük Jürisi tarafından verilen iddianameydi. Panama'da o ana kadar olanları özetlemek gerekirse:

Uyuşturucu kartelleri ve onların bankacıları, General

Noriega'yı ortadan kaldırmak ve yerine Washington'dan yönetilen bir kukla rejim kurmak için Washington'daki siyasi çevrelerle işbirliği yaptı. Bu eylemin nedenleri neydi? Birincisi, Noriega Panama'daki kârlı ve hızla büyüyen kokain ve esrar ticaretini mahvediyordu; ikincisi ise, Orta Amerika'nın Amerikan kuvvetleri için Vietnam tarzı bir savaş alanına dönüşmesini amaçlayan Kissinger'ın Andean Planı'na işbirliği yapmayı reddediyordu.

Bunlar, Panama'yı kuşatma altına almak için yeterli nedenler olarak görüldü. Sonuç ne oldu? General Noriega istifa etmeyi reddetti. Bunun üzerine, Panama'yı yönetilemez hale getirmek amacıyla, ayaklanmalar, ekonomik sıkıntılar ve işçi ayaklanmaları gibi uydurma olaylar kışkırtıldı. Bu noktada, ABD ordusu devreye girdi; görünüşte Kanal'ı güvence altına almak için, ama aslında Noriega'yı kaçırıp yargılanması için Florida'ya götürmek için oradaydılar. ABD'nin Panama'ya yönelik dış politikası işte böyle yürütüldü. Batı'yı yönetmeye layık bir ulus muyuz? Kendi sonuçlarınızı çıkarmanızı size bırakıyorum!

General Noriega, Panama'daki kargaşadan herhangi bir şekilde sorumlu muydu? Büyük Jüri ve Senato'nun iddia ettiği gibi, herhangi bir şekilde, şekil veya biçimde uyuşturucu kaçakçısı mıydı? Neden birdenbire Panama'ya bu kadar çok ilgi gösterildi; hatta Kanal'ımızın "anti- - komünist" General Omar Torrijos'a devredildiği sırada Panama'ya gösterilenden bile daha fazla ilgi?

Birinin cüzdanına vurduğumuzda, bunun acıttığından emin olabiliriz. Ve General Noriega'nın suçu tam da buydu. Uyuşturucu baronlarının cüzdanlarına vurdu. Kirli uyuşturucu paralarını aklayan bankaların, haksız kazançlarının büyük bir kısmını kaybetmesine neden oldu. Bankacıların itibarını zedeledi. Statükoyu altüst etti;

Panama'nın banka yasalarını sertleştirdi. Dahası, Henry Kissinger'ın yoluna çıktı ve Orta Amerika'daki İsrail silah satışlarını bozdu. Güçlü insanların ayaklarına bastı. General Noriega'nın kötü adam rolüne sokulmasına şaşmamak gerek. Carter'ın başkanlığı, kokain ticaretinde bir patlama yarattı. Carter'ın Beyaz Saray'a girmesinden sonraki altı ay içinde, para birimimiz kargaşaya düştü. Federal Rezerv, dolara olan talebi öngörememişti ve Florida bankalarının talebini karşılamakta zorlandı. Para sistemi düzensiz bir yapıya girdi. Jimmy Carter'ın başkanlığının ilk altı ayında, Florida bankaları 514 milyar dolarlık kokain gelirini el değiştiriyordu.

Kolombiya uyuşturucu kartelinden Carlos Ledher, Jimmy Carter'ın Beyaz Saray'daki uyuşturucu danışmanı Dr. Peter Bourne'da kendisine sempati duyan ve istekli bir dost buldu. Uyuşturucu batağına batmış Allman Brothers grubu, "kokain" kullanıcısı olmalarına rağmen Beyaz Saray'da hoş karşılandı. Ledher, "Carter bağlantısını" geliştirdi ve Bourne'un arkadaşları ve meslektaşları için bağımlılık yapan ilaçlar için reçete yazmaya başladığında şüphesiz sevinçten havaya uçtu ~ bu arada, Bourne bu eyleminden dolayı hak ettiği cezadan kurtuldu.

Bu tür "patlama" koşulları, özellikle Panama'daki uyuşturucu baronları için harika bir fırsat yarattı. Torrijos bu olayları hiç umursamıyordu. Kanal Bölgesi'nin kontrolünü ele geçirmek ve Panama'da sürdürülebilir bir " " ekonomisi kurmak onu en çok ilgilendiren şeydi. Kokain ve esrar bu amaca ulaşmak için bir araçsa, öyle olsun! Onun tutumu "yaşa ve yaşat" idi!

Carter yönetimi, Latin Amerika'nın uluslararası borç yükümlülüklerini yerine getirmek için "nakit mahsuller" (esrar ve kokain) yetiştirmesini isteyen IMF'nin taleplerini destekledi. IMF, Jamaika ve Guyana dahil olmak üzere birçok ülkeyi "uyuşturucu" niteliğindeki nakit mahsulleri yetiştirmeye resmi olarak teşvik etti. IMF'nin tutumu kayıtlara geçmiştir. Dünya Bankası'nın üst düzey yetkililerinden John Holdson, koka endüstrisinin üreticiler için son derece avantajlı olduğunu belirtmiş ve şunları eklemiştir: "Onların bakış açısından, daha iyi bir ürün bulamazlardı." IMF'nin Kolombiya ofisi, IMF açısından esrar ve kokainin, Latin Amerika ülkelerinin ekonomilerine çok ihtiyaç duyulan dövizi getiren diğer ürünler gibi sadece birer ürün olduğunu oldukça açık bir şekilde belirtti! Uyuşturucu ticaretini "onaylayan" sadece Dünya Bankası ve IMF değil.

Midland ve Marine Bank, eski Hazine Bakanı Paul Volcker'ın açık izniyle dünyanın önde gelen uyuşturucu bankası olan Hong Kong ve Şangay Bankası tarafından devralındı; oysa Volcker, devralmanın amacının Hongshang Bankası'nın Panama'daki kârlı kokain bankacılığı ticaretinde bir yer edinmesini sağlamak olduğunu çok iyi biliyordu. Aslında Hongshang'ın Midland'ı satın alması son derece usulsüzdü ve neredeyse bir suç eylemine yakındı. Midland Marine Bank bir açıdan dikkat çekiciydi; Panama'nın uyuşturucu bankaları için takas bankası olarak faaliyet gösteriyordu!

Dolayısıyla Hong Kong ve Şangay Bankası'nın bu bankanın peşine düşmesi sadece bir tesadüf değildi! Nicolas Ardito Barletta, Sol Linowitz gibi Midland Bank'ın yönetim kurulundaydı. Bu isimlerin sürekli karşımıza çıkması ne tuhaf! Görünüşe göre Linowitz , Torrijos ile "pazarlık" yapma zamanı geldiğinde bunun bir çıkar çatışması olduğunu düşünmemişti.

Peki ya Credit Suisse ile birlikte kirli uyuşturucu parasını aklamaya bulaşmış First Boston ne olacak? First Boston sıradan bir banka değil. İlk sahipleri, İsviçre'deki White Weld İmparatorluğu ile iç içe geçmiş eski Doğu Liberal Kuruluşu Perkins ailesiydi. Bu arada Perkins, J.P. Morgan ve ABD içinde faaliyet gösteren çeşitli diğer İngiliz kuruluşlarının temsilcisiydi. Amerika Birleşik Devletleri'nin küçük bir ülkenin "diktatörünü" ortadan kaldırmak için bu kadar olağanüstü çaba sarf etmesi bize bir şeyler anlatıyor olmalı. Bankacılar, politikacılar ve basının çakallarının General Noriega'yı yolundan çekmek için gösterdikleri bu ortak çabanın arkasında ne yattığını öğrenmek bizi meraklandırmalı. Umarım sağladığım bilgilerle, Panama'nın neden hala kuşatma altında olduğunu anlayabilirsiniz!

1986/87'de uyuşturucu bankacılarının General Manuel Noriega'yı araç olarak kullanma planlarında bir şeyler ters gittiğine dair ilk işaretler ortaya çıktığından beri, Rockefeller ve Wall Street bankaları onu görevinden uzaklaştırmak için komplo kurmaya başladı. Ancak, tüm girişimler başarısız olunca, daha sert önlemler araştırıldı. 1988 yılına gelindiğinde, Noriega'nın Panama'daki uyuşturucu ticaretine ciddi bir engel haline geldiği açıktı. Noriega'nın Panama İbero-Amerikan Bankası'na yönelik saldırıları nedeniyle onu ortadan kaldırmak için Rockefeller'ın gösterdiği olağanüstü çaba ve bunun doğurduğu sonuçlar şimdi incelenecektir.

Başkan G.H.W. Bush'un neden bir suç eylemine, yani Panama'nın işgaline ve devlet başkanının kaçırılmasına başvurması gerekliydi? Bu gerçekten kanunsuz eylemin birçok nedeni öne sürüldü ve biz bunlardan bazılarını inceleyeceğiz. Amerikan halkı sürekli bir sis içinde olmasaydı, ABD ordusunun Panama'yı işgali üzerine büyük bir tepki patlak verirdi.

Noriega, Merkezi İstihbarat Teşkilatı'nın (CIA) emrinde miydi? Panama'daki DEA ajanı Alfredo Duncan buna inanıyor muydu? Eğer öyleyse, bu onun tuhaf davranışını açıklamaya yardımcı olabilir. Görevinden istifa eden gizli bir DEA ajanının raporlarına göre, Duncan'ın "CIA ile olağanüstü bir ilişkisi" olduğuna inanıyordu.

Bu, uyuşturucu kaçakçıları tarafından "DEA oteli" olarak bilinen Panama'daki Marriott Oteli'nde de konuşulan bir konuydu. Aynı ajan, Duncan'ın yardımına ihtiyaç duyulan Panama'daki planlanmış uyuşturucu operasyonları konusunda "hiçbir şey yapmasını" sağlayamadığından şikayet etmişti. Panama'daki uyuşturucu parası aklama işinin başındaki isim olan Remberto adlı bir adamın tutuklanması emri verildiğinde, Duncan görünüşe göre hiçbir şey yapmadı ve ihmali sorgulandığında, Remberto'nun kendisi harekete geçmeden önce CIA tarafından kaçırıldığını söyledi.

Daha sonra Remberto'nun Noriega ile bağlantıları olduğu iddia edilecekti, ancak bu iddiayı doğrulayacak hiçbir kanıt ortaya konmadı. 1986 yılında, First Inter America Bank'ın Cali Karteli'ne ait olduğu kesin olarak kanıtlanınca Noriega bu bankayı kapattı.

Cali Karteli neydi? Muhtemelen Kolombiya'daki en büyük uyuşturucu kartellerinden biriydi ve Medellin Karteli'ne karşı ABD hükümet kurumlarıyla işbirliği yaptığı iddia ediliyordu. *Washington Post* bunu kabul etti. Cali'nin resmi lobicilerinden biri, 17 yıl boyunca Adalet Bakanlığı'nda çalışan Michael Abbell'di. 28 ve 29 Ekim 1989'da Başkan Bush ve müttefikleri, Orta ve Güney Amerika'nın siyasi liderlerinin katıldığı bir zirve toplantısını Kosta Rika'n 'da düzenledi. Ardından düzenlenen basın toplantısında Başkan Bush gazetecilere şunları söyledi: "O despotun, diktatörün (Noriega) günleri sona erdi."

Bu, basına, Noriega'nın "acil" meselesinin artık Venezuela ve Nikaragua ile ortak istişare yoluyla çözüldüğü sinyalini verdi, ancak Bush resmi olarak Nikaragua Devlet Başkanı Daniel Ortega'dan uzak durmaya çalıştı. Başkan Bush, Panamalı lider aleyhine oybirliğiyle bir karar verilmiş gibi görünmek için ne kadar uğraşırsa uğraşsın, jüri üyelerinin çoğunluğunu oluşturan Bolivya, Guatemala ve Dominik Cumhuriyeti'nin "duruşmaya" katılmamış olması, Bush ve baş danışmanı James Baker III'ü öfkelendirdiği söyleniyor. Başkan Carlos Salinas Gortari'nin bu linç olayında kilit bir rol oynaması bekleniyordu. Belki de Gortari, en üst düzey generallerinden birinin, o zamanın Başsavcısı Edwin Meese'nin ne olacağına dair zamanında yaptığı uyarı telefonuyla uyuşturucu anlaşmasında yakalanmaktan kurtulduğu büyük bir uyuşturucu skandalını kıl payı atlatmış olması nedeniyle, ihtiyatlı davranmanın cesaretten daha iyi olduğuna karar vermişti. Kendisi de pek de parlak bir şövalye sayılmayacak olan Venezuela Cumhurbaşkanı Carlos Andreas Perez, istihbarat kaynaklarının 3 Ekim 1989'da "ortak güç" kisvesi altında Noriega'ya karşı bir darbe olacağını söylediği kişiydi, ancak bu girişim sonuçsuz kaldı. Latin Amerika ülkelerine Panama ile diplomatik ilişkilerini kesmeleri için baskı yapma girişimi de aynı şekilde sonuçsuz kaldı. Başkan Bush, devlet başkanlarına Noriega ile yüzleşme planlarını desteklemeleri gerektiğini, aksi takdirde sonuçlarının ağır olacağını söyledi. Ancak konferans, kesin bir anlaşmaya varılamadan sona erdi.

Bu durum, Bush'un Noriega'dan ne kadar korktuğunu ve hükümetinin kendi amaçlarına ulaşmak için ne kadar alçaldığını açıkça ortaya koyuyor. Bush, Panama'daki "muhalefet güçleri" ile, yani uyuşturucu parası aklayan

Panama ve Florida'daki bankalarla bağlantıları olduğu bilinen kamuoyunda tanınmış isimlerden oluşan sözde Panama Demokratik Muhalefet Sivil İttifakı ile bir araya geldi. İttifakın lideri Guillermo Endara televizyona çıktı ve Noriega'nın suikastını açıkça talep etti.

Panama'ya döndüğünde Endara, böyle bir çağrıda bulunduğunu reddetti. Noriega daha sonra, Başkan Rodriguez'den Latin Amerika başkanlarına açık bir mektup göndermesini sağlayarak Kosta Rika'daki komploculara karşı koydu. Bu mektupta, Panama'yı çok uluslu bir uyuşturucu ile mücadele gücünün karargahı haline getirmek için Birleşmiş Milletler'e sunulan teklifin bir kopyası yer alıyordu; bu, Başkan Bush'un ortaya çıkarmayı başaramadığı bir gerçekti.

3 Ekim 1989 tarihli BM'ye gönderilen mektupta, Panama'da tam yetkiyi garanti edecek uluslararası bir antlaşma yoluyla böyle bir gücün kurulması çağrısı yapıldı, ancak ne Bush yönetimi ne de BM'den herhangi bir yanıt gelmedi. Mektupta ayrıca, Başkan Bush'un geçerli veya makul bir neden olmaksızın uyguladığı yasadışı ve çirkin boykottan hiç bahsetmeden, Panama'da "demokrasi" çağrısı yapan Venezuela ve diğer "Bush ortakları" azarlandı. 1989 yılının Ekim ve Kasım ayları boyunca, Panama'daki ABD güçleri, ABD'nin askeri müdahalesini meşrulaştıracak bir olay yaratmak umuduyla Panama Savunma Gücü'nü (PDF) sürekli taciz etti, ancak PDF buna uymadı. Daha sonra (Mayıs 1989) ortaya çıktı ki, Bush yönetimi Panama'daki ABD güçlerinin angajman kurallarını değiştirmişti.

Bundan böyle orduya, PDF ile çatışmaya girmek için her türlü yolu denemesi emredildi. Pentagon, Panama ile yapılan antlaşmaya aykırı ol , Panama Şehri'nin dış mahallelerinden konvoylar geçirerek Noriega'nın askerlerini kışkırtmak için gizlice hazırlık yapıyordu. Bunun altında yatan mantık, Noriega'nın öfkelenip PDF'ye ABD konvoylarıyla çatışması emrini vereceği ve böylece büyük bir ABD müdahalesi için zemin hazırlayacağıydı.

8 Temmuz 1989'da, Panama'daki ABD Güney Ordusu Komutanı General Cisneros, Amerikan Devletleri Örgütü'nün (OAS) krizi müzakere yoluyla çözme girişimlerini bir kenara itti. General Cisneros, OAS'ın

> 'nin "Noriega'yı devirmek için yeterince kararlı davranmayacağını" söyledi. "Kişisel görüşüm olarak, Panama'ya askeri müdahale için zamanın geldiğine inanıyorum."

Ne zamandan beri ABD ordusu siyasi açıklamalar yapıyor? Bu eylem, Bush'un Irak için aklındaki planın bir deneme niteliğindeydi. 20 Aralık 1989'da, halkın sevdiği Noriega'yı devirmek için diğer tüm yöntemler başarısız olunca, Bush, Panama halkına karşı şiddet içeren bir saldırı için yeşil ışık yaktı; bu saldırı, ABD birlikleri ve uçakları tarafından yapılan sürekli bombardıman sonucunda 7.000 Panamalı'nın ölümüne ve Chorrillo bölgesinin tamamen tahrip olmasına yol açtı. ABD ordusunun bu eylemi, barış içindeki bir ulusa karşı açık bir saldırıydı ve ABD Anayasası ile ABD'nin imzaladığı Lahey ve Cenevre Sözleşmelerine açıkça aykırıydı.

Başkan Bush'un, Kongre'den önceden savaş ilanı almadan, küçük Panama ülkesine karşı savaşa girmesinin ve bir haydut gibi devlet başkanının kaçırılmasını emretmesinin gerçek nedenlerini inceleyelim. Başkan Bush, Noriega'dan kurtulmak için neden bu kadar çaresiz yöntemlere başvurmak zorunda kaldı? Bush neden bu tür gangster taktiklerine başvurdu? Bazı raporlara göre en önemli nedenlerden biri, Latin Amerika ülkelerine bundan böyle Washington'un isteklerini yerine getirmezlerse, onların da ABD'nin askeri müdahalesi tehdidiyle karşı karşıya kalacakları konusunda uyarıda bulunmaktı.

Başkanın, Panama'daki uyuşturucu kaçakçılığını sona erdireceğine ve Noriega'yı bu kaçakçılığı yürütmekle suçladığına inanmasını istediği, Panama ve Noriega'ya karşı yapılan yasadışı ABD askeri harekatını çevreleyen devasa propaganda kampanyasının, kısmen de olsa başarılı olduğuna inanmak için hiçbir neden yoktur. ABD Anayasası'nda veya Uluslararası Hukuk'ta, Panama'ya sebepsiz bir saldırıya izin verecek hiçbir emsal yoktur.

Başkan Bush, suçlamalarını desteklemek için ne gibi somut kanıtlar sundu? Tek bir kanıt parçası bile sunulmadı. Sadece Başkan'ın sözüne güvenmemiz bekleniyordu. Öyleyse işgalin amaçları neydi? İlk amaç, ülkede kanun ve düzeni sağlayabilecek tek güç olan Panama Savunma Gücü'nü (PDF) yok etmekti. Bu amaç gerçekleştirildikten sonra, bir sonraki adım, uyuşturucu parası aklayan bankalarla en yakın bağları olan ve Bush ailesinin uzun süredir destekçisi olduğu bilinen kişilerden oluşan bir kukla rejimi, mümkün olan en antidemokratik yöntemlerle kurmaktı.

PDF'yi yok etmenin bir başka, ikincil hedefi daha vardı ve bu, ABD ile Panama'nın Kanal'ın ortak savunmasını üstlenmesini öngören Panama Kanalı Antlaşmaları ile ilgiliydi. Bu düzenleme 1999'da aşamalı olarak kaldırılacaktı; o zamana kadar PDF, Kanal'ın güvenliğini sağlama sorumluluğunun tamamını üstlenebilecek kadar güçlenecek ve ABD Askeri Kuvvetleri ülkeyi terk etmek zorunda kalacaktı. Anlaşmalardaki önemli bir hüküm,

Panama'nın bu tür bir güvenlik gücü sağlama yükümlülüğünü yerine getirmemesi durumunda, "Panama'daki ABD askeri varlığının sürdürüleceğini" belirtiyordu. Bu hüküm, anlaşmaları hazırlayan Sol Linowitz tarafından eklendiğinde "iyi" bir hüküm olarak görülmüştü. Bu hüküm, gelecekteki herhangi bir Panama liderinin "sınırı aşmasını" önlemek için konulmuştu, ancak Omar Torrijos ile ilgili herhangi bir sorun öngörülmemişti.

Torrijos, uyuşturucu parası aklayan bankaları korumak için David Rockefeller ile yaptığı kişisel anlaşmalardan caymaya başladığında, o aşamada PDF'yi yok etmek mümkün değildi; ancak, birliği bölmek için isyan çıkarmak amacıyla sayısız girişimde bulunuldu, ancak bunların hepsi başarısız oldu. Bu nedenle Torrijos, CIA tarzında "tasfiye edildi". "Tasfiye", Alan Dulles'ın CIA başkanlığı döneminden sonra CIA'nın diline girmişti. O dönemden önce, bu kelime hiçbir ABD istihbarat kurumu tarafından kullanılmamıştı. Bu, tamamen Stalin'e ait bir kelimeydi.

ABD güçlerinin Panama'da kalıcı olarak konuşlandırılması neden arzu edilir ki? Körfez Savaşı'nın patlak vermesi ve ABD güçlerinin Irak'ı ikinci kez işgali bu sorunun cevabını vermektedir. ABD, Panama'da, ABD ile dostluk kurmamış olmayı dileyebilecek Müslüman ülkelerle başa çıkmak için Irak'ta kalıcı olarak konuşlandırılacak hızlı müdahale gücü gibi, direnen Latin Amerika ve Karayip ülkelerine karşı kullanmak üzere bir hızlı müdahale gücü konuşlandırmak istedi.

Bu, Pentagon planlayıcıları tarafından oluşturulan sözde "yarımküre projeksiyon doktrini"dir. ABD, Yeni Dünya Düzeni olarak bildiğimiz küresel düzenin "büyük sopa" uygulayıcısı rolünü yavaş yavaş üstlenirken, Pakistan, Güney Kore, Somali, İran ve Afganistan dahil dünyanın birçok yerinde benzer kalıcı üsler göreceğiz. Ancak şu ana kadar Senato'da buna karşı tek bir protesto sesi bile çıkmadı. , alçakgönüllülük yapmadan şunu ekleyebilirim ki, bu olaylar benim kitabım *One World Order, Socialist Dictatorship'te* önceden öngörülmüştü.[1]

Panama, gelecekte halklarının ve uluslarının uluslararası para değiştiriciler tarafından yaratılan bataklığa sürüklendiğini gördüklerinde, haraç toplayıcı olan IMF'ye karşı isyan edebilecek Latin Amerika ülkeleri aleyhindeki ABD operasyonları için bir üs olarak önem kazanmıştır. Açıkçası, herhangi bir ülkenin IMF'yi kovmaya teşebbüs etmesi durumunda, IMF'nin "uluslararası polis gücü" olan Amerika Birleşik Devletleri'nin derhal harekete geçmesi gerekecektir. Böylece Fort Clayton'daki üsler yeni bir önem kazandı. Latin Amerika, Panama'daki ABD askeri operasyonlarının acımasızlığı karşısında sindirildi ve korkuya kapıldı. Açıkçası, bu ülkelerin liderleri bunu beklemiyordu ve olay gerçekleştiğinde, bu vahşet onları korkuttu; ki bu tam da amaçlanan şeydi.

Görünüşe göre Latin Amerika liderlerinin çoğu, Skull and Bones Tarikatı'nın bir tür hayırsever örgüt olduğuna inanıyordu; bir yetkilinin ifadesiyle, "Shriners gibi", "daha nazik, daha kibar bir Amerika" yaratacak bir örgüt.

İngiliz Kraliyetinin ABD işlerine karıştığından ya da uyuşturucu ticaretiyle olan uzun süredir devam eden bağlantılarından haberi yoktu. Yukarıdaki bilgileri destekleyen bir gelişme, zorla ve demokratik olmayan bir

[1] *Tek Dünya Düzeni Sosyalist Diktatörlüğü*, John Coleman, Omnia Veritas Ltd, www.omnia-veritas.com.

şekilde iktidara getirilen Endara'nın, 2000 yılından sonra Panama'daki tüm üslerin ABD ordusunun kullanımına açılacağına dair teklifiydi.

Bush'un Panama işgalinin ikinci hedefi, bankalarla uzun süredir ittifakları olan ve başlıca faaliyetleri en önde gelen kokain kartellerinden bazıları için uyuşturucu parasını aklamak olan seçilmiş kuklalardan oluşan yeni bir hükümet kurmaktı. Bu konuda Bush'a, General Noriega'nın açığa çıkarmaya ve mahvetmekle tehdit etmeye başladığı Panama'daki Rockefeller bankalarının çıkarlarını koruması emredildi. Nitekim, Bush'un bu hedefi gerçekleştirildi.

Panama işgalinin üçüncü hedefi, Amerikan halkına bunun, hiçbir zaman bir sonuca varamayan, efsanevi ve var olmayan bir eylem olan Başkan'ın uyuşturucu savaşında önemli bir tırmanış olduğunu göstermekti. Bush, Panama'yı işgal ederek, "uyuşturucu savaşının", özellikle de ilerleme eksikliğinden dolayı huzursuzlaşan ve uyuşturucuyu yasallaştırma konusunda sürekli baskı altında olan Kongre'de büyük bir destek alacağını biliyordu. Bir sonraki aşama, küresel çapta ve süresi belirsiz bir "terörle savaş" başlatmak olacaktı.

1990 yılının Şubat ayına gelindiğinde, çok garip şeyler olmaya başlamıştı. Bush ve otokratik yönetiminin her zaman sadık bir savunucusu olan ABD medyası, alışılmadık sesler çıkarmaya başladı. Örneğin, 7 Şubat tarihli New York Times'ta yer alan haberi ele alalım. Gazetenin, ABD'li yöneticilerin başında olduğu bir İngiliz istihbarat birimi olduğunu hesaba katsak bile, gazetenin neden gerçeği yayınladığına dair hiçbir mantıklı açıklama yok.

Daha önceki makalelere bakıldığında, *New York Times'ın* (NYT) benim, yolsuzlukla ve uyuşturucu parası aklayan bankalarla çok yakın oldukları için eleştirdiğim kişileri adından zikretmesi dikkat çekicidir. "Panama, Yetersiz Bankacılık Yasalarını Değiştirme Yönündeki ABD Baskısına Direniyor" başlığı altında yer alan makalede şöyle deniyordu:

> Panama'daki banka kayıtları ve mahkeme belgelerinin kapsamlı bir incelemesi, (ABD tarafından göreve getirilen) hükümetin birçok üst düzey liderinin, kara para aklama suçlamasıyla hiç karşı karşıya kalmamış olsalar da, yolsuz bankalarla güçlü bağları olduğunu göstermektedir. Bu bankaların birçoğu, ya kara para aklama suçlamasıyla yargılanmış ya da ABD'nin baskısı nedeniyle kapatılmıştır.

Makale, bu bankaları kapatanın Noriega olduğunu ve ABD'nin Noriega'ya hiçbir destek vermediğini belirtmiyordu. Tüm gerçekler incelendiğinde, yapbozun parçaları yerine oturmaya başladı. Elbette *New York Times*, ABD'nin banka kapatmalarının kışkırtıcısı olduğunu göstermeye çalışıyordu, oysa durum hiç de böyle değildi; dahası, "direniş"in suçunu sözde Washington'dan kaynaklanan değişikliklere atarak, sanki ABD gerçekten bir uyuşturucu savaşı yürütüyormuş, ancak yeni hükümet işbirliği yapmıyormuş gibi gösterilebilirdi; okuyucunun da kabul edeceği üzere, bu oldukça zekice bir taktikti.

Makale şöyle devam ediyordu:

> Başkan Guillermo Endara, yıllardır Kolombiya'nın Medellin Karteli tarafından yoğun olarak kullanılan bir Panama bankasının yöneticisidir.

Panama üzerine yazdığım monografilerimde yıllar önce verdiğim bilgilerin, bu kadar beklenmedik bir kaynaktan da olsa teyit edilmesi benim için çok sevindiriciydi. FBI tarafından uyuşturucu parası aklayanlar olarak adlandırılan iki düzine Panama bankasından biri olan Banco Interoceanico de Panama, New York Times'ın bahsettiği bankadır. Makale şöyle devam ediyordu:

> Endara, başkan olmadan önce şirket avukatıydı ve Nisan 1989'da Atlanta'da büyük bir kokain kaçakçılığı şebekesi kurmak için komplo kurmak suçlamasıyla tutuklanan Panamalı iş adamı Carlos Eleta'nın yakın arkadaşıdır. Kefaletle serbest bırakılan Eleta, şu anda yargılanmayı beklemektedir.

Elbette *New York Times* her şeyi tam olarak açıklamadı, ancak burada söylemediği şey şu: para aklama işine bulaşmış olan sadece Endara değil, aynı zamanda Bush yönetiminin çok sevdiği arkadaşları da vardı.

Bush yönetiminin "Panama kabinesi"nin diğer önde gelen üyeleri şunlardır:

**Rogelio Cruz**

Cruz, Panama Başsavcısıdır. Daha önce Birinci Inter American Development Bank'ın müdürüydü. Bu banka, daha önce bahsettiğim Kolombiya'daki Cali Karteli'nin üst düzey isimlerinden Gilberto Rodriguez Orejuela'ya aitti.

**Guillermo Billy Ford**

O, İkinci Başkan Yardımcısı ve bankacılık komisyonu başkanıdır. Ayrıca, monografilerimde özellikle uyuşturucu parası aklayan bir banka olarak adı geçen Bank of

Dadeland'ın ortaklarından biridir. Bu banka, Medellin kartelinin başlıca para aklayıcısı Gonzalo Mores'in uyuşturucu parası için de takas merkeziydi.

**Ricardo Calderon**

Calderon, Panama'nın Birinci Başkan Yardımcısıdır ve kayıtlara göre ailesi şüpheli bankalarla yoğun bir şekilde ilgilenmiştir.

**Mario Galindo**

Galindo ve ailesi, Calderon gibi, uyuşturucu parası aklayan şüpheli bankalarla bağlantılıydı. Bu bankalardan biri, başkanlığı Mario Galindo'nun akrabası Samuel Lews Galindo'nun yaptığı Banco del Istmos'tu.

Yukarıda bahsedilenlerin hepsi, Dadeland Bank'ta çalışan Ivan Robles ve ABD'ye tonlarca esrar kaçıran Antonio Fernandez tarafından gayet iyi biliniyordu. 1976 yılında Fernandez çetesi, Ford, Eisenmann ve Rodriguez'in ortak sahibi olduğu Dadeland Bank'ın hisselerini satın almaya başladı. Başkan Bush, Rodriguez'i "Porky" Endara'nın ABD'deki elçisi olarak sıcak bir şekilde karşıladı. Bu adamları Panama hükümetinde lider rollere yerleştirerek, Bush yönetimi, Panama'da uyuşturucu ticaretinin işleyişini zorlaştırmak yerine kolaylaştırmak olan ikinci hedefine ulaşmış gibi görünüyordu; bu, daha önce de söylediğim gibi, Panama işgalinin ikinci hedefiydi.

Panama'nın gizlilik yasalarının kaldırılması yönündeki çağrılar üzerine, Ford, kendi pozisyonunu savunmak için yasanın değiştirilmesine gerek olmadığını söyledi: "Gizlilik, hiçbir yasadışı amaç için kullanılmayacaktır."

Denetçi gibi diğerleri ise Panama'nın hiçbir yasayı değiştirmeyeceğini söyledi.

> "Uyuşturucu yüzünden tüm hukuk sistemimizi değiştirmek zorunda değiliz. Tek bir şey, uyuşturucu yüzünden tüm hukuk sistemimizi değiştiremeyiz,"

dedi Ruben Diaro Carlos. Kimse, Noriega'nın tam da bunu yaptığını ve onun zorla görevden alınmasının ana nedeninin bu olduğunu söylemeye cesaret edemedi.

31 Aralık 1989'da, Brezilya'nın en büyük gazetesi olan saygın *Jornal do Brasil* gazetesi, "Uyuşturucu Kaçakçılarıyla Tehlikeli İlişkiler" başlıklı bir manşet haberi yayınladı ve bu haberde Panama'daki Bush "iç çemberi" hükümetinin bazı üyelerinin isimlerinden bahsetti. Bunlar, Miami'deki Noriega davasının kararı çıkmadan önce

> "... General Noriega Miami'de beraat ederse, onu cinayetle suçlayacağız."

Makalede, Guillermo Endara'nın "ABD'de 600 kilo kokain ve uyuşturucu parası aklamakla suçlanan" Carlos Eleta ile olan bağlantıları nedeniyle özellikle savunmasız olacağı belirtiliyordu. Makalede ayrıca, 1985 yılında uyuşturucu satışından elde edilen 46 milyon doları New York'taki Banco Cafetero Panama şubesine aktarmakla suçlanan Gilberto Orejula'nın sahibi olduğu First Inter Americas Bank ile bağlantıları olan Başkan Yardımcısı Calderon'un kardeşi Jaime Calderon'un adı da geçiyordu. Makalede, Billy Ford'un Washington Büyükelçisi Carlos Rodriguez ve Bobby Eisenmann ile birlikte Florida'daki Dadeland National Bank aracılığıyla uyuşturucu parası aklamaya karıştığı belirtildi.

Bir alt başlıkta Guillermo Endara, "Amerikalıların oyunundaki sefil bir köle" olarak tanımlanıyor. Makalede "Endara'ya Pan Dulce (Tatlı Ekmek) deniyor, şişman ve yumuşak" deniyor. Makale, Endara'nın 1904'ten beri sahnede olan yoksul beyaz oligarşi ailelerinden biri olduğunu belirtiyor:

> Endara, siyasi hayatına Panama City'de, Anulfo Arias hükümetlerinden birinde dışişleri bakanı olan Galileo Soliz'in hukuk bürosunda, tanınmayan bir avukat olarak başladı... Endara'nın hiçbir zaman kendi fikirleri olmadı, bir köpek yavrusu kadar sadıktı ve Arias'ın söylediklerini tekrarlıyordu; muhtemelen bu yüzden Bush onu "evetçi" olarak seçti.

Bush, Panama'nın kontrolünü bu tür adamlara mı vermek istiyordu? Görünüşe göre öyle, ancak Panama'daki "Bush hükümeti"ni şüpheyle işaret edecek pek çok şey varken, mahkemede Manuel Noriega'yı suçlayacak tek bir şey bile ortaya çıkmadı. Bu, ABD Büyük Jürisi'nin uzun zaman önce soruşturması gereken bir konu değil miydi? Noriega'nın bu kadar uzun süre kimseyle görüşmesine izin verilmemesinin nedenlerinden biri bu muydu? Adalet Bakanlığı, Noriega'nın tanık kürsüsünde ne söyleyeceğinden mi korkuyordu?

Panama'daki gelişmeler, Bush'un uyuşturucu savaşının gerçekte ne kadar sahte olduğunu gösteriyor. Buna inanmayan pek fazla insan yok ve elbette bu, uyuşturucuyu yasallaştırmayı savunanların elindeki en büyük koz. Onların tutumu şöyle: "Bakın, ABD'nin muazzam kaynakları bile uyuşturucu ticaretini durdurmaya yetmiyor.

Kaçınılmaz olanla neden savaşmaya çalışalım? Neden kontrolü merkezileştirecek ve uyuşturucuyu suçluların elinden alacak yasalar çıkarmayalım?" Kongre'de lobi yapanlar var ki, bu işin bir an önce yapılmaması halinde iç savaş çıkacağı tehdidinde bulunuyorlar. ABD'nin büyük şehirlerinde, iddiaya göre çoğunlukla yoksullara yönelik "polis şiddeti"nin gece haberlerinde sürekli gösterilmesi, istenen etkiyi yaratıyor. Bu tür haberlerin "haber" olduğunu düşünmemeliyiz. O dönemde büyük haber ağlarının "haber"lerinin amacı ve hedefi, yoksullara, polis şiddetinin kurbanlarının kendileri olduğunu, oysa genellikle beyaz olan "büyük adamlar"ın paçayı sıyırdığını iyice aşılamaktı. Siyah " " liderleri, ya siyah nüfusa yönelik "baskının" kaldırılmasını ya da uyuşturucunun yasallaştırılmasını talep ediyorlardı.

Panama'nın işgali, uyuşturucu lobisine dayanak sağladı. "Bu, uyuşturucu akışını durdurmadıysa, polisin bununla nasıl başa çıkması beklenebilir?" diye sordular. Uyuşturucunun yasallaştırılmasını savunan liderlerden biri olan Andrew Weill, Uyuşturucu Politikası Vakfı'nın bir konferansında, uyuşturucu baskınları sırasında kentsel siyahilere yönelik polis şiddeti nedeniyle her an bir iç savaşın patlak verebileceğini söyledi. Amerikan Sivil Özgürlükler Birliği (ACLU) genel müdürü Ira Glasser, dinleyicilere uyuşturucunun yasallaştırılmasının George Schultz, William F. Buckley ve Milton Friedman gibi tanınmış isimler tarafından desteklenen bir sağ kanat meselesi haline geldiğini söyledi. Glasser, ulusun "olumsuzlukları aşarak polis, milletvekilleri ve halkı" uyuşturucunun yasallaştırılması fikrine ikna etmeye başlaması gerektiğini vurguladı.

Uyuşturucu Politikası Vakfı'nın başkan yardımcısı ve genel danışmanı Kevin Zeese şunları söyledi:

> Uyuşturucu savaşı, uyuşturucudan daha zararlıdır.

> Durumun özü büyük ölçüde budur. Uyuşturucu savaşı, toplumumuz için uyuşturucudan daha mı tehlikelidir? Uyuşturucu sorununu, toplumumuz için daha az maliyetli bir şekilde çözebilir miyiz – sadece ekonomik açıdan değil, insani açıdan da?

Zeese, eroinin acıdan kaçmanın bir yolu olduğunu ve bunu savunmasa da anlayabildiğini söyledi. Kaçırılan General Noriega şu anda Miami'deki bir federal hapishanede çürüyor; peki Bush'un Adalet Bakanlığı onunla ne yapmayı planlıyor?

Bahsetmek istediğim kafa karıştırıcı konulardan biri, bu " " ülkesinde ve dünyanın dört bir yanındaki sivil özgürlük örgütlerinin, ABD hükümeti tarafından ona karşı işlenen suçlara ilişkin sağır edici sessizliğidir. Bir devlet başkanının kaçırılmasının, bu özgürlük bekçilerinden şiddetli protestolar koparacağını düşünmek doğaldır. Oysa böyle bir şey olmadı. Nelson Mandela'nın Güney Afrika'da kaçırılıp, diyelim ki yargılanmak üzere İtalya'ya götürülseydi sonuç ne olurdu bir düşünün. Mandela serbest bırakılana kadar bitmek bilmeyen bir gürültü ve kargaşa olurdu. Noriega'nın kaçırılması ve yasadışı olarak hapsedilmesi, bu ülkede utanç verici bir çifte standart olduğunu ortaya koyuyor; görünüşe göre Amerikan halkı bunu o kadar da kötü bulmuyor ya da basın tarafından beyinleri yıkanmış mı?

General Noriega'nın yargılanması neden bu kadar uzun süre ertelendi? Sonuçta, avukatıyla yaptığı telefon görüşmelerinin dinlenmesi ve kamu avukatını kabul etmek zorunda kalması için mal varlığının dondurulması gibi, haklarının ihlal edilebilecek her şey zaten yapılmıştı. Ayrıca, ABD'nin Panama'da tam ve sınırsız kontrolü altında olduğu düşünülürse, Adalet Bakanlığı'nın onu başarıyla yargılamak için ihtiyaç duyduğu belgesel kanıtlara sahip olduğu tahmin edilebilir. Neden bu kadar uzun ve yakışıksız bir gecikme yaşandı? Adaletin gecikmesi, adaletin reddi değil midir?

16 Kasım 1990'da Noriega, Yargıç William Hoevler'e bir açıklama yaptı. Bu açıklama, Noriega davasında adaletin ne kadar kirletildiğini gösterdiği için tekrarlanmaya değer:

> Şu anda, savcılarımı ve şimdi de savunma avukatımı belirleyen, tamamen adaletsiz ve haksız bir sistemin insafına kalmış durumdayım. Amerika Birleşik Devletleri'ne getirildiğimde, haksız yere adil bir yargılama alabileceğime inanmıştım. Bunun gerçekleşmesi için, paramı kullanarak kendi seçtiğim avukatları tutabileceğime de inanıyordum. Amerika Birleşik Devletleri hükümetinin kendimi savunmamı istemediği ve adil bir yargılama ve yasal süreçten mahrum bırakmak için elinden gelen her şeyi yaptığı acı bir şekilde ortada.
>
> Paramı aldılar, avukatlarımdan mahrum bıraktılar, hücremde beni videoya çektiler, avukatlarımla yaptığım telefon görüşmelerini dinlediler ve hatta bunları Endara hükümetine ve basına verdiler. Amerika Birleşik Devletleri hükümeti, savaş esiri statümü görmezden geldi ve Cenevre Sözleşmesini ihlal etti.
>
> En kötüsü de, insani bir şekilde davranmadılar. Uluslararası Kızıl Haç'ın defalarca yaptığı taleplere rağmen, karım ve çocuklarımın kocalarını ve babalarını ziyaret etmeleri için vize vermemek suretiyle insan haklarımı ihlal ettiler ve bu, uluslararası hukuka karşı utanç verici bir ihlaldir.
>
> Açıkçası, kendimi savunamamamın ABD hükümetinin yararına olduğu ortada, çünkü bildiklerimden korkuyorlar.

> Bu bir uyuşturucu davası değil. Bu davanın Beyaz Saray dahil olmak üzere ABD hükümetinin en üst kademelerine kadar uzanan etkileri olduğunu biliyorum.
>
> Bu davanın adil koşullarda yürütüleceğine dair hiçbir zaman bir yanılsamam olmadı, ancak böylesine dengesiz bir savaş alanında adeta bir savcı ve soruşturmacı ordusunun yer alacağını ve savcılığın nükleer silahlara sahipken, hiçbir ücret almayan ve sadece tabanca taşıyabilen avukatların izin verileceğini de hiç beklemiyordum. Buna adil bir mücadele diyorlar; önümdeki savaş, Amerika Birleşik Devletleri'nin ülkemi işgal ettiği zamana çok benziyor. O savaş tek taraflı ve adaletsizdi, bu savaş da öyle.

Noriega'nın içinde bulunduğu durum, her Amerikalının bir gün yozlaşmış ve acımasız bir hükümetle karşı karşıya kalabileceği bir durumdu. Noriega'nın içinde bulunduğu durum, 4 Temmuz'u alay konusu haline getirdi. Bu, " " (Herkesin eşit olduğu) ABD Anayasasını alay konusu haline getiriyor. Bu arada, Noriega'yı savunmak için tek bir ses bile duyulmuyor ve bana göre bu, utanç verici bir durumun en utanç verici yanlarından biri. Bu, görmezden gelinebilecek bir durum değildir, çünkü Noriega'nın başına gelenler her Amerikalının sorumluluğundadır. Haber medyası tarafından büyük ölçüde görmezden gelinen şey, ABD'nin Panama'yı işgal ederek General Noriega'yı kaçırmasıyla, sadece ABD Anayasasını değil, aynı zamanda imzaladığı Amerikan Devletleri Örgütü (OAS) tüzüğünü, özellikle de 18, 15, 20 ve 51. maddelerini ihlal ettiği gerçeğiydi.

18. madde şöyledir:

> Hiçbir devlet veya devletler grubu, hiçbir nedenle, başka bir devletin iç veya dış işlerine doğrudan veya dolaylı

> olarak müdahale etme hakkına sahip değildir.

20. madde şöyledir:

> Bir devletin toprakları dokunulmazdır; başka bir devlet tarafından, geçici de olsa, askeri işgal veya diğer zorlayıcı önlemlerin hedefi olamaz.

Daha önce, Bush'un Panama'yı işgal etmeden önce Kongre'den savaş ilanı almamış olması konusuna değinmiştim. Bunun yerine Bush, Kongre'ye,

> "Panama Cumhuriyeti'nin ABD'nin ulusal güvenliğine ve dış politikasına yönelik olağandışı ve olağanüstü bir tehdit"

Bu sözde Yasa tam bir saçmalıktır, bir "table raza"dır, yalnızca ABD Anayasasını altüst etmek için tasarlanmış değersiz bir kağıt parçasıdır.

Başkan, 20 Aralık 1989'da yaptığı açıklamada Amerikan halkına yalan söyledi:

> Geçen Cuma General Noriega, askeri diktatörlüğünün ABD ile savaş halinde olduğunu ilan etti.

Aslında, böylesine saçma bir iddiayı destekleyecek tek bir kanıt bile yoktu.

Kısacası, bu apaçık bir yalandı. Başkanın yaptığı veya söylediği her şeye rağmen, Panama'ya karşı savaş ilanı alamadı; bu, bu ülkeyi Irak'a karşı savaşa gönderirken tekrarlayacağı ve muhtemelen ABD Anayasası'nın ölümünün başlangıcı olacak bir şeydi.

Başkanın bir başka yalanı da 20 Aralık'ta yaptığı şu açıklamaydı

> "General Noriega'nın Panama'daki Amerikalılara yönelik pervasız tehditleri ve saldırıları, Panama'daki 35.000 Amerikan vatandaşı için acil bir tehlike oluşturdu."

Gerçek şu ki, Amerikan askerlerine yönelik tek bir saldırı oldu ve bu da General Cisneros'un emrettiği kasıtlı çatışma planından kaynaklandı. Bu tek trajedi, üç ABD deniz piyadesi üç farklı PDF kontrol noktasından geçtikten sonra meydana geldi. Dördüncü kontrol noktasında durdurulduktan sonra, üniforma giymemiş deniz piyadeleri ile PDF arasında bir tartışma çıktı.

Deniz piyadeleri daha sonra arabayla uzaklaştı ve defalarca durmaları söylendikten sonra ateş açıldı; bu ateşten biri ölümcül oldu. Bu askerin ölümünden Başkan Bush sorumludur. Bush, bu tek trajediye dayanarak, General Noriega'nın ABD'ye savaş ilan ettiği ve "Panama Kanalı Antlaşmalarının bütünlüğünü tehdit ettiği" şeklindeki absürt iddiasını ortaya attı. Bakan Cheney, Amerikan halkına, Bush yönetiminin 1989 yılının Mart ayından itibaren işgal planlarını hazırladığını söyledi.

Bakan Cheney, 20 Aralık'ta yaptığı açıklamada bunu doğruladı:

> Pazar günü geç saatlerde, bir süredir hazır olan planın uygulanması emri verildi. Bu, geçen bahar savunma bakanı olduğumda bana brifing verilen ilk konulardan biriydi.

Cheney, müzmin bir baş belası ve aldatma ustasıydı; ABD, bu adamın ikiyüzlülüğü yüzünden büyük bir servet ve birçok evladını kaybetmeye mahkumdur. Kendisinin gelecekte herhangi bir kamu görevine gelmesi engellenmelidir. Yönetimin bir başka yalanı da, 20 Aralık 1989'da Başkan adına konuşan Marlin Fitzwater'ın yaptığı açıklamaydı. Fitzwater, ulusa "Panama Kanalı Antlaşmalarının bütünlüğünün risk altında olduğunu" söyledi. Aynı tarihte James Baker III, basına ABD işgalinin amaçlarından birinin "Panama Kanalı Antlaşmaları'nın IV. Maddesi kapsamındaki ABD haklarının bütünlüğünü savunmak" olduğunu söyledi. Ancak Noriega'nın antlaşmaların bütünlüğüne karşı tam olarak ne tür tehditlerde bulunduğu sorulduğunda, Baker tek bir örnek bile veremedi. Cevabı şöyleydi:

> Şey, bu çok spekülatif bir konu, yani... Saygıyla şunu söyleyeyim, daha önce de belirttiğimiz gibi, Noriega'nın iktidarı meşru olmayan bir şekilde elinde tutmaya devam etmesi halind 'daki Kanal ile ilgili sorunlar çıkabileceğini öngörmüştük. Son iki veya üç yıldır haklarımızın bütünlüğüne yönelik tehditlere gelince, sadece — son bir yıl kadar — belki biraz geriye gitmeliyim, ama son bir yıl kadar, anlaşma haklarımızı kullanmaya çalışan Amerikalılara karşı orada devam eden tacizlere dikkatinizi çekmek isterim.

Noriega'nın ABD'nin Kanal haklarını tehdit ettiğine dair bu beceriksiz, tökezleyen, sakar ve aceleyle uydurulmuş "kanıt", Baker'ın ortaya koyabildiği en iyi şeydi. Ne kadar acınası bir yalancı olduğu ortaya çıktı. Yine de, Başkan Bush, Bakan Cheney ve Bakan Baker tarafından ortaya konulan, tamamen asılsız ve desteksiz kanıtlara dayanarak, bu ülke, bir antlaşması olduğu egemen bir devlete açıkça yasadışı bir işgal gerçekleştirdi ve uluslararası hukuku ve anayasa hukukunu ihlal etti.

General Noriega'yı kaçırarak, hükümetimiz Barbar Sahili korsanlarının seviyesine indi ve bunu yaparak ABD Anayasasını ve Uluslararası Hukuku çiğnedi. Hoşumuza gitse de gitmese de, bu sözler sert ve yargılayıcı görünse de, gerçekler gerçektir ve inkar edilemez. Bir ulus olarak, hepimiz Başkan Bush ile birlikte, onun yönetiminin kanunsuz davranışlarından eşit derecede sorumluyuz, çünkü bizler kenara çekilip, tek bir protesto sesi bile çıkarmadan bunun olmasına izin verdik.

Başkan Bush, televizyona çıkarak Amerikalılara Panama'nın işgalini emretmesinin nedenlerinden birinin "demokrasiyi savunmak" olduğunu söyledi.

Hiçbirimiz bunun farkında olmasak da, bu Irak'a karşı savaşa girmenin bahanelerinden biri olacaktı. Irak'ta demokrasi kurtarılmalıydı ; o diktatörlük döneminde demokrasinin izi bile olmamış olması hiç önemli değildi. Üstelik ABD bir demokrasi değil, bir cumhuriyettir. Ayrıca biz dünyanın jandarması da değiliz.

Irak'a karşı yürüttüğümüz soykırım savaşından bu yana artık bir hukuk devleti değiliz! Panama'da demokrasi hayattaydı ve işliyordu. ABD'nin de imzaladığı OAS Antlaşması'nı ağır bir şekilde ihlal eden, iki yıl süren, çoğu zaman kaba ve aleni Panama iç işlerine müdahaleye ve Mayıs 1989'da General Noriega'yı öldürmeye yönelik en az iki suç teşkil eden girişime rağmen, ulusal seçimler yapıldı.

Başkan Bush'un tepkisi ne oldu? Medyanın çakallarının güçlü desteğiyle, Bush yönetimi, uyuşturucu ile ağır şekilde lekelenmiş Endara, Billy Ford ve Calderon'un muhalefet platformunu desteklemek için 11 milyon dolardan fazla para harcadı.

ABD hükümetinin istihbarat servisleri de dahil olmak üzere her birimiyle katıldığı Filipinler seçimlerinden edindiği deneyimden yararlanarak Bush, Panama halkına karşı "Marcos Senaryosu"nun uygulanmasını emretti. Bush tarafından finanse edilen Endara çetesi bir kargaşa dalgası başlattı, oyların sayılmaması için sandıkları çaldı ve tüm bu süre boyunca oyların "tahrif edildiğini" haykırdı. Bu, Filipinler seçimlerinin ürkütücü bir tekrarıydı; paralı fahişe "uluslararası gözlemciler" ve her zamanki medya çakalları da dahil olmak üzere, hepsi bu yalanlara desteklerini haykırıyorlardı ve bu, ABD'de yaşanacak olayların uğursuz bir habercisiydi.

Bush'un yarattığı kaosun ortasında ve oyları sayamayan Panama hükümeti, diğer her hükümetin yapacağı şeyi yaptı , seçimleri iptal etti. Bush yönetiminin yürüttüğü muazzam ve her alana yayılmış sabotaj operasyonları göz önüne alındığında, başka bir yol izlemesi mümkün değildi. Her halükarda, Bush'un umduğu da buydu. O zaman bile, Panama hükümeti dünyaya doğru şeyi yapmaya çalıştığını kanıtlamak için can atıyordu. Muhalefetteki uyuşturucu ile lekelenmiş Endara çetesine koalisyon hükümetine katılma fırsatı sundu.

Washington'un tavsiyesi üzerine, bu cömert teklif "zavallı beyaz köle" Endara tarafından reddedildi. Irak "müzakerelerinde" şahit olacağımız gibi, Bush, PDF'nin yok edilmesi, Noriega'nın kaçırılması ve Panama'nın işgaline kararlıydı ve adil insanların sunduğu hiçbir iyi niyet, onun hedeflerinin önüne geçmesine izin verilmeyecekti. Gerçekten de, Bush yönetimi altında Amerika, dünyanın en kötü ülkesi, gerçek bir tiran ve zorba haline geldi.

Kariyerinin en şaşırtıcı ve küstah eylemlerinden birinde Başkan Bush, uyuşturucu ile lekelenmiş Endara çetesini "Panama'nın resmi hükümeti" ilan etti. Uyuşturucu aklama bankalarıyla bu kadar yoğun bir şekilde bağlantılı olan bu adamlar, bir ABD askeri üssünde "yemin ettirildiler". Eğer bir orman kanunu varsa, işte buydu. Ardından 45 dakika sonra ABD, bu yüzyılda görülen en bariz saldırganlık eylemlerinden biriyle egemen Panama devletini işgal etti. Eğer bu, demokrasinin işleyişiyse, o zaman Tanrı Amerika'ya yardım etsin, çünkü Panama'da olanlar, Cumhuriyetçi Parti imparatorluk kurucu parti haline geldikçe, yurt içinde ve aslında her yerde kesinlikle tekrarlanacaktır.

Sessiz kalmayı seçerek kötülüğün zafer kazanmasına izin verdik. ABD'nin elinde acı çeken diğer uluslara karşı kayıtsız kaldık, bu yüzden sıra bize geldiğinde, suçlayacak tek kişi kendimiz olacağız. Protestomuzun eksikliği, hatta Panama ve Irak'ta işleyen orman kanunlarını onaylamamız, bizi Yüce Tanrı'nın cezasını hak edenler haline getiriyor; bu ceza, kötü eylemlere tolerans gösterdiğimiz için kesinlikle bu ulusun üzerine düşecektir. Seyahat ettiğim her yerde "Tanrı Amerika'yı korusun" yazılı posterler ve reklam panoları görüyorum ve kendime soruyorum: Amerika adına bu kadar çok kötülük yapılırken, Tanrı neden Amerika'yı korusun ki?

Başkan Bush'un Panama işgalini savunmak için öne sürdüğü bir başka bahane de, Panama'ya "uyuşturucu kaçakçılığıyla mücadele etmek" için girdiğimizdi. Bush, 20 Aralık 1989'da Panama ve ABD halkına yönelik "Noel Konuşması"nı hazırlarken, bunu söyleme cüretini gösterdi. DEA dosyalarını incelediğinizde, DEA'nın eski başkanı John Lawn'ın, General Noriega, PDF ve Panama hükümetinden aldığı tam işbirliğini sık sık övgü dolu sözlerle dile getirdiğini hemen görebilirsiniz. General Noriega görevdeyken, uyuşturucu sorunu belirgin bir şekilde azalmıştı.

27 Mayıs 1989'da John Lawn, Noriega'ya bir mektup yazarak, uyuşturucu kaçakçılarının banka hesaplarının başarılı bir şekilde ele geçirilmesinde aldığı büyük yardımdan dolayı onu tebrik etti; Lawn bu operasyonu "federal kolluk tarihinin en başarılı gizli operasyonu" olarak nitelendirdi.

Lawn şöyle demiştir:

> Bir kez daha ABD Uyuşturucu ile Mücadele Dairesi (DEA) ve Panama Cumhuriyeti kolluk kuvvetleri, uyuşturucu kaçakçılarına etkili bir darbe indirmek için güçlerini birleştirdi...

OPERATION PISCES ve 'e olan kişisel bağlılığınız ve Panama Cumhuriyeti'nin diğer yetkililerinin yetkin, profesyonel ve yorulmak bilmeyen çabaları, bu soruşturmanın nihai olumlu sonucuna ulaşılmasında hayati öneme sahipti.

Dünyanın dört bir yanındaki uyuşturucu kaçakçıları, yasadışı faaliyetlerinden elde ettikleri gelir ve kârların Panama'da hoş karşılanmayacağının artık farkındalar.

İngiltere'nin lord ve leydilerinin ve Wall Street bankalarının çizgili takım elbiseli sakinlerinin endişelenmeye başlamasına şaşmamak gerek. Rockefeller'ın Bush'a Noriega'yı ve Panama hükümetini bir an önce ortadan kaldırmasını emretmesine şaşmamak gerek. Noriega, uyuşturucuya karşı savaş konusunda gerçekten ciddi ve samimiydi! Noriega'nın bir uyuşturucu kaçakçısı olduğu yönündeki açıklamasına rağmen, Başkan Bush iddialarını destekleyecek tek bir kanıt bile sunmadı.

Aslında, Ulusal Narkotik Sınır Engelleme Sistemi (NNBIS) bünyesindeki Florida Görev Gücü'nün başkanı Adam Murphy, şu şekilde kesin bir ifadeyle şunları söyledi:

> NNBIS ve Güney Florida Görev Gücü'ndeki görevim süresince, General Noriega'nın uyuşturucu ticaretine karıştığını gösteren hiçbir istihbarat görmedim. Aslında, uyuşturucu savaşında ABD ile işbirliği açısından Panama'yı her zaman örnek gösterirdik. Bu ülkede Büyük Jüri'nin iddianamesinin bir mahkumiyet kararı olmadığını unutmayın. Noriega davası mahkemeye taşınırsa, delilleri ve jürinin bulgularını inceleyeceğim, ancak bu gerçekleşene kadar, generalin bu işe karıştığına dair elimizde hiçbir ilk elden kanıt yok. Benim deneyimim tam tersi yönde.

Yine de, John Lawn'ın 27 Mayıs 1987 tarihli mektubunda General Noriega ve Panamalı " " hükümetini destekleyen övgü dolu tavsiyelerine rağmen, bir aydan az bir süre sonra Bush, Panama'nın meşru hükümetine karşı bir isyan sahneledi. Carlos Eleta ve iş ortakları, aralarında köle Endara'nın da bulunduğu, hemen Panama'daki ABD ordusunun desteğini aldı. Aynı yöntem, ABD'li General Hauser'in soruşturması sırasında Başbakan Mossadegh'in alçakça görevden alınmasıyla İran'da da görüldü.

OAS Antlaşması'nın iğrenç ihlali, bu ülkedeki hiç kimseden protesto görmedi. Televizyon vaizi Pat Robertson ve özgürlüğü seven tüm arkadaşları, ABD hükümetinin kanıtlanabilir kanunsuzluğu karşısında sessiz kaldılar. Bu nedenle, hükümet kanunsuz politikalarını içe dönüp vatandaşlarına uyguladığında, başımıza gelecekleri hak ediyoruz. Panama hükümeti ve General Noriega'nın sonunu getiren şey, Noriega hükümetinin Panama'daki uyuşturucu mafyasını kökünden söküp atmayı başarmasıydı. Bu, hükümetin, ABD'nin uyuşturucuya karşı gerçekten bir savaş yürüttüğüne aptalca inanması ve OAS Antlaşması kapsamında ABD'ye karşı yükümlülüklerini yerine getirme konusundaki samimi arzusu temelinde gerçekleştirilmişti. Başkan Bush'un ABD Anayasasını hiçe saymasına izin vermek, bildiğimiz şekliyle ABD'nin de sonunu getirecektir.

Noriega ve hükümetinin suçlu bulunduğu "suç", işlerini fazlasıyla iyi yapmış olmalarıydı ve bunu yaparken Dope International Limited'in ve yönetim kurulunda oturan lordların, hanımların ve beylerin ayaklarına sertçe basmışlardı. Bu, Bush yönetiminin gerçekten uyuşturucuya karşı bir savaş yürüttüğüne inanan dünyadaki herkese bir ders olsun. Bu, ne daha fazlası ne de daha azı, sahte bir savaştır ve DEA'nın gizli saha operatörlerinden birkaçı, biri Bolivya'nın devasa " " kokain karteli ve Meksikalı ortaklarının peşine düşenler de dahil olmak üzere, kendi pahasına öğrendiği gibi, uyuşturucu ticaretinin tepesindeki kişilere çok yaklaşırsanız "övülmekten ziyade emekliye ayrılma" ihtimalinizin daha yüksek olduğunu ya da bir tiranın elinde acı çekip, kaderinizin bir sahte mahkeme tarafından belirleneceğini fark ettiler.

2009 yılında Panama'daki durum şudur: Uyuşturucu her zamankinden daha serbestçe dolaşmaktadır; uyuşturucu parası aklayan bankalar da daha serbestçe faaliyet göstermektedir. Ülkenin ekonomisi harap durumdadır ve ABD'den milyonlarca dolarlık bir nakit enjeksiyonu beklemektedir, ancak bunların hiçbiri asıl mesele değildir. Önemli olan, ülkede "demokrasi"nin zafer kazanmış olmasıdır. Bu, tüm Latin Amerika ülkeleri için bir ders olsun! Bu durum, tüm uluslara bir ders olsun: Eğer bu böyle devam ederse, dünyadaki hiçbir ülke güvende olmayacak. ABD'nin dostu olursanız, ülkenizi kaybedebilirsiniz.

# Beşinci Bölüm

## Uyuşturucu Savaşında Pakistan'ın Rolü

Müslüman Birliği, Muhammed Ali Cinnah ve Liaquat Ali Khan'ın liderliğinde Pakistan'ın ilk hükümetini kurdu.

Pakistan siyasetinde Müslüman Ligi'nin liderliği, Batı Pakistan'daki Pakistan Halk Partisi (PPP) ve nihayetinde Bangladeş'in kurulmasına yol açacak olan Doğu Pakistan'daki Awami Ligi dahil olmak üzere diğer siyasi partilerin yükselişiyle önemli ölçüde azaldı. Pakistan'ın ilk Anayasası 1956'da kabul edildi, ancak 1958'de Ayub Khan tarafından askıya alındı. 1977'de Zia-ul-Haq tarafından askıya alınan 1973 Anayasası, 1991'de yeniden yürürlüğe girdi ve hükümetin temellerini oluşturan ülkenin en önemli belgesidir.

Pakistan, İslam'ı devlet dini olarak benimseyen federal bir demokratik cumhuriyettir. Yarı başkanlık sistemi, 100 üyeli Senato ve 342 üyeli Ulusal Meclis'ten oluşan iki meclisli bir yasama organını içermektedir.

Cumhurbaşkanı, devlet başkanı ve silahlı kuvvetlerin başkomutanıdır ve bir seçim kurulu tarafından seçilir.

Başbakan genellikle Ulusal Meclis'teki en büyük part 'ın lideridir. Her eyalet, en büyük parti veya ittifakın liderinin başbakan olduğu, doğrudan seçilen bir Eyalet Meclisi'ne sahip benzer bir yönetim sistemine sahiptir. Eyalet valileri Cumhurbaşkanı tarafından atanır.

Pakistan ordusu, Pakistan tarihi boyunca ana akım siyasette etkili bir rol oynamıştır; 1958-71, 1977-88 ve 1999'dan itibaren askeri cumhurbaşkanları ülkeyi yönetmiştir. Zulfikar Ali Bhutto liderliğindeki solcu PPP, 1970'lerde önemli bir siyasi aktör olarak ortaya çıkmıştır. Muhammed Ziya-ul-Haq'ın askeri yönetimi altında Pakistan, İngiliz dönemindeki laik siyaset ve politikalardan, şeriat ve İslam'a dayalı diğer yasaların benimsenmesine doğru belirgin bir dönüşüm geçirmiştir.

1980'lerde, feodalizme karşı ve Muhacir yanlısı Muttahida Qaumi Hareketi (MQM), Sindh ve özellikle Karaçi'nin geleneklere bağlı olmayan ve eğitimli kent sakinleri tarafından başlatıldı. 1990'lar, PPP ve yeniden canlanan Müslüman Ligi'nin hakim olduğu koalisyon siyasetiyle karakterize edildi.

Ekim 2002 genel seçimlerinde, Pakistan Müslüman Ligi (PML-Q) Ulusal Meclis'teki sandalyelerin çoğunluğunu kazandı; ikinci en büyük grup ise PPP'nin bir alt partisi olan Pakistan Halk Partisi Milletvekilleri (PPPP) oldu. PML-Q'dan Zafarullah Khan Jamali başbakan olarak göreve başladı, ancak 26 Haziran 2004'te istifa etti ve yerine PML-Q lideri Chaudhry Shujaat Hussain geçici başbakan olarak atandı. 28 Ağustos 2004'te Ulusal Meclis, 191'e karşı 151 oyla Maliye Bakanı ve eski Citibank Başkan Yardımcısı Shaukat Aziz'i Başbakan olarak seçti. İslamcı partilerin koalisyonu olan Muttahida Majlis-e-Amal, Kuzeybatı Sınır Eyaleti'ndeki seçimleri kazandı ve Ulusal Meclis'teki temsilini artırdı.

Pakistan, Birleşmiş Milletler (BM) ve İslam Konferansı Örgütü'nün (OIC) aktif bir üyesidir; Pakistan, İslam Konferansı Örgütü'nü, Müslüman dünyasında bir rönesans ve aydınlanma teşvik etmeyi amaçlayan "Aydınlanmış Ilımlılık" planı için bir forum olarak kullanmıştır. Pakistan ayrıca Güney Asya Bölgesel İşbirliği Birliği (SAARC) ve Ekonomik İşbirliği Örgütü (ECO) gibi önemli bölgesel kuruluşların da üyesidir. Geçmişte Pakistan, özellikle 1950'lerin başında, Pakistan'ın ABD'nin "Asya'daki en yakın müttefiki" olduğu ve hem Orta Antlaşma Örgütü (CENTO) hem de Güneydoğu Asya Antlaşma Örgütü (SEATO) üyesi olduğu dönemde, ABD ile karışık ilişkiler yaşamıştır.

1980'lerdeki Sovyet-Afgan Savaşı sırasında Pakistan, ABD için çok önemli bir müttefikti, ancak 1990'larda, Pakistan'ın nükleer faaliyetlerine ilişkin şüpheler nedeniyle ABD tarafından yaptırımlar uygulandığında ilişkiler bozuldu. 11 Eylül saldırıları ve ardından gelen Terörle Savaş, özellikle Pakistan'ın Kabil'deki Taliban rejimine verdiği desteği sonlandırmasının ardından ABD-Pakistan ilişkilerinde bir iyileşme sağladı. Bu durum, Amerikan askeri yardımındaki keskin artışla kanıtlandı; 11 Eylül saldırılarının ardından üç yıl içinde Pakistan, önceki üç yıla göre 4 milyar dolar daha fazla yardım aldı.

Pakistan, komşusu Hindistan ile uzun süredir sorunlu bir ilişki içindedir. Keşmir anlaşmazlığı, 1947 ve 1965 yıllarında tam anlamıyla bir savaşa yol açtı. 1971'deki iç savaş, aynı anda hem Bangladeş Bağımsızlık Savaşı'na hem de 1971 Hint-Pakistan Savaşı'na dönüştü. Pakistan, Hindistan'ın sırasıyla 1974'teki "Gülümseyen Buda" ve 1998'deki Pokhran-II adlı nükleer patlama denemelerine karşı denge oluşturmak amacıyla 1998'de nükleer silah denemeleri gerçekleştirdi ve tek Müslüman nükleer silah sahibi ülke oldu. 2002'deki barış girişimlerinin ardından Hindistan ile ilişkiler giderek iyileşti. Pakistan, Çin Halk Cumhuriyeti ile yakın ekonomik, askeri ve siyasi ilişkiler sürdürmektedir.

Pakistan ayrıca, bazı kabile liderlerinin Taliban'ı desteklediği Federal Yönetim Altındaki Kabile Bölgeleri'nde istikrarsızlıkla karşı karşıyadır. Pakistan, Waziristan'daki yerel ayaklanmaları bastırmak için bu bölgelere orduyu sevk etmek zorunda kalmıştır. Waziristan çatışması, kabile liderleri ile Pakistan hükümeti arasında yakın zamanda ilan edilen ve bölgeye istikrarı geri getirmesi beklenen bir barış anlaşmasıyla sona ermiştir. Ayrıca, ülke uzun süredir yüzölçümü bakımından en büyük, ancak nüfus bakımından en küçük eyaleti olan Belucistan'da istikrarsızlıkla karşı karşıyadır.

1973-76 yılları arasında eyalet içindeki ciddi isyanla mücadele etmek için ordu konuşlandırılmıştır. 1977'de Rahimuddin Khan'ın sıkıyönetim yöneticisi olarak atanmasının ardından sosyal istikrar yeniden sağlanmıştır. 1980'ler ve 1990'lar boyunca nispeten barışın hüküm sürdüğü bir dönemin ardından, 1999'da Pervez Müşerref iktidara geldiğinde bazı etkili Beluc kabile liderleri ayrılıkçı hareketi yeniden başlatmıştır. Ağustos 2006'da meydana gelen bir olayda, Beluç isyanının lideri Nawab Akbar Bugti, Pakistan askeri güçleri tarafından öldürüldü. 3 Kasım 2007'de Cumhurbaşkanı Musharraf, Pakistan genelinde olağanüstü hal ilan etti ve Anayasayı askıya aldığını iddia ederek sıkıyönetim uyguladı.

İslamabad'da askerler Yüksek Mahkeme'ye girmiş ve yargıçların evlerini kuşatmış, Benazir Bhutto ve İmran Khan gibi muhalefet liderleri ise ev hapsine alınmıştı. Yargıç Abdul Hameed Dogar, Iftikhar Muhammad

Chaudhry'nin olağanüstü hal kararını onaylamayı reddedip anayasaya aykırı olduğunu ilan etmesi üzerine Pakistan'ın yeni başyargıcı olarak atandı; ancak Chaudhry'nin kendisi 1999'da PCO kapsamında yemin etmişti. Buna karşılık, Pakistan 22 Kasım 2007 tarihinde İngiliz Milletler Topluluğu konseylerinden askıya alındı.

Son yıllarda, radikal din adamı Maulana Fazlullah'ın liderliğindeki Tehreek-e-Nafaz-e — Shariat-e-Mohammadi (TNSM) örgütünün militan İslamcıları, Kuzey-Batı Sınır Eyaleti'ndeki Swat bölgesinde Pakistan hükümetine karşı ayaklandı. Militanlar, 59 köyde şeriat kanunlarını uygulayan İslam mahkemeleriyle bir "paralel hükümet" kurmuştu.

2007 yılının Eylül ayı sonlarında dört aylık ateşkesin sona ermesinin ardından çatışmalar yeniden başladı. Şiddeti bastırmak için bölgeye paramiliter Sınır Polisi gönderildi, ancak bu önlem etkisiz kaldı.

16 Kasım 2007'de militanların, komşu Shangla'daki Alpuri ilçe merkezini ele geçirdiği bildirildi. Yerel polis, yerel militanların yanı sıra Özbek, Tacik ve Çeçen gönüllülerden oluşan ilerleyen militan güçlere direnmeden kaçtı.

Militanlığı geriletmek ve düzeni yeniden sağlamak için Pakistan Hükümeti, kaybedilen toprakları geri almayı başaran ve İslamcıları dağlardaki sığınaklarına süren Pakistan Ordusu'ndan bir güç görevlendirdi, ancak intihar bombacılarının orduya yönelik saldırıları devam etti.

ABD Özel Harekat Komutanlığı'nın, bu ve Pakistan'ın kabile bölgelerindeki diğer El Kaide bağlantılı isyanlarla ilgili olarak Pakistan'a etkili yardım sağlamak için alternatifler değerlendirdiği bildirildi, ancak 2008'de yapılan özel bir çalışmanın ardından bile bu konudaki beklentiler belirsizliğini koruyor.

Merhum Benazir Bhutto, sömürge sonrası bir Müslüman devleti yönetmek üzere seçilen ilk kadındı. İki kez Pakistan Başbakanı seçildi. İlk kez 1988'de yemin etti, ancak 20 ay sonra dönemin Cumhurbaşkanı Ghulam Ishaq Khan'ın emriyle yolsuzluk iddiasıyla görevden alındı.

1993'te Bhutto yeniden seçildi, ancak 1996'da benzer suçlamalarla yine görevden alındı. Bhutto, 1998'de Dubai'ye gönüllü sürgüne gitti ve General Musharraf'ın, tüm yolsuzluk suçlamalarından onu aklayan özel bir yasayı kabul etmesinin ardından 18 Ekim 2007'de Pakistan'a dönene kadar orada kaldı; bu yasa ile kendisine af verildi ve tüm yolsuzluk suçlamaları geri çekildi. Sindhi kökenli eski başbakan Zulfikar Ali Bhutto ile İran-Kürt kökenli Begum ("Lady") Nusrat Bhutto'nun en büyük çocuğu olan Bhutto, yeğeni Fatima Bhutto tarafından ağır yolsuzlukla ve 1996'da kardeşi Murtaza Bhutto'nun suikastından kocası Asif Zardari ile birlikte sorumlu olmakla suçlanmıştır.

Rawalpindi Presentation Convent'te iki yıl okuduktan sonra Bhutto, Murree'deki Jesus and Mary Convent'e gönderildi. Normalde 17 yaşında girilen A-level sınavını 15 yaşında geçti. Pakistan'daki ilk eğitimini tamamladıktan sonra Harvard Üniversitesi'ne gitti ve burada karşılaştırmalı hükümet alanında cum laude lisans derecesi aldı.

Eğitiminin bir sonraki aşaması Birleşik Krallık'ta gerçekleşti. 1973 ile 1977 yılları arasında Bhutto, Oxford'daki Lady Margaret Hall'da Felsefe, Siyaset ve Ekonomi okudu. Oxford'da Uluslararası Hukuk ve

Diplomasi derslerini tamamladı. Aralık 1976'd , Oxford Union'ın başkanlığına seçildi ve bu prestijli münazara kulübünün başına geçen ilk Asyalı kadın oldu. 18 Aralık 1987'de Karaçi'de Asif Ali Zardari ile evlendi. Bu evlilikten üç çocukları oldu. Benazir Bhutto'nun babası, eski Başbakan Zulfikar Ali Bhutto, 1975 yılında, Benazir Bhutto'nun daha sonra karşı karşıya kalacağı suçlamalara benzer yolsuzluk suçlamaları nedeniyle başbakanlıktan azledildi.

1977'de muhalif siyasetçi Ahmed Raza Kasuri'nin babasını öldürmek için komplo kurduğu suçlamasıyla yargılanan Zulfikar Ali Bhutto, ölüm cezasına çarptırıldı. Suçlamanın "halk tarafından geniş çapta şüpheyle karşılanmasına" ve Papa da dahil olmak üzere yabancı liderlerin birçok af talebine rağmen, Bhutto 4 Nisan 1979'da idam edildi. Af talepleri, dönemin Cumhurbaşkanı General Muhammed Ziya-ul-Haq tarafından reddedildi. Benazir Bhutto ve annesi, babasının idamının ardından Mayıs ayı sonuna kadar bir "polis kampında" tutuldu.

1980'de kardeşi Şahnawaz, Fransa'da şüpheli koşullar altında öldürüldü. 1996'da bir başka kardeşi Mir Murtaza'nın öldürülmesi, Başbakan olarak ikinci döneminin istikrarsızlaşmasına katkıda bulundu. Eğitimini tamamladıktan sonra Pakistan'a dönen Bhutto, babasının hapsedilmesi ve ardından idam edilmesinin ardından ev hapsine alındı. 1984'te İngiltere'ye dönmesine izin verilen Bhutto, babasının partisi olan PPP'nin sürgündeki lideri oldu, ancak General Muhammed Ziya-ul-Haq'ın ölümüne kadar Pakistan'da siyasi varlığını hissettiremedi. Annesinin ardından Pakistan Halk Partisi'nin ve Ziya-ul-Haq rejimine karşı demokrasi yanlısı muhalefetin lideri olmuştu.

16 Kasım 1988'de, on yıldan fazla bir süredir yapılan ilk

açık seçimde, Benazir'in PPP'si Ulusal Meclis'te en fazla sandalyeyi kazandı. Bhutto, 2 Aralık 1998'de koalisyon hükümetinin başbakanı olarak yemin etti ve 35 yaşında, modern çağda Müslüman çoğunluklu bir devletin hükümetini yöneten en genç kişi ve ilk kadın oldu.

Ancak hükümeti, hakkında hiçbir zaman yargılanmadığı yolsuzluk suçlamaları nedeniyle 1990 yılında görevden alındı. Ardından Zia'nın himayesindeki Nawaz Sharif iktidara geldi. Bhutto 1993'te yeniden seçildi, ancak üç yıl sonra, o zamanki Cumhurbaşkanı Farooq Leghari'nin, Sekizinci Anayasa Değişikliği'nin takdir yetkisini kullanarak hükümetini feshetmesi ve bir dizi yolsuzluk skandalının patlak vermesi üzerine görevden alındı. Yargıtay, 6'ya 1 oyla Cumhurbaşkanı Leghari'nin fesih kararını onadı.

2006 yılında Interpol, Benazir ve eşinin tutuklanması için bir talepte bulundu. Benazir'e yönelik eleştiriler, büyük ölçüde Pencaplı elitler ve güçlü toprak sahibi ailelerden geldi; bu kesimler, ülkesinin istikrarsızlığından sorumlu tuttuğu feodal lordların çıkarlarını göz ardı ederek Pakistan'ı milliyetçi reformlara iten Bhutto'ya karşı çıkıyordu. Pakistan Cumhurbaşkanı tarafından yolsuzluk suçlamasıyla görevden alınmasının ardından, partisi Ekim seçimlerini kaybetti. O, muhalefet lideri olarak görev yaparken, Nawaz Sharif sonraki üç yıl boyunca Başbakan oldu. Ekim 1993'te yeniden seçimler yapıldı ve Bhutto'nun PPP koalisyonu zafer kazandı, böylece Bhutto yeniden göreve geldi. 1996'da hükümeti yolsuzluk suçlamalarıyla bir kez daha görevden alındı.

Fransız, Polonyalı, İspanyol ve İsviçreli belgeler, Benazar ve kocasına yönelik yolsuzluk suçlamalarına yol açtı ve her ikisi de, İsviçre bankaları aracılığıyla para aklama suçlamasını içeren davası da dahil olmak üzere bir dizi yasal işlemle karşı karşıya kaldı. Kocası Asif Ali Zardari, benzer yolsuzluk suçlamaları nedeniyle sekiz yıl hapis yattı. 2004 yılında hapisten çıkan Zardari, hapishanede kaldığı süre boyunca işkence gördüğünü öne sürdü.

1998 tarihli bir *New York Times* araştırma raporu, Pakistanlı yetkililerin, Asif Zardari'nin ana hissedarı olduğu ve ailenin İsviçre'deki avukatıyla bağlantılı bir banka hesapları ağını ortaya çıkaran belgelere sahip olduğunu gösteriyor. Makaleye göre, Fransız yetkililer tarafından yayınlanan belgeler, Zardari'nin, Pakistan'ın eskiyen hava kuvvetleri savaş uçaklarını yenilemek üzere Fransız uçak üreticisi Dassault'a münhasır haklar sunduğunu ve bunun karşılığında Zardari'nin kontrolündeki bir İsviçre şirketine ödenecek %5 komisyon aldığını göstermektedir. Makalede ayrıca, bir Dubai şirketinin Pakistan'a altın ithalatı için münhasır lisans aldığı ve bunun karşılığında Asif Zardari'nin Dubai'deki Citibank hesaplarına 10 milyon dolardan fazla ödeme aldığı belirtiliyor. Şirketin sahibi, Zardari'ye ödeme yaptığını reddediyor ve belgelerin sahte olduğunu iddia ediyor.

Bhutto, kendisine ve eşine yöneltilen suçlamaların tamamen siyasi nitelikte olduğunu savunuyor. "Bu belgelerin çoğu uydurma," dedi, "ve bunların etrafında örülen hikayeler tamamen yanlış." Pakistan Sayıştay Başkanı'nın (AGP) raporu, Bhutto'nun iddiasını destekledi. Raporda, Benazir Bhutto'nun 1990 yılında dönemin Cumhurbaşkanı Ghulam Ishaq Khan'ın onayladığı bir cadı avı sonucunda iktidardan uzaklaştırıldığına dair bilgiler yer aldı. AGP raporuna göre Khan, 1990-1993 yılları arasında Bhutto ve kocasına karşı 19 yolsuzluk davası açmak için 28 milyon rupi tutarında yasadışı ödeme yaptı.

Bhutto ve eşinin sahip olduğu varlıklar, savcılar tarafından titizlikle incelendi ve savcılar, Bhutto çiftinin İsviçre'deki banka hesaplarında 840 milyon dolar bulunduğunu iddia etti. Zardari ayrıca İngiltere'nin Surrey kentinde 4 milyon sterlin değerinde bir neo-Tudor konağı ve arazisi satın aldı. Pakistanlı soruşturmacılar, Zardari'nin ailesine ait başka yurtdışı mülkleri de tespit etti. Bunlar arasında, evlendiği sırada mütevazı bir servete sahip olan Zardari'nin ebeveynlerine ait Normandiya'daki 2,5 milyon dolarlık bir malikane de bulunuyordu. Bhutto, yurtdışında önemli miktarda varlığa sahip olduğunu reddetti.

Bhutto ve eşi, yakın zamana kadar, devlet sözleşmeleri ve ihalelerinden elde edilen yüz milyonlarca dolarlık "komisyon"larla bağlantılı olarak, resmi yolsuzlukla ilgili çok çeşitli suçlamalarla karşı karşıya kalmaya devam ettiler. Ancak, Ekim 2007'de Bhutto ile Musharraf arasında aracılık edilen bir iktidar paylaşımı anlaşması nedeniyle, Benazir ve kocasına af verildi. Bu durum devam ederse, bu gelişme bir dizi İsviçre bankasının 1990'ların sonlarında dondurulan hesapların "kilidini açmasına" neden olabilir. Yürütme emri prensipte yargı tarafından itiraz edilebilir, ancak yargının geleceği de aynı son gelişmeler nedeniyle belirsizdir. 23 Temmuz 1998'de İsviçre Hükümeti, Benazir Bhutto ve eşine yönelik yolsuzluk iddialarıyla ilgili belgeleri Pakistan hükümetine teslim etti. Belgeler, İsviçre makamlarının Zardari aleyhine yönelttiği resmi bir kara para aklama suçlamasını da içeriyordu.

Pakistan hükümeti, 1997 yılında İsviçreli yetkililer tarafından dondurulan ve Bhutto ile eşinin bankalarda sakladığı iddia edilen 13,7 milyon dolardan fazlasını hesaplamak için geniş kapsamlı bir soruşturma yürütüyordu. Pakistan hükümeti, Bhutto ile eşinin çeşitli suç faaliyetlerinden elde ettikleri iddia edilen yaklaşık 1,5 milyar doları ortaya çıkarmak amacıyla yakın zamanda Bhutto aleyhine cezai suçlamada bulundu. Belgeler, Benazir Bhutto ve Zardari'nin akladığı iddia edilen paraya Benazir Bhutto'nun erişebildiğini ve bu paranın 175.000 doların üzerinde bir elmas kolye satın almak için kullanıldığını gösteriyor.

PPP, suçlamaları kesin bir dille reddederek, İsviçreli yetkililerin İslamabad tarafından sağlanan sahte delillerle yanıltıldığını öne sürdü. 6 Ağustos 2003'te İsviçreli yargıçlar, Benazir ve kocasını kara para aklamaktan suçlu buldu. İkiliye altı ay ertelenmiş hapis cezası verildi, her birine 50.000 dolar para cezası kesildi ve Pakistan hükümetine 11 milyon dolar ödeme yapmaları emredildi.

Altı yıl süren yargılama sonucunda, Benazir ve Zardari'nin Pakistan'daki bir sözleşme karşılığında bir İsviçre şirketi tarafından kendilerine verilen 10 milyon doları İsviçre'deki hesaplara yatırdıkları sonucuna varıldı. Çift, temyize gideceklerini açıkladı. Pakistanlı soruşturmacılar, Zardari'nin 1995 yılında Cenevre'de bir Citibank hesabı açtığını ve Pakistan'da iş yapan yabancı şirketlerden aldığı 100 milyon dolarlık rüşvetin yaklaşık 40 milyon dolarını bu hesap üzerinden aktardığını iddia ediyor.

Ekim 2007'de Cenevre Kantonu Başsavcısı Daniel Zappelli, Pazartesi günü eski Pakistan Başbakanı Benazir Bhutto aleyhindeki kara para aklama soruşturmasının sonuçlarını aldığını, ancak İsviçre'de kendisine karşı başka bir yasal işlem yapılıp yapılmayacağının belirsiz olduğunu söyledi:

> Polonya Hükümeti, Benazir Bhutto ve eşine yönelik yolsuzluk iddialarıyla ilgili 500 sayfalık belgeyi Pakistan'a teslim etti. Bu suçlamalar, 1997 yılında yapılan

> bir anlaşma kapsamında 8.000 traktörün satın alınmasıyla ilgilidir. Pakistanlı yetkililere göre, Polonya belgeleri, traktör şirketinin sözleşmeyi kabul etmesi karşılığında ödediği yasadışı komisyonların ayrıntılarını içeriyor. " " anlaşmasının 103 milyon rupi (2 milyon dolar) tutarında rüşvet "çaldığı" iddia ediliyor.

Polonya'dan alınan belgesel kanıtlar, Asif Zardari ve Benazir Bhutto'nun Awami traktör projesinin başlatılması adı altında kurdukları rüşvet şemasını doğrulamaktadır.

Benazir Bhutto ve Asif Ali Zardari'nin, Dargal S.A.'dan Jens Schlegelmilch ve Didier Plantin adlı paravanları aracılığıyla bu alımlardan yüzde 7,15 komisyon aldığı iddia ediliyor. Bu kişiler, 5.900 adet Ursus Traktör tedarik ettikleri için yaklaşık 1.969 milyon dolar da almışlardır.

Soruşturmacıların ortaya çıkardığı en büyük tek seferlik ödemede, Orta Doğu'daki bir altın külçe tüccarının, Bhutto hükümetinin kendisine Pakistan'ın kuyumculuk endüstrisini ve uyuşturucu ticaretini ayakta tutan altın ithalatında tekel hakkı vermesinin ardından, Zardari'nin hesaplarından birine en az 10 milyon dolar yatırdığı iddia ediliyor. Paranın, Zardari'nin Dubai'deki Citibank hesabına yatırıldığı iddia ediliyor. Karaçi'den İran sınırına kadar uzanan Pakistan'ın Umman Denizi kıyıları, uzun süredir altın kaçakçılarının sığınağı olmuştur.

Bhutto'nun ikinci döneminin başlangıcına kadar, yılda yüz milyonlarca dolarlık bu ticaret, "bisküvi" adı verilen altın parçaları ve daha büyük ağırlıktaki külçelerle, Basra Körfezi ile büyük ölçüde korumasız olan Pakistan kıyıları arasında seyahat eden uçak ve gemilerle taşınarak, denetimsiz bir şekilde yürütülüyordu. Issız Maccra sahili, aynı zamanda Afganistan'dan gelen devasa eroin ve afyon sevkiyatlarının bırakıldığı nokta ve Dubai merkezli İngiliz Orta Doğu Bankası ile yapılan altın ticaretinin de temel dayanağıdır.

1993'te Bhutto'nun başbakan olarak göreve dönmesinden kısa bir süre sonra, Dubai'de bulunan adlı Pakistanlı bir külçe altın tüccarı olan Abdul Razzak Yaqub bir anlaşma önerdi. Altın ithalatına ilişkin münhasır hak karşılığında Razzak, hükümetin ticareti düzenlemesine yardımcı olacaktı. Kasım 1994'te Pakistan Ticaret Bakanlığı, Razzak'a bir mektup yazarak, kendisine en az iki yıl boyunca Pakistan'ın tek yetkili altın ithalatçısı olmasını sağlayan bir lisans verildiğini bildirdi.

Dubai'deki ofisinde verdiği röportajda Razzak, bu lisansı kullanarak Pakistan'a 500 milyon dolardan fazla altın ithal ettiğini ve Bhutto ve Zardari ile görüşmek için birkaç kez İslamabad'a gittiğini kabul etti. Ancak herhangi bir yolsuzluk veya gizli anlaşma olduğunu reddetti. "Zardari'ye tek bir kuruş bile ödemedim," dedi. Razzak, Pakistan'da itibarını zedelemek isteyen birinin, şirketinin yanlışlıkla mevduat sahibi olarak gösterilmesini sağladığını iddia ediyor. "Bankadaki birisi, düşmanlarımla işbirliği yaparak sahte belgeler hazırladı" dedi.

Dubai'deki altın ticaretinin temelini oluşturan devasa eroin ve afyon ticaretinden hiçbir zaman bahsedilmedi. Afganistan'ın Helmand bölgesindeki afyon yetiştiren köylüler, mahsulleri karşılığında kağıt para kabul etmezler ve her zaman altınla ödeme alırlar. Eylül 2004'ten itibaren Bhutto, Birleşik Arap Emirlikleri'nin Dubai kentinde yaşadı; burada çocuklarına ve Alzheimer hastalığı olan annesine baktı, konferanslar vermek için seyahat etti ve Pakistan Halk Partisi destekçileriyle iletişim halinde kaldı. Bu durum doğal olarak şu soruyu akla getiriyor: Neden

Dubai?

Cevap açıktır. Bhutto, Dubai Bankası aracılığıyla yürütülen devasa altın ticaretini denetlemek iç 'da kaldı. O ve üç çocuğu, beş yıldan fazla bir süre sonra Aralık 2004'te kocası ve babalarıyla yeniden bir araya geldi.

27 Ocak 2007'de, ABD tarafından Başkan Bush, Kongre ve Dışişleri Bakanlığı yetkilileriyle görüşmek üzere davet edildi. Bhutto, Mart 2007'de İngiltere'de BBC TV programı Question Time'da panelist olarak yer aldı. Ayrıca BBC'nin güncel olaylar programı News Night'a da birkaç kez konuk oldu. Mayıs 2007'de Muhammed İjaz-ul-Haq'ın Salman Rushdie'nin şövalyelik unvanı ile ilgili yaptığı yorumları, onun yabancı vatandaşların öldürülmesi çağrısında bulunduğunu gerekçe göstererek reddetti.

Bhutto, 2007 yılında Pakistan'a dönme niyetini açıklamıştı ve bunu gerçekleştirdi; oysa Musharraf, 2007 yılının Mayıs ayında yaptığı açıklamalarda, 2007 sonu ya da 2008 başında yapılması planlanan genel seçimlerden önce Bhutto'nun ülkeye dönmesine izin vermeyeceğini, çünkü suikasta kurban gidebileceğini belirtmişti. Bununla birlikte, başka kaynaklar da ona suikast girişiminde bulunulma olasılığının çok yüksek olduğu konusunda uyarıda bulunmuştu. Uyuşturucu ticareti çok tehlikeli bir iştir ve bu kazançlı ticarette en büyük ailelerle ters düşme hatasına düşenler büyük bir risk altındadır.

ABD'li tarihçi Arthur Herman, 14 Haziran 2007'de *Wall Street Journal'da* yayınlanan ve Bhutto'nun cumhurbaşkanı ve politikalarını sert bir şekilde eleştiren bir makalesine yanıt niteliğindeki tartışmalı mektubunda, Bhutto'yu "...Güney Asya tarihinin en beceriksiz liderlerinden biri" olarak tanımladı ve onun ve Pakistan'daki diğer elitlerin Musharraf'tan nefret ettiklerini, çünkü onun 1947'deki bölünme sırasında Pakistan'a kaçan milyonlarca Hintli Müslümanın oğlu olan bir muhacir olduğunu iddia etti. Herman ayrıca şunları da iddia etti:

> "Pakistan'ın kurulması için ilk başta harekete geçenler muhacirler olsa da, birçok yerli Pakistanlı onlara hor bakıyor ve onları üçüncü sınıf vatandaşlar olarak görüyor."

Bununla birlikte, 2007 ortası itibarıyla ABD, Musharraf'ın cumhurbaşkanı olarak kalacağı, ancak askeri liderlikten istifa edeceği ve Bhutto ya da onun adaylarından birinin başbakan olacağı bir anlaşma için bastırıyor gibi görünüyordu.

Tüm bu iç çatışmalar sürerken, uyuşturucu ticareti devam etti; sanki devam eden siyasi çatışmalardan habersizmiş gibi. Kimse, devasa afyon ticaretini durduracak olan Afganistan'dan Maccra kıyılarına giden yolu kesmek için öne çıkacak kadar cesur değildi. Herhangi birinin böylesine devasa bir görevi üstlenmeye kalkışması için risk çok büyüktü. 2007 yılında DEA, Afganistan'dan gelen afyonun yıllık üretiminin 6.000 tonla rekor seviyeye ulaştığını açıkladı; buna rağmen, afyon haşhaşının ana yetiştirme bölgesi olan Helmand, NATO komutası altındaki İngiliz ve Amerikan birlikleri tarafından sürekli olarak devriye geziliyordu.

Uyuşturucu baronları, bir ülkeyi (Rusya hariç herhangi bir ülkeyi) ne tür bir hükümetin kontrol ettiği fark etmeksizin, yenilikçi yöntemler, hız ve yön değişikliği kullanarak işlerine devam edebileceklerini dünyaya bir kez daha gösterdiler. Yeni ABD Başkanı Barack Obama'nın uygulamak isteyebileceği adımları atmasına izin verileceğinden çok şüpheliyim. Zaman gösterecek. Bu arada, milyarlarca dolarlık işler yolunda devam ediyor. Uyuşturucu Karteli'nin yeni "iş planı", kokain dağıtımını Meksika, Karayipler ve Panama'dan uzak Afrika'ya kaydırmayı içeriyor.

Buna ek olarak, yöneticiler toptan seviyede kokain fiyatını yüzde 50 düşürdüler; böylece bir "çizgi" kokainin maliyeti 5,00 doların altına indi ve sokak seviyesindeki tüm müşterilerin kolayca ulaşabileceği bir seviyeye geldi. Kartelin bakış açısından bu planın güzelliği, Afrika'daki ithalatçı ülkelerin yönetilmesinin kolay olması ve bir veya iki önemli istisna dışında, kolluk kuvvetlerinin son derece gevşek olması ve rüşvete son derece yatkın olmasıdır.

Kokainin Avrupa pazarına giriş yaptığı bir diğer ülke ise, Sırbistan'ın yıkımının sözde mimarı Richard Holbrook'un beyin çocuğudur ve çökmüş beyaz köle ve uyuşturucu kaçakçılığı ülkesi Arnavutluk'a basitçe bedava bir hediye olarak verilmiştir. Evet, inanın ya da inanmayın, Arnavutluk'un Gayri Safi Milli Hasılası, uyuşturucu kaçakçılığı ve beyaz köle ticaretinden elde edilen gelirlerden oluşmaktadır.

Bundan böyle, kokain ticareti Arnavutluk'ta yüz yıldır olduğu gibi Kosova'da da gelişecektir. DEA ajanlarının bunu durdurmaya yönelik her türlü girişimi, ajanların sindirilmesi ve öldürülmesi ile karşılanacaktır. BM uyuşturucu ile mücadele ajansı ile Batı Avrupa ve ABD'nin uyuşturucu ile mücadele güçleri yeni dağıtım rotalarını kontrol altına alana kadar, uyuşturucu karteli baronları neredeyse hiç engellenmeden faaliyetlerini sürdüreceklerdir.

## Nisan 2009 Güncellemesi

Üç yıl önce, ABD'nin teşvikiyle Meksika yetkilileri uyuşturucu satıcılarına savaş açtı. Bu eylem nedeniyle, ABD devreye girip Meksika'ya asker ve yeterli finansman desteği sağlamadıkça, Meksika hızlı bir çöküş ve yıkımla karşı karşıya kalacak. Yeni Obama yönetiminin Dışişleri Bakanı, Meksika'da şiddetli bir şekilde devam eden savaşın ABD'ye sıçraması halinde çok ciddi bir tehlike oluşturacağını kabul etmekle birlikte, geçtiğimiz günlerde CBS News'e verdiği demeçte, Meksika'ya asker ve para yardımı sağlamak için adımlar atmaya hazırlandığını söyledi. Meksikalı uyuşturucu baronlarının korkunç vahşet eylemleriyle Meksika'yı terörize ettikleri bilinen bir gerçekken, ABD'nin şimdiye kadar yardım etmekte gösterdiği isteksizliği anlamak zor. Sanki Meksika ABD'den çok uzakmış ya da aramızda yakın ilişkiler yokmuş gibi değil. Aslında, diplomatik açıdan Kanada'ya olduğundan daha Meksika'ya yakınız.

Ocak 2009'da Meksikalı uyuşturucu teröristleri 10 askeri kaçırdı. Kısa bir süre sonra, kurşunlarla delik deşik olmuş cesetleri, yoğun bir yolun kenarına atıldı. Başka bir olayda, polis muhbiri olduğu düşünülen bir vatandaş kaçırıldı, başı kesildi ve cesedi, alt geçidi kullanan binlerce sürücünün gözü önünde bir yol köprüsünün kenarına asıldı.

2008 yılında, 6300 kişi uyuşturucu teröristleri tarafından kaçırıldı ve öldürüldü. Aslında, Mexico City, dünyanın kaçırılma başkenti olarak pek de imrenilecek olmayan bir ün kazandı. Zenginler de yoksullar d , hepsi mağdur oluyor. Kısa bir süre önce, 250.000 kişi, uyuşturucu baronlarına karşı hükümetin yavaş tepkisini protesto etmek için Meksiko'nun ana meydanında toplandı. Ancak gerçek şu ki, Meksika'nın uyuşturucu baronlarına karşı gerekli olan türden ezici bir tepki gösterecek insan gücü ya da parası yok. Bir başka husus da, uyuşturucu teröristlerinin Meksika Polisi ve Federal Uyuşturucu Ajanlarından daha iyi silahlanmış olmalarıdır. Uyuşturucu kaçakçıları tam otomatik tüfeklere ve el bombalarına sahiptir ve birçok çatışmada Meksika polisini silah gücü açısından düzenli olarak geride bırakmaktadır. Üstün silahları, ABD'deki satıcılardan nakit olarak satın alınmaktadır. ABD hükümeti, bu silah satışlarını durdurmak için çaba gösterdiğini belirtmektedir. Meksika'ya ilişkin yakın tarihli bir BM araştırması, uyuşturucu ticaretinin yıllık 38 milyar dolar gibi şaşırtıcı bir rakama ulaştığını ve her ay giderek daha fazla kaçakçının bu işe girdiğini bildiriyor. Meksika'daki uyuşturucu ile mücadele güçleri arasında yolsuzluk yaygın ve Meksika Başsavcısı uyuşturucu ticaretini durdurmak için yeni önlemler aldığını söylese de, her şey uyuşturucuya bağlı şiddet suçlarında artışa işaret ediyor. Bu karanlık tabloda bazı parlak noktalar da var:

2008 yılında Meksika 57.000 uyuşturucu kaçakçısını tutukladı ve ABD hükümetinin, Meksika'nın uyuşturucu baronlarıyla mücadelesine yardımcı olmak için yılda 56 milyon dolarlık ek bir kaynak ayırdığı az önce açıklandı. Korkulduğu gibi, Meksika'daki uyuşturucu terörü 230 ABD şehrine sıçradı ve bugün, 2009 yılının Nisan ayı ortasında, Amerika'daki bir numaralı suç haline geldi. Amerika'yı tehdit eden uyuşturucu kaçakçılığı gibi tehlikeli bir tehdide karşı şu anda devam eden mücadeleye katılmak bizim görevimizdir. Büyük Cumhuriyetimizi zayıflatmaya ve yıkmaya kararlı acımasız adamlarla savaşta olduğumuzu anlamalıyız. ABD, Kolombiya Cumhurbaşkanı Betancourt'un örneğini takip etmelidir. Ülkemizin tüm geleceği tehlikede. Bu, kenara çekilebileceğimiz bir savaş değil. Bu, ölümüne bir mücadeledir. Bu savaşı kazanmalıyız. Kazanamazsak, kapılarımızın içindeki düşman, Tek Dünya Hükümeti'nin planlarında öngörüldüğü gibi, hepimiz için kölelik ve karanlık programını uygulamaya koyma yolunda dev bir adım atmış olacak.

# Diğer başlıklar

OMNIA VERITAS
OMNIA VERITAS LTD SUNAR:
MASONLUK
A'dan Z'ye
yazan: John Coleman
21. yüzyılda, Masonluk artık bir "gizli dernek"ten çok bir "sırların topluluğu" haline gelmiştir.
JOHN COLEMAN
MASONLUK A'DAN ZV'YE
Bu kitap, duvarcılığın ne olduğunu anlatıyor

OMNIA VERITAS
OMNIA VERITAS LTD SUNAR:
PETROL SAVAŞLARI
ABD'NIN PETROL SAVAŞLARININ TARIHI
YAZAN: JOHN COLEMAN
Petrol endüstrisinin öyküsü bizi "diplomasinin" iniş çıkışlarına götürüyor...
JOHN COLEMAN
PETROL SAVAŞLARI
Tüm ulusların imrendiği kaynağı tekelleştirme mücadelesi

OMNIA VERITAS
OMNIA VERITAS LTD SUNAR:
ROMA KULÜBÜ
YENI DÜNYA DÜZENI'NIN DÜŞÜNCE KURULUŞU
YAZAN: JOHN COLEMAN
20. yüzyıldaki pek çok trajik ve sarsıcı olay kendiliğinden gerçekleşmedi, aksine sağlam temellere dayanan bir şablona göre planlandı...
JOHN COLEMAN
ROMA KULÜBÜ
Bu büyük etkinliklerin planlayıcıları ve yaratıcıları kimlerdi?

OMNIA VERITAS
OMNIA VERITAS LTD SUNAR:
ROTHSCHILD HANEDANI
yazan: John Coleman
Tarihsel olaylar genellikle "gizli bir el" tarafından tetiklenir...
JOHN COLEMAN
ROTHSCHILD HANEDANI

OMNIA VERITAS
OMNIA VERITAS LTD SUNAR:
DÜNYA DÜZENİ'NİN
SOSYALIST
DIKTATÖRLÜĞÜ
Bunca yıl boyunca, bizler Moskova'daki komünizmin kötülüklerine odaklanmışken, Washington'daki sosyalistler Amerika'yı soymakla meşguldü!
YAZAN: JOHN COLEMAN
"Washington'daki düşman, Moskova'daki düşmandan daha çok korkulacak bir şeydir."
JOHN COLEMAN
SOSYALIST DÜNYA DÜZENİ'NİN DIKTATÖRLÜĞÜ

OMNIA VERITAS
OMNIA VERITAS LTD SUNAR:
TAVISTOCK İNSAN İLIŞKILERI ENSTITÜSÜ
Amerika Birleşik Devletleri'nin ahlaki, manevi, kültürel, siyasi ve ekonomik çöküşünü şekillendirmek
yazan: John Coleman
Tavistock olmasaydı, I. ve II. Dünya Savaşları yaşanmazdı...
Tavistock İnsan İlişkileri Enstitüsü'nün sırları
JOHN COLEMAN
TAVISTOCK İNSAN İLIŞKILERI ENSTITÜSÜ

www.ingramcontent.com/pod-product-compliance
Lightning Source LLC
LaVergne TN
LVHW011018061026
849535LV00006B/1939